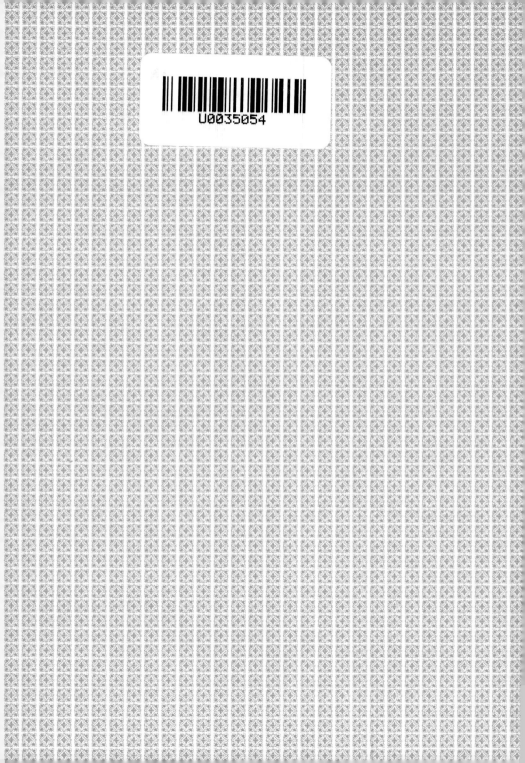

大法鼓經講義

——第四輯

平實導師 述著

ISBN:978-626-97355-2-5

佛法是具體可證的，三乘菩提也都是可以親證的義學，並非不可證的思想、玄學或哲學。而三乘菩提的實證，都要依第八識如來藏的實存及常住不壞性，才能成立；否則二乘無學聖者所證的無餘涅槃即不免成為斷滅空，而大乘菩薩所證的佛菩提道即成為不可實證之戲論。如來藏心常住於一切有情五蘊之中，光明顯耀而不曾有絲毫遮隱；但因無明遮障的緣故，所以無法證得；只要親隨眞善知識建立正知正見，並且習得參禪功夫以及努力修集福德以後，親證如來藏而發起實相般若勝妙智慧，是指日可待的事。古來中國禪宗祖師的勝妙智慧，全都藉由參禪證得第八識如來藏而發起；佛世迴心大乘的阿羅漢們能成為實義菩薩，也都是緣於實證如來藏才能發起實相般若勝妙的智慧。如今這種勝妙智慧的實證法門，已經重現於臺灣寶地，有大心的學佛人，當思自身是否願意空來人間一世而學無所成？或應奮起求證而成為實義菩薩，頓超二乘無學及大乘凡夫之位？然後行所當為，亦不行於所不當為，則不唐生一世也。

——平實導師

如聖教所言，成佛之道以親證阿賴耶識心體（如來藏）爲因，《華嚴經》亦說**證得阿賴耶識者獲得本覺智**，則可證實：證得阿賴耶識者方是大乘宗門之開悟者，方是大乘佛菩提之眞見道者。經中、論中又說：證得阿賴耶識而轉依**識上所顯眞實性、如如性**，能安忍而不退失者即是**證眞如**，即是大乘賢聖，在二乘法解脫道中至少爲初果聖人。由此聖教，當知親證阿賴耶識而確認不疑時即是開悟眞見道也；除此以外，別無大乘宗門之眞見道。若別以他法作爲大乘見道者，或堅執**離念靈知**亦是實相心者（堅持意識覺知心離念時亦可作爲明心見道者），則成爲實相般若之見道內涵有多種，則成爲實相有多種，則違**實相絕待**之聖教也！故知宗門之悟唯有一種：親證第八識如來藏而轉依如來藏所顯眞如性，除此別無悟處。此理正眞，放諸往世、後世亦皆準，無人能否定之，則堅持離念靈知意識心是眞心者，其言誠屬妄語也。

——平實導師

自序

佛法之修證義學淹沒已久，肇因於時局混亂而致外道法猖獗，是故末法時世仍有九千年而竟失傳，三十年前平實出世弘法而舉出標竿：佛法實證之標的即是第八識如來藏。於正覺同修會提出此項主張之後，引起兩岸佛教界側目，致有毀謗及謾罵正覺爲邪魔外道者；嗣後經由正覺不斷以經典的講解整理成書而梓行，加之以禪宗公案的拈提及公開流通，繼之以阿含聖教中的八識論聖教依據而作說明，佛教界才終於確認正覺的主張爲正確。但這項成果的顯示而獲得佛教界不得不的認同，已是正覺弘法將近三十年後的事了；由此可見第八識大法如 佛所說：眾生難信難以接受，是不可思議的勝妙法而難以生忍。是故證第八識的本來無生而能於此生忍者，即名證得大乘無生忍者。

今此《大法鼓經》中則以法與非法二者建立世間法及出世間法，而以出世間大法的第八識如來藏含攝世間諸法的非法，由此攝盡世間、出世間一切有情及一切諸法。然而此一大法亦名「此經」，即是第八識如來藏；所以者何？謂一切世間法及一切有情，莫不從此一大法而生住異滅，致有三界眾生的輪迴生死無盡，亦因此第八識而有三乘菩提的存在與施教。若無此一大法者，則十方三世一切諸有全歸於無；而 世尊一代聖教所說諸經，悉皆依此大法而開演、而教導弟子實證此一大法，故有三藏十二分教諸部經典的演示與教誡，莫不皆從此一大法而出，從各個不同層面而有極多演示，具令諸菩薩弟子得以早日進道乃至成佛；是故舉凡直接演示此一大法之經典，不論名稱爲何，同樣皆名之爲「此經」，謂此大法第八識如來藏也。

苟能勝解此理而廣修六度波羅蜜多，次第實修至第六住位滿心，加修四加行而求親證第八識如來藏，證已即能現觀此識本具之眞如法性，名爲證眞如之賢聖。此後進修三賢位的非安立諦三品心，於入地前再加修安立諦十六品心及九品心後，依憑受持無盡的十大願，以發願久之，已經清淨而能永遠受持故，名爲增上意樂清淨，即得入地；此後進修十度波羅蜜多，即得漸次進到十地滿心位；從此百劫修相好，圓滿極廣大福德而成妙覺菩薩，俟時由佛授記而成爲一生補處，待緣下生人間即得成佛，並得廣益眾生。此即佛菩提道的概要，然皆由親證宇宙萬法本源的第八識如來藏而成就。

何以故？謂此第八識即是一切有情生命的本源，父母未生前的本來面目；一切器世間及有情生，莫不從之生，莫不從之滅，如是輪迴不已；是故證得此第八識而能現觀其眞如法性並轉依成功者，即謂之爲賢聖。若不肯依序實修六度波羅蜜多，始從布施去貪開始，繼之以持戒清淨，乃至末後修學四加行之法，即使偶遇善知識助益而得實證，亦將無法轉依成功，終必退轉而致謗法及謗賢聖，死後必墮三塗，無可救者，學人於此必須知之而且謹記於心。

由於此第八識如來藏難以實證，亦兼證已難以信受故，必須有人護持此一大法而救護眾生；亦因越至法滅之時，此一大法越難被世人所信受及受持，是故必須有大菩薩於末法最後八十年中加以護持，令已實證之人心得決定而不退轉，是故　佛於此經中授記「一切世間樂見離車童子」，於末法最後八十年中護持此經第八識如來藏妙法，如是成就此經宗旨。今以此部經典講述圓滿整理成書，並將於二〇二三年初逐輯陸續出版，即簡說此經宗旨而以爲序。

佛子　**平實**　謹序

公元二〇二一年小暑　謹誌於松柏山居

（上承第三輯未完內容：）

《大法鼓經》

以前年輕時，看人家上座講經時桌上有三個溫杯，我當時想：「這未免太過了，竟然要用到三個溫杯！」那現在換我呢（大眾笑…）一個、兩個、三個，再加上一個罐子。套一句古德的話：「人老病生。」但是古德這一句話的前面是什麼？人家問：「如何是佛？」石霜楚圓答覆：「人老病生。」怎麼沒有誰會心一笑呢？（大眾笑…）欸！石霜禪師這一句話也是浪費了，改天再講，現在不談它。改天再講一遍，依舊這四個字，弄個不好，你就悟了。如果這樣還會不了，就問：「如何是人老病生？」那我就說了：「這保溫杯能保溫；若是不能保溫的，品質還眞不好。」這就是禪！（大眾笑…）掏心掏肺給你了，還不會？知道你們遠渡重洋而來，送一盤大菜給你們了，回去好好品嚐啊！如果不會這個，千萬別說自己悟了，以免大妄語業。回到《大法

2

鼓經》。上週講到十九頁，最後一段講完了，今天要從二十頁開始。

經文：【迦葉白佛言：「眾生般涅槃者，爲有盡耶？爲無盡耶？」佛告迦葉：「眾生無有盡也。」迦葉白佛言：「云何眾生不盡？」佛告迦葉：「若眾生盡者，應有損減，此修多羅則爲無義。是故，迦葉！諸佛世尊般涅槃者，悉皆常住。以是義故，諸佛世尊般涅槃者，終不磨滅。」迦葉白佛言：「云何諸佛般涅槃，不畢竟滅？」佛告迦葉：「如是，如是！舍壞則爲虛空；如是，如是！諸佛涅槃即是解脫。」】

語譯：【摩訶迦葉稟白佛陀說：「眾生進入無餘涅槃的話，那麼眾生是有窮盡呢？或者是無窮盡呢？」佛陀告訴迦葉：「眾生沒有窮盡的時候。」摩訶迦葉又稟白佛陀說：「爲什麼眾生不可窮盡？」佛陀告訴迦葉：「如果眾生可以窮盡的話，應該會有所損減，而這一部經典就變成沒有意義了。由於這個緣故，迦葉！諸佛世尊般涅槃的話，全部都是常住。由於這種道理的緣故，諸佛世尊般涅槃之後，終究不會磨滅。」迦葉稟白佛陀說：「爲什麼諸佛般涅槃，不是畢竟滅盡？」佛陀告訴迦葉：「正是這樣，正是這樣！房舍壞了，

就說那是虛空；就像是這樣子，就像是這樣子！諸佛般涅槃就是解脫。」】

釋義：聽完這個語譯和經文，是不是就聯想到我這二十幾年來所說的法？二十幾年前，我開始說法就是這麼講的。至於爲什麼那時候初悟不久，便能如此說法？其故無他，只因所悟正眞，是正確的、是眞實的！所以二十幾年前說的法，到現在一模一樣；只有更廣大、更深入而已，但法不會改變。如果有人說：「佛法一直在演變。阿含時期的法不究竟，到了大乘法最究竟，因爲佛法被演變了以後越來越好。」釋印順說的，可是他不知道自己這樣講時，已經成就了謗佛、謗法的重罪。

印順認爲：「四阿含只有一小部分是佛講的，另有一大部分都不是佛講的。可是大乘法比二乘法究竟，而大乘經典這一些法，都是後代的佛弟子們爲了對佛陀的永恆懷念，所以長期創作結集出來的。」那他的言外之意是說：「後代的佛弟子們智慧勝過佛陀。」這就是謗佛啊！爲什麼又說他謗法？因爲明明阿含部所講的法，只是二乘菩提，並沒有涉及實相法界的成佛之道；只有其中一部經叫作《央掘魔羅經》有談到實相法界，可是那只是眞見道的境界；眞見道之後，相見道的內容、以及修道位的初地到妙覺位的內容都沒提，不能夠說具足成佛之道啊！

可是，聲聞人卻不得不將那一部經典結集在阿含部的經中，因爲如果沒有那一部經典結集在阿含之中，他們所結集的其他二乘經典就會被外道們攻擊，說是斷滅見；因此他們不得不把那一部經典結集進來阿含之中。那麼阿含部的經典，最勝妙就是這一部《央掘魔羅經》，其中有大乘法——講如來藏，而且很有特色，因爲經中還隱藏了一則公案。如果 如來在世，沒有把見道之後如何次第進修成佛的內容講完，就入涅槃去了；那表示 釋迦如來應該會再受生一次，再度示現成佛來把它講完，否則就是化緣未滿。

然而不論哪一尊佛，化緣未滿時都是不可能示現入涅槃的。每一尊佛，包括諸位未來成佛時都一樣，都一定規劃好了：二乘菩提講到什麼時候，接著要開始講般若，預計講多久；這段期間，一面講般若，一面就給阿羅漢位的弟子們一些機鋒，讓大家可以悟入般若，名爲教外別傳；然後又規劃讓弟子四眾可以完成「相見道位」的智慧與福德；計畫到哪個時候當大家完成了，於是第三轉法輪講一切種智的唯識方廣諸經，並且要旁及十方三界一切諸法，才能說之爲「方廣」；一定是種智與方廣全部都講完了，才算化緣已滿，才能示現入涅槃。

可是我們歷史上並沒有見到 釋迦牟尼佛重新再來受生一次，再來講完應該說的法，卻是現存的這些大乘經典中顯示 如來已經把成佛之道的內容與次第都說完了。這表示，釋印順他們對大乘經典完全不懂，也不懂二乘阿含部的諸經，所以認爲大乘經典是後代的佛弟子們長期創造、結集出來；若不是這個理由，而他這樣曲解，那就只有唯一的理由叫作居心叵測。所以眞正的實相法界的法，那個主體就是第八識如來藏。只要你悟得第八識如來藏，接下來你所說的一切法，只有越來越深、越來越廣，而且前後全無矛盾；不像釋印順寫的書，前一段跟後一段矛盾，前一頁與後一頁矛盾；但他自己不知道矛盾，這才叫作眞矛盾哪！所以我說：「**釋印順他也應該歡喜。**」爲什麼被我評論以後還要歡喜呢？因爲他應該歡喜說：「**世間畢竟有一個知音，叫作蕭平實。**」因爲我比他更瞭解他自己。

所以「涅槃」的道理太深奧了，打從我這一世學佛開始，一直到把往世的證量回復再弘法，現在已經二十幾年，沒見過誰把「涅槃」說清楚的。凡是講到涅槃，都說「**不可知、不可知；不可說、不可說。**」既不可知，要怎麼證？既不可說，又怎麼傳？可是當年絕大多數佛教徒都相信他們的說法，卻沒想到十幾年前，我去桃園作了一個晚上的演講，整理出來書名為《邪見與佛法》，那時我說：「涅槃簡單地講，就是把五蘊、十二處、十八界都滅盡**了，剩下如來藏單獨存在，一法也無，那叫作『涅槃』。所以阿羅漢入涅槃以前、以後，都沒有證涅槃，因為他們沒有證得第八識。**」我十幾年前就這樣講開了，到現在依舊如此說；將來我成佛了，也是不改此說；將來諸位成佛了，也一樣不改此說，因為事實正是這樣。

所以涅槃可證，當然就可知；可證、可知，當然即可傳授；否則師弟之間互相傳授，那涅槃該怎麼傳、怎麼證？所以我說末法時代那些大法師的腦筋，就像臺灣人罵的「孔固力」，就是腦袋中灌水泥啦。水泥灌了以後總會硬掉的，使他們的腦筋都動不了，沒辦法用！那現在，不但我二十幾年來講了很多涅槃，乾脆我還出專書，一冊不夠變兩冊，如今正在印上冊了（編案：《涅槃》下冊也已於二〇一八年九月出版完畢）。不過這第一刷印出來、第二刷印出來，不賣你們會員、學員，因為我們有位同修發心七十萬元，要買來跟大家結緣（大眾說：隨喜讚歎）。喔！隨喜讚歎。欸！你們也真會得功德！對呀！見人作功德時，自己隨喜也就有一分功德了。讚歎他！當然應該要讚歎他，因爲有史以來，把涅槃寫到這麼詳細的，前無古人；也許後有來者，不無可能！

這表示涅槃，師弟之間互相傳授、互相印證，一定是可知也可傳授的；否則爲什麼外道老修行人來見了 佛，佛陀爲他說次法：「**施論、戒論、生天之論、欲爲不淨、上漏爲患、出要爲上。**」他們信受，表示理上的因果、現象界的因果他們信受了，於是 佛陀爲他們演說四聖諦，聽完了，他們就是個初果人了；馬上就禮佛爲師，要求出家。一夜詳細思惟之後，第二天一早上來見 佛，禮佛了就報告：「**我生已盡，梵行已立，所作已辦，不受後有。**」爲什麼他們這麼大膽，敢當著 佛陀這樣講？因爲他們確定自己不再受生了。這表示聖弟子們的解脫果都是自知自作證，不由於他。

可是凡夫們都認爲，你是否證阿羅漢，是否眞的不受後有，得要有 佛陀印證才算數。但《阿含經》中記載那麼多的阿羅漢聖弟子，全都是自知自作證啊！然而二乘菩提，佛陀不在世才一、二百年後，好多凡夫就不信了！他們就主張：「**一定要有佛陀印證才算數。**」那 佛陀不在人間了，流傳下來的法就不能使人證阿羅漢喔？結果是變成這樣！可是上座部長老們說：「不！『不受後有』得阿羅漢果，這是自知自作證的。」但那些凡夫僧人們不服氣，就分裂出去了；所以從上座部分裂出去的大眾部，又有其餘諸部從這二部中繼續分裂出去，才會有部派佛教；所以部派佛教那一些人都是聲聞人，也都是凡夫僧。但菩薩住持的大乘法從來沒這回事，菩薩仍然繼續一代傳一代，一直弘傳下去，沒有分裂。

隨後也不過是幾百年，二乘菩提便失傳了，因爲實證者或入涅槃或生天界，短時間內不會再來人間，當然要失傳。所以到了西元五世紀的時候，出了個覺音論師，那是二乘菩提的論師；他當時寫了一部論，叫作《清淨道論》，他是摹仿阿羅漢的《解脫道論》去寫了那一部論。從那時候開始，修學二乘菩提的所有人都改依那一部論在修學。可是我把他那一部論（有一次去臺中，有人載我，不用自己開車）總共三冊精裝本，就在車上閱讀；剛開始時第一頁，我是一行一行恭敬閱讀；到了第二頁，我一目兩行來讀，因爲它沒有什麼深妙的法義，我一目兩行就可以讀完了。到達臺中下車時，我已經把那部論三巨冊這麼厚，全都讀完了。他連斷我見都沒提，三縛結也沒提，五陰十八界的內容也不說，就講一些天馬行空的理論；把四聖諦、把《阿含經》裡的那些名相拿來湊一湊，叫作《清淨道論》。

而他所講的都是在「我所」上面要清淨自心，在我所上用心的自心，那個自心是哪個心？（眾答：意識心。）全都是意識心！欸！你們都是他的知音。他談的都是要清淨意識心！可是問題來了，清淨意識心，清淨到最後還是意識心。他的論都不否認意識心，都不把意識心定義為生滅法，你說這個人有斷我見嗎？當然沒有！諸位都知道。那麼依著他那部論去修行，你想，南傳佛法會有人證阿羅漢嗎？可怪的是十幾年前，還有人翻譯了南洋的那些所謂阿羅漢的著作，叫作《尊者阿迦曼傳》，然後還有個阿姜查、阿姜通，他們都說是阿羅漢。可是我一看，他們也都沒有斷我見哪！也沒有斷我執，更沒有說到怎麼修行、斷我見與我執！那也能當阿羅漢？那樣的阿羅漢就不叫「應供」了！

因此說，「法」如果正眞無訛，一定是前後一貫而且不可推翻；所以我出來弘法之後開始出了書，出了五六本、七八本、十幾本以後，有個哲學教授放話說：「我要寫一本書把蕭平實推翻。」但我想：「他的字紙簍已經倒過十幾遍了。」因爲寫了，看看不行，揉了，丟字紙簍了；然後又寫一張，寫了也不行，再揉了、再丟字紙簍；大概字紙簍最少要清上十幾遍了，最後至今沒有一個字寫出來。後來從側面聽說，他認爲蕭平實的法正確。這倒也不錯，可見他還是有善根的。

那麼這意思是說，正眞的法是此法通彼法，彼法通此法，沒有隔礙的。絕不能像釋印順這樣，這個法是這個法，那個法是那個法，變成有好多的法互不相關，於是支離破碎，都不連貫、都不相干。但佛法不能是這樣，也不可能是這樣，因爲佛法講的是生命的實相。既然是生命的實相，函蓋現象界這個五陰、十二處、十八界，函蓋了六入諸法，才是正確的見解；而這些法都從如來藏來，都是同一個如來藏之所生，那當然是連成一體互相關聯的呀。

就好比說一個人，頭不可以說：「我最大，我才是眞正的。這肚子是假的，手也是假的，腳也是假的。」眼睛也不可以說：「你這個觸覺身體是假的，你耳朵能聽也是假的，只有我能見才是眞的。」所以不應該眼睛排斥耳朵、耳朵排斥舌頭、舌頭排斥身根等等，因爲這是一個整體，不可分割的。而這些不可分割的生命實相的法，如來把祂一一說出來，從各種不同的層面來講，那當然都是一體的啊。結果釋印順把祂切割，切割了以後，這個法是這個法，那個法是那個法，被他割裂成互不相干，等於身根與耳根不相干，而眼根與舌根不相干了；所以他的師父太虛大師就責備他，還寫在文章裡面說他，怎麼說的呢？他說：「釋印順把佛法割裂到支離破碎了。」這是很嚴重的指控欸！但釋印順臉皮也夠厚，怎麼個厚法？他竟然還一直宣稱說，他是太虛大師的繼承人，是太虛大師的弟子。太虛大師搞不好現在就坐在現場（大眾笑…），只是隔陰之迷忘了，不然應該找上門去給他幾巴掌。有這樣的弟子，否定師父的法，又自承是師父的繼承人！

所以法是整體的，不能是支離破碎互不相干的。因為 如來說的法是生命的實相，由生命的實相第八識來函蓋整個生命現象法界的一切法。所以這一切法跟實相法界是一體的，不是互不相干的。因此十幾年前（大概十五、六年前）我提出來：「無餘涅槃就是如來藏獨存的境界，涅槃就是如來藏。」當年，佛教界沒有聽聞過這樣的說法，他們很多人私下罵：「蕭平實是邪魔外道！」於是好多道場開始讀我的書，不是因為相信我，而是要找我的碴！我書裡面又沒有「碴田」，哪來「碴」可以找？找來找去找不到，越思惟、越整理，想要去找出毛病來；結果越讀、越整理，發覺越有道理。這就是說，「法」的所證如果正眞無訛，前後所說一定連貫，不會有牴觸、矛盾。而「法」其實只有一個，叫作第八識如來藏，因爲如來藏這個法衍生出來有無量無邊的法，全都歸屬於如來藏。而你把祂現觀了以後，寫出來、講出來，那是實相法界的事；由現觀而說、而寫，就不會有前後矛盾的事了。所以涅槃不容易懂，但是涅槃到今天依舊可證、可知、可傳；只是我們要求大家證涅槃，不看重二乘涅槃，而是大乘涅槃。

也許有人心裡面起一個疑問：「那您蕭老師不看重二乘涅槃，您是瞧不起我們嗎？認爲我們證不到二乘涅槃嗎？」不是這個道理，眞要努力的話，二乘涅槃一世可成。但是現在如果先成就了二乘涅槃，你一定會想著：「那我要怎麼樣趕快入地呀？」問題是：「要入地需要好大的福德，不是證二乘涅槃那種福德可比呀！那你一世能把它修完嗎？」不可能的！而且「非安立諦三品心」，還得要努力去修學呀！如果一心想要求證二乘涅槃，我說那叫作事倍功半；你不如在爲正法作事、修集廣大福德的過程之中，把自我給消磨了，泯然而盡，我執都不存在了，那個時候，只要無相念佛一、兩年就好，自然而然就是「梵行已立」。

「梵行已立」是什麼道理？以什麼爲驗？以不退轉的初禪爲驗證。到這個時節，只要一、兩週來觀行五下分結、五上分結，二乘涅槃便成就了，不難！但是成就了二乘涅槃，想要入地，你得要按部就班，回到眞見道位，開始相見道位的修行，結果反而不好修。因爲證得二乘涅槃之後，心地寂滅，再想要好好修證那「非安立諦三品心」，你將會覺得苦不堪言，心很不想動。沒有親自走過來，你不知道這緣由的！

那不如就大乘見道之後，也還有攀緣心的時候，沒關係！攀緣心就用來攀緣「法」；也可以把這個攀緣心拿來攀緣福德的累積，這也沒什麼壞處。然後不知不覺之中，去成就二乘涅槃，不是更快樂？這是比較好走的路。所以涅槃最好還是先求證大乘的本來自性清淨涅槃；因爲這個涅槃最難證，那些不迴心的阿羅漢們都證不了。所以你看　如來捨壽時，立刻就有人結集四大部阿含，其中有四十位阿羅漢，也有許多三果、二果、初果以及凡夫；但那些阿羅漢都沒有證得大乘涅槃，你想，這大乘涅槃好不好證？不好證啦！可是在座一定有人心裡面在說：「才怪！我覺得很好證。」因爲他們已經證了。可是我要跟他們下個註腳：「**假使不是咱家蕭平實出來弘法幫助，你那麼容易證喔？**」對某些人，我得要給這個註腳。為什麼呢？預防他那個尾巴翹得老高，翹到半天高去了，這個提醒對他們就是好的。本來自性清淨涅槃確實不好證！連阿羅漢都證不到。那麼當年那一些十大弟子、五百大弟子等阿羅漢們證了；那是因為他們跟隨 釋迦如來已經很多劫了，往世曾經證過了，如來再指點一下就悟了。

所以說，法不可割裂，因此我這幾年來一直強調：「**法住法位，法爾如是。**」以前大德們都不講這個「**法住法位**」，但 如來為什麼要一直說「**法住法位**」？講了很多遍。因為有一個根本法叫如來藏，由這個如來藏直接出生了什麼法，間接出生了什麼法，輾轉出生了什麼法；這些法的出生都有前後，也都各有它們的順序、各有它們的位置，講解時都不能錯亂，因為法界中的狀態就是沒有錯亂的。事實上，誰要把它錯亂，也錯亂不成，因為它本來就是這樣運作的，所以說「**法爾如是**」。

因此我們學佛時一定是要一整棵菩提樹，葉在什麼地方，枝在什麼地方，花在什麼地方，果在什麼地方，莖在什麼地方，幹在什麼地方，主幹在哪裡，根盤在哪裡，細根在哪裡，統統要清楚，這樣才能清楚了整棵菩提樹。那些不懂的人呢，就說他們要來幫大家修剪菩提樹；問題是，菩提樹在哪兒？他們連看都沒看見，還能幫人家修剪喔？他們連「法住法位」都不懂，「法爾如是」就別提了！所以我弘法以來，聽到過許多人宣稱說是八地的菩薩，或是五地、三地、初地等，結果呢？「法住法位」也不懂，「法爾如是」也不懂，探究下去時，現見他們身見俱在。佛法中居然會有不斷我見的幾地菩薩，原來我們臺灣後山那位比丘尼，在大陸也有很多知音或同修呢。

所以「般涅槃」跟如來藏不一不異，不能把祂切割成兩個法，因為般涅槃以後，一切法滅盡，不是斷滅空，如來說是「常住不變」，其實就是如來藏獨存。因此沒有一個法叫作涅槃，涅槃的實質就是如來藏。沒有實際常恆的涅槃，只不過是如來藏出生了諸法繼續運作，就說那不是無餘涅槃；但是菩薩的現觀是，當阿羅漢把蘊處界一切法滅盡，不受後有，如來藏不再於三界中出現，那個就叫作無餘涅槃；可是無餘涅槃那個境界，在他還沒有入無餘涅槃之前就已經存在了。

可是以前兩岸佛教界沒有人講過，我講了出來，他們心裡也不信，才會罵我是邪魔外道。可是被罵了好多年，有一次閒著，閱讀古時菩薩寫的論，正好看到，就說：「啊！菩薩有講過，不是現在蕭平實才講的。」後來我才知道那部論是誰寫的，終於知道了！不過這樣有個好處，名號不同，可以用啊！因爲我蕭平實說的，他們不信，我就說：「這是古時候天竺某某菩薩寫的呢，我講的跟他講的一樣！」大家都信了。所以我想想：「我這一世得要多寫一點、多講一點，那未來世我就可以再把它拿來用（大眾笑⋯⋯），多棒！」所以法如果正眞，兩千年前寫的、現在寫的、兩千年後講的，還是會一樣，內容或義理不會改變；因爲祂是法界中的實相，你依於實相所見、所說、所作，都不會錯；只有依想像而說，才會前後矛盾，才會不符合法界。

那麼這樣，這個涅槃簡單說了，瞭解涅槃了，現在回到經文來。迦葉稟白　佛陀說：「眾生若能般涅槃的話，那麼眾生有盡、還是無盡？」這有兩個意涵：從狹義的意涵來講，當眾生般涅槃以後，眾生是消失了沒有？有盡就是消失，無盡就是沒有消失。不說菩薩，我們只說不迴心的二乘阿羅漢陸續般涅槃了，到底他們有沒有滅盡？爲什麼沒有滅盡？（眾答：如來藏。）因爲如來藏獨存，所以沒有滅盡。那這麼說，就應該說是沒有滅盡，因爲如來藏還在啊！

但是如來藏究竟是不是眾生？是喔？不是喔？到底是哪一種？喔！不是。應該不是啦！如果如來藏是眾生的話，祂就是有生的了。眾生、眾生，就是很多法出生了才叫眾生；所以每一個有情都叫作眾生，因為你有眼、耳、鼻、舌、身五根，你有意根，你有六塵，也有六識啊！眾法生起了，所以叫作眾生。或是說，如果如來藏在眾生般涅槃以後，剩下祂一個，什麼都沒有了，那就沒有眾法生起，當然不叫眾生了。所以諸位答對了！答對了，應該有獎吧？（大眾笑⋯⋯）有！但只是早給、晚給的問題，或是早領、晚領的問題；因為你知見對了，有一天你就會實證，那就是你的獎品。所以眾生般涅槃以後，是有盡呢？或無盡呢？這個問題還眞好，佛教界都沒有人問過這個問題。可是他們都沒問，我在書中都已經先講了。佛陀就答覆迦葉：「**眾生無有盡也。**」為什麼呢？因為這是從廣義來講。

再從狹義來講，不迴心阿羅漢入涅槃了，不再有眾法生起，就不是眾生，那應該叫作「盡」；但那只是二乘涅槃，不是究竟涅槃，只是 如來方便施設。如來在他們般涅槃之前，又演說了許多佛菩提道，讓他們心生景仰、心中愛樂；雖然最後依舊怕生死痛苦而入了涅槃，可是在無餘涅槃中，自心種子流注，不曉得經過幾萬億阿僧祇劫之後，這菩提芽發動了，一念心動，他就出現在三界中，將來就不會再是不迴心聲聞了。那到底眾生盡了沒有？沒有啊！只是讓他在無餘涅槃裡面休息；休息很久、很久以後，總有一天，他們還會回到三界來；所以他們這些眾生依舊沒盡，只是從短期間的表面看來是有盡；如果從廣義來講，假使 如來度的每一個眾生都成爲阿羅漢、都般涅槃，道理都是一樣的；因爲 如來不會讓他們證阿羅漢以後立刻就入涅槃，一定會再爲他們宣說大乘法，讓他心中產生愛樂，於是未來無數劫之後，依舊會出現在三界中，依舊無盡。所以 如來答覆迦葉說：「**眾生無有盡也**。」

且不說眾生般涅槃，但說一個小小的地球，有多少眾生？數不盡呢！不說一個地球，光說你身中有多少有害菌、益生菌？到底有多少？你也數不清啊！如果眾生盡，是要包括這一些都度盡的。即使眞的就全部度盡了，不過只有你這一個色身中的有情而已，還有別的色身呢，還有整個地球的眾生呢！你把圓鍬拿起來往地上一剷，那一團土中有多少眾生？那些細菌也是眾生，你也全部都得度盡呢！那你度得盡嗎？度不盡的，所以 如來也說：「眾

生無有盡也。」這意涵很廣。可是因爲這部經是初轉法輪完了，進入二轉法輪時期開始講的經，或者說第三轉法輪剛開始所講的經，那當然有許多法都還沒有講，因爲方廣、唯識諸經都還沒有講；這是比較早期所說的，所以說的意涵廣，但是沒有辦法細說；只有我們講經的時候可以把祂細說了，否則四十九年說法絕對不夠。

那摩訶迦葉又稟白 佛陀說：「**爲什麼眾生不盡？**」佛陀就告訴摩訶迦葉：「**如果眾生有盡的話，應該會有所損減。**」那麼這一部經典爲大眾演說了，也就沒意義了。那諸位想想看：如果眾生有盡，而 如來講了這部經典，爲什麼就變成沒有意義？想想看是什麼原因？如果把所有眾生都度成阿羅漢、都般涅槃，那眾生終究會度盡啊！全部度盡以後，器世間就會跟著壞滅，不會再生成了；因爲十方世界眾生都度盡，都入無餘涅槃了，就沒有器世間繼續存在的必要了，那當然也會消失。那麼假使（我說的是假使）有那麼一天，所有有情都入「**般涅槃**」，這樣有沒有意義？爲什麼沒意義？大家都解脫了，還需要在世間輪迴嗎？那爲什麼沒意義？應該也有意義吧？如果大家都入無餘涅槃，那還需要這一部經存在嗎？當然不需要了！可是 佛陀說：

「這部經講了，一定要繼續存在與流通，否則就沒意義了。」那又是什麼道理？看來聽我講經也不容易了，要動腦筋。因爲塡鴨式的一直灌、一直灌的方式，那種講經的方式沒什麼意義，因爲大家不容易深入如來藏中收存，一定聽了就過去；要讓大家聽的時候有點思惟，然後可以成爲自己的，我講經才有意義。

如果讓大家都可以解脫生死輪迴，於生死輪迴中得自在。就好比說：你有一天發慈悲心去監獄當教授師，你可以隨意進出；那你需要不需要執著說「我要離開監獄」，或者執著說「我再也不要去監獄」？都不需要了！因爲你可以隨意進出。但你如果教導裡面被關的犯人努力修心養性，他們終於有一天也可以離開監獄當個自由人，然後他們又回來當教授師，跟你一樣可以自由進出監獄；那他們會再抗拒進入監獄嗎？不會！諸位懂這個道理。那麼三界是一個最大的牢獄，這個三界牢獄因爲沒有能力進出，只能在裡面生死輪轉，沒有辦法出離；所以這個生死痛苦擺脫不了，才要想辦法修解脫道來擺脫生死痛苦。可是有一天，你發覺自己可以擺脫這個生死痛苦，然後你又看到這三界牢獄之中，有好多人擺脫不了這個痛苦，你想要幫他們；然後你又現觀：「進入這三界牢獄中受生、老、病、死苦的時候，那跟作夢一樣，都是虛妄的；雖然痛還是很痛、苦還是很苦，可是一旦醒過來，不痛也不苦！」

這樣講有一點虛幻了，講實際一點好了。譬如說，你昨天晚上作夢，夢見五子登科：夫（妻）子、兒子、銀子、車子、房子都有了，好快樂啊！然而今天早上醒來，全都沒了！夢中是多麼快樂，醒過來時什麼都沒有了！換個方式，說作惡夢好了；在夢中，一大堆債主來追討債務，後來債主終於離開了，卻又來一大堆人打打殺殺，逃命之不遑；這類痛苦的夢境連續不斷，好多個情節、好痛苦。最後遇到一個賊人埋伏著，你沒看到，他一刀把你砍死了。這一下醒了過來，喔！原來都是假的！當然全都是假的，可是正夢的當下很苦，或是當下很快樂啊！對不對？才一醒過來，原來都是假的！

當你有這個現觀的時候，可以不怕苦了，於是迴身又到三界牢獄中來，教導大家怎麼樣認清這個事實，教導大家怎麼樣可以出離三界牢獄，於三界牢獄可以進進出出、來去自由，這時候就不需要執著一定要出三界了。譬如說，兩週前我得要人扶著才能坐上來。你們大家聽我講經，很多人擔心我會不會講到一半就趴了下去。對吧？可是雖然身體很苦，我的心不苦，我堅持著要繼續講經。記得我第一次被庸醫所害，住進了新光醫院，第二天晚上我要請假出來繼續講經。我們那一次不是停講了嗎？我想要請假出來，可是我們幾位老師、教學組幹部們不許我來講經，被他們攔住了。那一天我上來講，也是一樣的道理，因為我的現觀是：「這個都是假的，這是在夢中受苦；夢中的苦，不是眞苦。」然而從世間法來看時，夢中的境界猶如眞的一般。

而這個觀念，我在破參前就存在了。所以，以前那聖嚴法師都會請人代筆寫什麼墨寶，有一段期間是張老師代寫的；但我那時拿到的，看那個字體不像張老師的筆跡。他的墨寶有好多幅，很多人想要得他的墨寶還眞的很難，但他任我挑，我說：「這些我都不中意。」就說：「我只要三個字就好——夢如眞。」後來果然眞的有那一幅了，我就單拿那一幅；後來不曉得哪裡去了，我也不知道，因為那不算眞的墨寶，得是實證的人寫的才算寶。也就是說：「夢境猶如眞的，但是一旦醒來，全部都假。當你能出三界的時候，回頭來看三界中的生、老、病、死苦，全都是假的，只是夢的當下看來是眞的。」那既然「如眞」，就表示不是眞的，那個「眞」字前頭就不需要加個「如」。所以當大家都能夠現觀：三界牢獄中的生、老、病、死苦猶如昨夢，好像昨天晚上作的夢一樣，就表示你於三界中可以來去自由；既然可以來去自由，又何必入無餘涅槃？這個道理要懂。

因此阿羅漢不迴心菩薩道，是因爲他們對於三界牢獄中的生、老、病、死苦認作眞實，所以想方設法要逃避；至於菩薩的現觀呢，這只是如來藏明鏡裡面的影像而已。意識心住在明鏡的影像境界中，固然有生、老、病、死等眾苦；但是從實相明鏡來觀照時，都好像是夢中在受苦。所以在夢中，如果你中得樂透；譬如說美國那個樂透，相當於臺幣一百二十億元，你不會高興，就把它布施了，因爲你知道那是夢中的事。當你跳出三界境界來看的時候，這是虛假的；但虛假的錢可以讓你來作很多佛事，你就把它作好。

以這樣的境界來看時，假使哪一天，有一個身價一兆的人進正覺來學法，每年捐個五億元、十億元臺幣，我該高興、不高興？怎麼可以不高興？高興啊！但是心中不會高興，更不可能不高興！（大眾笑…）這個道理要懂。（大眾笑…）是不會高興，不是不高興！（大眾笑…）因爲你要隨喜，當然要所以當你看清楚的時候，假使哪一天你辛辛苦苦拉拔了一個人出來，結果他從你腋下狠狠咬了一口，血流如注，你需要痛恨他嗎？不需要！因爲那也是夢中的事。等到再換下一場夢的時候，再好好教導他，這就夠了。

所以以前有的人心裡面想：「**那一些人發動法難，導師心中一定很氣他們吧？**」可是沒想到我講起他們的時候，都像在說故事，沒有氣、不需要氣啊！因爲那是夢中的事！你要站在清醒位來看夢中的事。就好比第三次法難的時候，我們有的老師很氣，說他們每一招都要正覺同修會斃命；我說：「不用氣啦！這事情有弊有利。」我說：「**藉著他們的質疑，再次證明我們的法正眞無訛，對佛教界更有說服力。我們需要等待的就是他們提出正式的質疑，而不是背地裡偷偷摸摸在那邊否定。**」欸！然後果然就有個法師（她的名字我不講），寫了一封信來。從哪裡寄來？從淡水鎭一號寄來。淡水鎭一號是哪裡？沒有街、沒有巷、沒有路名，就是淡水鎭一號。喔！我就懂了，她是要我公開答覆！那她顯然是在幫助我，要讓我瞭解他們到底是怎麼講的。但是她心中有疑惑，希望我公開答覆。我就說：「**機會來了！**」所以在此之前寫了文章、出了幾本書，有的人來勸告我說：「**老師！這樣夠了、夠了，天下底定。**」我說：「**還沒有，還不夠，還不夠！我還在等，應該還有什麼因緣吧。**」果然講完沒多久，兩、三週吧，那封信就來了。我看完了說：「**啊！**

這就是正法的機會了。」然後這一本書，從書寫到印刷出版，三個半月就完成了。有人寫書這麼快的嗎？那本書還蠻厚的，叫作《燈影》。這書一出，我就跟那位建議我的人說：「這一本書出來，就天下底定了。」後來果然證明是這樣。

所以「涅槃」這個法不會導致眾生滅盡，因此不用杞人憂天，老是擔心說：「啊！那麼多的十方如來都在度眾生，當眾生被度盡了，世界不就空了嗎？」我說：「那叫杞人憂天。天塌下來有長人頂著，你一個矮冬瓜擔心什麼？」（大眾笑…）所以很多的層面你都要去觀察到，當你全部都觀察清楚了，心有定見：該作什麼，不該作什麼；該擔心什麼，不必擔心什麼。你都清楚了，這樣行菩薩道，雖然在三界牢獄中不斷地夢中受苦，也就只是夢中受苦！那麼再怎麼苦，你都可以撐下去。所以那天晚上我上座後喝了黑糖水，告訴大家說：「這可能是我今天唯一的一餐。」結果沒有應驗，因爲我講經完了以後精神好得很！回去又吃了一大碗粥。講經當時是很苦沒有錯，因爲頭還暈啊！身體還很弱、很虛，但是仍然繼續講經，因爲那是夢中的事。夢中的苦不是眞苦，而所有的苦都是夢中的事，當你離開夢境的時候，沒有一點點苦可說，當然也就沒有任何樂可說；所以這樣看來，眾生需不需要滅盡？不需要啊！

雖然每一尊如來每天度一恆河沙的眾生入無餘涅槃，眾生依舊不可盡，因爲這些眾生同時也聽聞佛菩提妙義，心中有所愛樂；他們縱使入了無餘涅槃，在無餘涅槃中自心種子流注的結果，將來還會再一念心動。雖然不是一念無明那個一念心動，而是因爲「上煩惱」的緣故，使他一念心動，於是又出現在三界中。這時他就繼續廣行菩薩道，盡未來際。所以如果眾生盡的話，那麼十方三界的眾生就會損減。可是，如果眾生各個陸陸續續般涅槃了，因爲自心種子流注，他們還會再出涅槃，那麼這表示眾生就是沒有損減；沒有損減的根本原因，當然依舊是如來藏的妙眞如性——眞實而如如，具有金剛不壞性；所以他們般涅槃前所聽聞的「佛菩提道妙義」種子繼續自心流注，永遠不會流失；那他們將來一定有一天繼續出現在三界中，當然就是個眞正的菩薩種姓。既然眾生沒有損減，那這部《大法鼓經》繼續住世，當然就大有意義了。

那麼　如來接著說明：**「由於這個緣故，迦葉！諸佛世尊般涅槃的話，全**

部都是常住。」我說寺院裡面，如果有居士問某些事情，有關要用到寺院裡的什麼物品；聰明的人都會說：「這件事你要去問常住。」「常住」表示什麼？表示他不是來掛單的，他是在這個寺院裡面常住而領有執事的僧人。掛單呢，是今天來了，拿出戒牒來證明僧寶的身分，然後我在這裡需要住個五天、六天；等事情處理完了，就起單離開。古時候寺院知客處會有一排，有的用釘子掛著，有的是用漿糊貼的；用黃紙條寫上掛單者名字，在掛單那一欄把名字貼上去，那叫掛單；常住就不用寫了。有的禪師就利用「掛單」這個貼單來講禪，可惜他沒有開悟，我們就不談它。

那為何住在寺院裡的僧人要叫作常住？這表示：佛法不是生滅法，佛法是常住法。凡是生滅的法，就算它是正法，只能是二乘菩提，不會是佛菩提，佛菩提的所學、所修、所證一定是常住法；如果不是常住法，修學佛菩提、親證佛菩提則為無義。因為若是生滅法，即是無常性，你證它幹什麼？證了也是生滅，不得常住，即是白證。那麼 世尊說：「諸佛世尊般涅槃，其實全部都是常住。」這個道理對於剛來聽我說法的人，當然得要解釋一下。

菩薩三賢位中的前六住，是從布施修起到達般若度，然後才要作加行。

加行就是修集福德、把次法具足、鍛鍊功夫、熏習應該有的正見，然後參禪，這鍛鍊功夫及參禪就是加行。由這個加行的緣故，才有辦法進入第七住位，叫作見道。見道之後，還有非安立諦的三品心要修。這三品心修完了，十迴向位滿足了，還要作加行——對於安立諦（就是大乘四聖諦）要觀行十六品心，然後再觀九品心，要取得大乘法中的阿羅漢位。這時候還不能入地，這時候福德、定力、慧力都夠了，還不能入地！還差一樣，就是十大願，又名十無盡願。這時候跪在 佛前，把十無盡願誠心誠意誦完一遍、發完一遍，這樣發願完了，是不是入地了？是不是入地了？還沒有喔！那該怎麼樣才入地？這是最後一件事，算不算入地了？還眞給你們說對了，還沒入地！爲什麼？因爲他這個十無盡願的增上意樂不夠清淨，心中還有猶豫；一面在 佛前發願，一面心裡想：「我眞的作得到嗎？」（大眾笑…）但是 如來不動其心，如來就看著你發願。如來也不會笑，也不會板起臉來，如來不動其心，就看著你發願。今天發願了，後來想想：「我好像還不算地上菩薩，因爲我對這十大願還有點兒猶豫。」然後再想一想，思惟、思惟，想通了：「我這一條路不走，十劫以後也得走；十劫以後走，我不如這一劫就走；這一劫要走，那不如我這一世就開始走吧！」想清楚了，這一下 佛前再度發願，終於相信自己入地了，因爲這個增上意樂已經清淨了！所以不是這一些完成以後，發了十無盡願就入地了，沒這麼簡單！而是這十無盡願的增上意樂已經清淨了，才算入地。

就好像證悟一樣，你得要定力夠，也得要知見夠，基礎要夠，悟了能夠如實轉依，才算是眞正開悟。如果自己基礎沒打好，那個基礎都是流沙，他在那個流沙裡面築基，善知識幫他蓋了個金碧輝煌的宮殿，結果也會沉沒了，那就不叫開悟。自己的基礎是紮紮實實的，然後善知識再教導他把應該作的作完了，他可以如實轉依，轉依成功才叫作開悟；轉依若沒有成功，就算知道密意也不叫開悟，因爲他沒有那個實質，他是有無生法而無無生忍；大多數這樣的人可能都要等待未來世遇到某一尊佛講經時，才能心得決定而轉依成功。這就是爲什麼許多經典中都記載著，有許多人聽完某一部經時證得無生忍或無生法忍的原因，是由於他們往世證悟時沒有得忍，轉依不成功；而現在聽經完了心得決定，有無生也有忍了，所以發起無生忍或無生法忍。

所以這一部經典為什麼有意義呢？原因就在於：「諸佛世尊般涅槃者，悉皆常住。」不是斷滅空。以前釋印順都說：「釋迦如來入滅了就等於灰飛煙滅，不存在。」他書中的大意就是如此說的，他認為入涅槃後就是斷滅空。不要懷疑！因為他對眞如的定義也是斷滅空，所以他說：「蘊處界都滅盡了，什麼都沒有了，只剩下滅相；而這個滅相不滅，就是眞如。」說這個已經消滅掉的法相，你沒有辦法再把它消滅了，所以就是眞、叫作如。那好了，當年我如果有想到這一點，乾脆趕上他的「妙雲蘭若」去，把他的蘭若搶過來說：「你搬出去！這蘭若換我要住了。你不是要眞如嗎？我把你搶過來，你已經成就了滅相，那你就證眞如了！」然後我把它拿來給我們的「常住」用，我們正覺寺的常住搬進來住多好！然而那叫胡說八道，強詞奪理！如果「滅相不滅」可以叫作眞如，那好，我把他所有的銀行存款都轉掉，成就了滅相，這就是眞如！你永遠沒有錢了，你只要不再賺錢就是眞如了；你永遠都不要再賺錢，人家供養你也別收，你就保持一切都無，這就是眞如。或者乾脆把他殺掉，蘊處界都被我滅失了，而這滅相不可再滅了，就是眞如，他接受嗎？

所以他對於 釋迦如來般涅槃的認定是說：「釋迦如來般涅槃以後灰飛煙

滅，什麼都沒有了。」因為他是六識論者，連意根都不承認，曲解說意根就是腦神經，他眞是六識論者！雖然他死前那幾年還出了個小冊子，明說意根是腦神經，那顯然也是生滅法，再次證明他是六識論者。他知道《阿含經》說的是「般涅槃是把六識全部滅掉的」，認為那就是斷滅空，所以他認定斷滅空就是眞如，涅槃就是斷滅空；因此才會主張說：「釋迦如來般涅槃後灰飛煙滅。如來弟子們對釋迦如來非常景仰，為了永恆的懷念，所以創造了大乘經典來紀念。」這就是他的說法。

所以這個人謗佛、謗法都敢。為什麼他敢呢？因為他說沒有地獄，他在書中說：「地獄是聖人的施設，事實上不存在。」大意是如此，所以他敢胡作非為。但其實 如來早在入地時發了十無盡願，這十無盡願是增上意樂，因為那十大願最後結尾都是：「虛空有盡，我願無窮。」所以這十個大願是永無窮盡要實行下去的，沒有終止的一天。既然入地前發了這十無盡願，入地後次第修行兩大阿僧祇劫，終於成佛了，就永遠由這個十無盡願所支持。因此在這個世界示現八相成道，化緣圓滿之後，就到另一個世界繼續示現八相成道，這樣永無窮盡。所以諸佛如來「般涅槃」只是一種示現，跟阿羅漢的般涅槃不一樣，因此不能夠說 如來般涅槃就是灰飛煙滅。因此諸佛世尊般涅槃全部都是「常住」，不是斷滅空。

如來又作一個小結論：「**由於這種道理的緣故，諸佛世尊般涅槃這個事情，終究不是磨滅。**」只有阿羅漢入無餘涅槃才會是磨滅，把五蘊十八界都壞盡，不再受生，永無後世，只剩如來藏獨存，所以成爲磨滅的狀態。但諸佛世尊不是這樣，有時候八相成道完了，在另一個世界又示現八相成道；完成之後也許哪一天想起來，以佛眼觀照：「**我以前跟隨過哪一尊佛，我跟那一尊佛的緣非常深厚，現在不曉得祂要在什麼地方再示現八相成道？**」佛眼一觀，看見了！那一尊佛即將在什麼地方示現成佛。好，那祂也許就趕快去那邊等候，示現作一個凡夫，等候如來示現；然後那一尊如來又示現祂成佛了，然後自己就去了，也不必如來印證。諸佛如來互相都知：「**啊！祂已經成佛，過去是我的什麼弟子。**」那祂就來當妙覺菩薩，幫忙弘法，永遠不入無餘涅槃。所以「**諸佛世尊般涅槃者，終不磨滅**」，這才是佛法的眞正道理。釋印順講的那一些都是胡說八道！

接著摩訶迦葉稟白 佛陀說：「**云何諸佛般涅槃，不畢竟滅？**」因爲第三轉法輪開始不久，摩訶迦葉也應當為大家請問。佛陀就解釋說：「就像是這樣，就像是這樣！」於是再作一個簡單的譬喻：「舍壞則為虛空。」有房子在，那這個地方就不叫虛空了，就叫作房子。如果這個房子壞了、垮了、倒了，房子不存在時，又回復虛空了，這個就叫作空。房舍壞了回復為虛空，表示什麼？裡面住的人怎麼樣呢？離開了。《楞嚴經》也講這個道理：說如來藏就像一間旅館，張三住進來，住完了，他離開了，如來藏還在，所以說這個旅館常住。那個張三旅客走了，就換李四這個旅客住進來，如來藏還是在；這個李四在這裡住了一世離開了，又換王五住了進來。所以每一個五陰都是過客，只有如來藏常住。只要證悟了，你的現觀一定是如此：如來藏就是一直都在的旅館，張三、李四、王五、趙六統統是過客，來住一段時間就得換人，然後另一個人住進來，就這樣子川流不息，「譬如行客投寄旅亭」。

那這裡面，張三住進來，在裡面作了很多事情：賺了錢、也許賠了錢，賺了功德、也許又賠了功德。張三住一世後走了，消失了，換李四住進來；他也是孤身寡人一個人進來，什麼都沒帶來。那他就繼承張三在如來藏旅舍中留下來的，然後他就繼續去運作，看是「賺功德」還是「賠功德」，隨後他死了，所造作的一切都留下來，留在旅館裡面，什麼都帶不走；換再下一世的王五進來繼承，每一個有情都是這樣。那麼請問：你這一世得有因緣進入正法之中，要感謝誰？欸！要感謝上一世的張三！

所以 如來有一天遇見了一副枯骨，已經很不完整，如來也禮拜。人天至尊禮拜那副已經腐朽不堪、剩下不多的枯骨，弟子眾當然要請問了。如來就說：「這是多久以前，我留下來的那一副白骨；如果沒有那一世，就沒有我這一世。」所以假使哪一天你有了「如夢觀」，去到一個地方，發覺有一間廟，人家供的是過去世的你，那你就無妨跟隨眾人向他頂禮三拜；如果不是過去世那個他努力修行給你繼承，你今世有這個成績嗎？道理是一樣的。

所以，舍壞就是虛空，而諸佛般涅槃就是解脫，不是斷滅空。解脫不等於斷滅空，「解脫」是你可以自由來去三界，這才叫作眞解脫。解脫不一定是像阿羅漢入無餘涅槃，因爲阿羅漢入無餘涅槃以後，那個無餘涅槃的境界，在現下流轉生死的當下就已經存在了，因爲那也是如來藏的不生不死；所以他入無餘涅槃之後，他的蘊處界消滅了，剩下如來藏獨存，不再有生死。可是如來藏的不生不死，是你現有生死的當下就不生不死了，那個無餘涅槃當下就存在了，不是等你入了無餘涅槃才出現的；既然這樣，你就在無生無死的如來藏裡面，爲了眾生、爲了自己道業，何妨又再一次生死？也就是說：「**每一個有情其實都是在不生不死中生死**。」因此 如來說：「**諸佛涅槃即是解脫，不是斷滅**。」今天講到這裡。

《大法鼓經》今天要進入卷下了。這卷下的速度將會比較快，但是開講之前，因爲有許多同修見了我就問，問我身體的問題；爲免後問，所以先作個報告。我記得是去年吧，曾經停課一次；那是因爲小中風，所以右手敲鍵盤不太準確，右腳動作也有一點怪怪的，但是生活都沒問題；所以我還自己開車去士林一家診所，也都很正常，就是敲鍵盤有一個指頭不太準。結果那個家醫科醫師說：「**這個是小中風啦**。」一量血壓說：「**一百七、一百八，趕快吃降壓藥**！」說：「**很危險！馬上要吃**。」給我兩顆壓達能。如果是當內科醫師的人大概就知道，那藥是什麼東西。

那種藥物我平常有預備著，最多一天一顆，最多只能連續吃兩天，第三天就沒辦法吃了；吃了身體就撐不下去，藥效很強，結果他一次給我吃兩顆。應該是去年的事吧！結果，半個小時以後就半身不遂了，好在新光醫院在旁邊。他們打119，新光醫院的救護車很快就來了，有四個人都蠻專業的；我就看著他們怎麼處理我，很專業！而且很近，馬上就來處理了；然後是在新光醫院的同新診所住了三天。那是週一出的事情，週二晚上我本來要請假來講堂講經的，但是教學組、其他的老師都來阻止說：「**不可以出門！乖乖在這裡躺。**」出不得醫院大門了，那就放棄了，乖乖休息。

而這一回，這回其實眞正的原因是，耳根的半規管，有三個半規管耳石脫落；耳石脫落所以天旋地轉，天旋地轉就一定嘔吐，什麼事情都不能作了！再怎麼壯大威武的漢子，只要天旋地轉就變「狗熊」了！這回就是這樣，但是又懷疑，會不會是又有中風發作起來？所以一直都在這個方面去用心，而沒有注意到耳石脫落這個問題。那麼發作之後，去看看，說：「**沒有問題，回去！**」回去之後，結果又發作；因爲躺得不好，又發作起來；耳石脫落就是這個問題，它是讓你身體作定位的一個器官。那只好送急診了，所以這回也有送急診。送急診的時候，作了斷層掃描，看起來沒問題，那就止暈、止吐的藥繼續施打；然後那天傍晚出院了，回家；但是爲了小心預防，所以上上週晚上八點又作了一次核磁共振。核磁共振到上週四去看結果，醫師說沒有任何問題。

所以這次是耳石脫落引出的問題，那主治醫師說：「這回算是虛驚一場。」在作核磁共振前的那一次急診後，有拜託新光醫院那位耳鼻喉科吳醫師，拜託她臨時加號，加上我這麼一個病號（最後一位）。看了結果說是典型的耳石脫落，那就作了耳石復位的復健；那天作了一次，後來又去作一次，所以現在原則上正常了。請大家放心！見了我，不必再問說：「您有沒有進步啊？好不好啊？」好！現在很好。大家都可以放心了！先跟諸位作個報告。所以那不是有什麼血管堵塞的問題，純粹是耳石掉落的問題；因爲吳主任特別說了三個字「典型的」，所以作了兩次耳石復位的動作以後就沒事了。報告過了，今天要從《大法鼓經》卷下開始。

經文：【爾時世尊告大迦葉：「譬如有王能行布施，彼王國中多出伏藏。所以者何？以彼國王種種周給貧苦眾生，是故伏藏自然發出。如是，迦葉！大方便菩薩廣爲眾生說甚深法實故，得此甚深離非法經，謂空、無相、無作相應經，復得如是如來常住及有如來藏經。」】

語譯：【這時候，世尊告訴大迦葉：「譬如有國王能夠行於布施，他的王國之中，就會不斷地出現伏藏。爲什麼是這樣呢？因爲由於那位國王以種種的方式，周遍地布施給貧苦的眾生；由於這個緣故，他們王國中的伏藏，自然而然就發出來了。同樣的道理，迦葉！大方便的菩薩廣爲眾生宣說甚深法寶的緣故，就能夠得到這一部甚深的、離非法的經典，也就是空、無相、無作相應的經典，並且還可以得到像這樣的一部如來常住以及眞的有如來藏的經典。」】

講義：如果有個國王橫徵暴斂，那他的國家裡面伏藏永遠不出；所有藏在地下的寶貝，都不會有人發現到。如果這個國王可以用各種的方式，在各種不同的層面，而且周遍地給施貧苦的眾生；由於這樣的緣故，眾生的如來藏感應，他的國家裡面潛伏在地下的寶藏自然而然就會被人發現。同樣的這個道理，具有大方便的菩薩，從各種不同的層面，廣泛地來爲眾生演說非常深的法寶的緣故，就會得到非常深奧、微妙的、離開非法的經典——講的就是空、無相、無作相應的經典。

那麼諸位來看看二十世紀的佛教，來到二十一世紀初的現在，如果弘法的人都不願意把佛法中眞正的寶貝周遍地演說出來，布施給眾生；那麼佛法中所伏藏的許多寶貝，就不會被發現出來。那如果突然出現了一個人，這個人有大方便，而他是個菩薩，廣泛地從各種不同的層面來爲大家演說非常深奧微妙的佛法中最寶貴的部分，就可以得到這個極爲甚深的、離開非法的經典。這不就是正覺同修會的寫照嗎？因爲我們一開始就是爲大家說明：「**如來藏眞的存在，確實可證。**」一開始就爲大家說明了，並且年年幫助同修們實證。實證之後，有更多人能聽懂了；我們就從各個不同的層面，來演說這個如來藏的妙義。所以光一個如來藏，我們講了二十幾年，沒有第二個法。

所以人家如果問：「**你們正覺弘的是什麼法？**」「**如來藏！**」「**其他還講什麼嗎？**」「**如來藏！**」「**還有沒有別的？**」「**有，如來藏！**」因爲如來藏妙義甚深、極甚深，得要從各個不同的層面來解說，才會有阿含解脫、般若中道觀、一切法唯識。如是施設了大方便而從不同層面爲大家解說以後，表示你這位大方便菩薩不吝於法，於法無所吝惜；只要有人願意得，努力修行，就繼續教導他們。這就好像這個國王很樂意布施，每一個層次的人民，他都想辦法去布施；幾乎沒有誰不能得到他的布施，這就是周遍地給施眾生。那我們對佛法就是這樣，從來不藏私；只要是可以明講的，全部都講，甚至講到有人說：「很簡單的一個如來藏法，給他越講越深就越迷糊，越講就越亂。」啊！原來他讀不懂！可是實證的人呢，就越覺得深奧、微妙、廣大，讀到最後呢，拍案驚奇呀！也許拍膝驚奇，不一定。因爲他想：「這個層面我都沒有觀察到，這蕭老師講出來，我又懂這個部分了。」所以很歡喜。那麼有的人聽不懂也讀不懂，他想的是：「你只要教我證悟就好了，我找到如來藏就夠了。幹嘛還要再講那麼多的法作什麼？」也有人這樣當面跟我講的，那時候，漫畫界還沒有流行畫三條線的（大眾笑…），因爲那已經是二十幾年前的事了。那我聽著也就不講話了，心裡面想：「對啊！她的因緣大概就是這樣了。」

也就是說：「這個如來藏妙法，從第七住位實證，到成佛要歷經兩大阿僧祇劫，加上三十分之二十三個階位，哪有那麼容易學得完的！」雖然如來藏就這麼一個，但其中的法甚多，無以計數，所以必須要有大方便，從各個層面廣爲眾生宣說。那我們剛開始講「禪」的時候，人越來越少；我記得有一次在中信局佛學社，那個課講到剩下幾個人？六個人，只剩下那麼幾人喔！我還是繼續講；只要有一個人願意聽，我就講。結果有人來建議說：「您講的法太深，大家聽不懂。因爲您說的這些東西，都要會看話頭才有辦法聽懂；那我們不會看話頭，怎麼辦？」聽不懂，人家就不來了。所以我知道原來是大家聽不懂！在我的想法很簡單：「因爲這是基礎的禪法，是很淺的東西，不可能聽不懂的。」結果沒想到還是聽不懂，因此我才把「禪」停了，不講；改以三週的時間講無相念佛，一個一個指導，教大家怎麼會無相念佛。經過兩、三週，有很多人會無相念佛了，於是人數又開始增加，後來又回復到原來的五十幾個人；那是中央信託局的佛學社，別的地方大致上也如此。

好了，那麼有人證悟了，禪就可以講更深的了；甚至於我們那時候，明心見性的人還召集起來，星期天（剛開始是週末）在我家佛堂，我同修把地板擦好，供了香、切了水果，等待大家來上課。講什麼？講禪門差別智，因爲並不是悟了，對禪宗公案就能夠全都懂得，還有許多是不懂的，那是如來藏很微細的運作。所以「悟」是同樣的一件事，但是所悟的內涵有深有淺、有廣有狹，所以我們開那個課。後來時間不夠，開了第一期圓滿，也就沒再開了。未來有沒有時間再開？不知道。目前是以護三的形式讓證悟者晚上一起來聽，但是沒有辦法像禪門差別智那樣講到很微細，因爲很多人在打三，有些還是不能講的。

那麼我們講禪，後來也寫了《公案拈提》的書。第一本叫作《禪門摩尼寶聚》，是禪門的摩尼寶，這些寶珠就聚在一起，就是這一本書，一次把它印了五千冊，原以爲將會洛陽紙貴。沒想到：賣了兩年才賣一千多冊。我說：「我高估佛教界了！因爲這是一本可以幫人證悟的書，五百塊錢哪裡貴？故意要賣五百塊錢，顯示它是好書嘛。」你看密宗那些書，亂七八糟亂寫的，字又大，一本都是賣七、八百塊錢；我這五百塊還算是特價欸！沒想到兩年才賣一千多本。後來我知道高估了，第二輯我印兩千本就好。

但現在有些不同了，現在一本書印出來，過個兩天又要印第二刷；然後也許再過一個月，又要印第三刷。表示什麼呢？有一句成語說：「不可同日而語。」但這個過程不是容易到達的，因爲一般法師的書，即使是那些大法師——四大山頭他們寫的書，一刷通常是一千冊，然後再印一千冊，大概印兩次就沒了，不會有人再買了。那如果是小法師們寫的書，一刷一千冊，送五百冊到總經銷去，一個月後退回三百冊，然後就沒有第二刷了。所以這個過程顯示什麼？現在我們的書變成佛教界的暢銷書，這也顯示我們說法的過程與內容是很豐富的。

所以有人證悟之後，我就開講《成唯識論》；其實那時候講太早，因爲我講了，大部分人聽不懂，而且那時候沒有限制聽講資格。現在《瑜伽師地論》規定是要悟後到增上班才能聽課。等《瑜伽師地論》說完了，要再重講一遍《成唯識論》。以前講《成唯識論》時大部分人聽不懂，有位臺中上來上課的師姊說：**「哇！老師講《成唯識論》講得多棒！我大概吸收了百分之九十。」**二〇〇三年退轉的那位楊先生對口就說：**「喔！那你比我厲害，我只要能夠吸收十分之一，就很高興了。」**當時他是這麼客氣的，沒想到二〇〇三年他來推翻我時，正是用《成唯識論》來挑戰我。他都沒搞清楚誰是誰呢，就拿《成唯識論》來挑戰我？這叫作魯班門前弄大斧啊！

所以，在這個弘法的過程裡面，因爲臺灣書店一位經理建議，所以我們把《禪—悟前與悟後》那個結緣本七百多頁，改成上下冊的局版書上架。然後結緣書《無相念佛》、《念佛三昧修學次第》一本一本出版，接著有人就說：**「那正覺蕭老師懂禪，其他別的他都不懂啦。」**那我們就看他們講我不懂什麼。他們說我不懂念佛，我們就來出念佛的書，甚至於把《禪淨圓融》講了，成爲他們聞所未聞的妙法。後來他們說：「蕭平實懂念佛，因爲他是修念佛法門起來的，但是他不懂唯識啦。」他們都不知道，我一開始就講《成唯識論》的，怎麼會不懂唯識？那沒奈何！我們就寫一點唯識的東西，就是專講八識心王的法，所以講了《起信論》。《起信論》也屬於唯識系的經論。有的人又說：「方廣部他就不懂了。」那我們就來講《勝鬘經》、講《維摩詰經》。

後來又有人說：「他最多就是懂顯教的東西，密宗他根本就不懂！」說我不懂密宗？其實我很清楚知道：我懂密宗。爲什麼？因爲白馬精舍印的《大正藏》陸陸續續交書，交書來時，那經本都很大、很厚，都是精裝的，我都會先把目錄讀上一遍；當我讀到密教部目錄的時候，我馬上一個念頭起來：啊，這個就是雙身法。我的念頭立刻生起來，我都知道，那我怎麼會不懂呢？既然他們說我不懂，不然咱們就來寫密宗的書，看他們密宗有哪個人能夠寫得比我好？結果寫了出來以後，網路上有人在聊；那些學「五術」的人：山、醫、命、卜、相。學這五術的人私下在聊：「這蕭平實是什麼人呢？怎麼連

密宗他也懂？這個千年大馬蜂窩，他也敢捅！這到底是什麼人？」當然我不能告訴他們是什麼人哪（大眾笑…），走的時候再講也不遲。

然後結果呢，天下還沒有底定，又有人放話：「**唉呀！他不懂中觀啦！**」不懂中觀喔？中觀才只是別相智而已，種智都可以講了，怎麼可能不懂中觀呢？中觀通達了以後，才能夠懂一切種智的呀！那他們都不懂，又放這個話。那也行，不然我們來講《金剛經》、《實相經》。本來《金剛經》、《實相經》是要留給一位法師來講的，但是他客氣，一直推辭；結果我等了六、七年等不到。既然等不到，好吧，人家風聲都放出來了，那我就來講吧！講完了，他們才知道什麼叫中觀。中觀就是中道的觀行，不是意識思惟所能知的；而中道的觀行是要先證中道心、實相心，又名如來藏，又名「**此經**」。這樣講完了，佛教界杜口，他們都效法 維摩詰大士了。這意思是什麼？你要從各個不同的層面來顯示這個如來藏心的妙義；如來藏這一部經，祂的意涵太廣，三乘菩提莫不是從「**此經**」出。結果他們不懂！

所以前幾年，他們不是也有人放話說：「**他懂大乘，不懂阿含啦！**」所以我們就寫了《阿含正義》。才出版第一輯，大家就注意到了。第二輯一出版，剛出版不到一個月吧！那一次齋僧法會，就有幾個比丘尼在席上討論說：「想要學十二因緣法，一定要先學十因緣，否則不能成就。」這話傳到我耳朵裡來。我說：「喔！佛教界裡又救得一批人了。」終於沒有人再講我不懂阿含。他們不知道的是：我讀經典是從《阿含經》開始一部一部讀的。《大正藏》拿到了，最先拿到的第一批就是阿含四大部。我讀過，就用鉛筆斷句，那時候還沒有破參；破參之後，重新讀的時候，發覺有將近四分之一是斷句錯誤的，又重新再斷了一遍。那麼重新斷句時，我發現這個以後可能會講到，就用鉛筆把它圈起來。另一部分可能也會講到，用鉛筆又圈起來。所以我寫七輯《阿含正義》時很快，幾個月就寫好了。為什麼寫那麼快？因為我有印象：「這時候應該要講什麼，在《阿含經》第一冊、靠左邊的中間這一欄。」我就專門翻這個部分，其他我都不看；翻這個部分，上下也不看。然後很快就在這裡，找出來了！我找起來很快，所以《阿含正義》我也寫得很快。這樣，終於各個層面都講完了。現在還有什麼可以說我不懂的？諸位幫我想想看。

這就是說，你要從各個不同的層面去講，因為你證得如來藏，漸漸地就會知道：「二乘菩提也是依如來藏建立的。」你也可以知道：「大乘的證悟而發起了般若，這也是依如來藏的實證而發起。」你也會知道：「一切種智就是證得如來藏所含藏的一切種子的智慧。」所以有的人是新學菩薩，學大乘般若以來，不超過一萬大劫。那他想要的是什麼？要我幫他證悟了，他就可以出去當一代大師。你如果要繼續把別相智教導他，他反而嫌累贅；至於一切種智，那就不用提了！可是我們有些同修因爲時地限制的關係，他們不能到臺灣來上增上班，所以我們在某一個地方開了增上班給他們上課。上課了以後說：「這個太棒了！原來我還有這麼多法要學。」就一直讚歎，這表示他是久學菩薩，他知道說：「原來還有別相智、還有種智要學，不是得到一個總相就好。」

得到一個實相般若的總相，就好像你看見了一顆蘋果，知道這是蘋果；但它多重呢？它是硬、是軟呢？它的皮摸起來有沒有油質？或者有沒有蠟？它的香味是怎麼樣？咬起來又如何？它的甜味、酸味又是怎麼樣？都不懂！那你得要拿起來親自把它品嚐完了才算數，咬一口還不算數！因爲蒂頭的部分比較甜，尾巴的部分比較不甜；晒到太陽的那一面比較甜，比較不紅的、沒晒太陽的那一面沒那麼甜。你們都吃過蘋果了呀！但你們知道這個道理嗎？不知道！這表示吃蘋果這個法，你還沒有通達。對啊！就是這樣。所有水果都一樣，晒到太陽的那個部分比較甜，在下面沒晒到太陽的那個部分沒那麼甜；蒂頭的部分比較甜，尾巴的部分就不那麼甜，大致上都差不多。日本人聰明，他們種蘋果每過一段時間，故意去把它轉方向，要讓太陽也晒得到另一邊。不懂的人說：「你幹嘛？沒事找事忙啊？」但他們懂那個道理。我看到電視上他們在轉，我就知道他們在幹什麼；那旁白的都還沒講，我已經知道了。

意思就是說：如來藏固然是一個，因爲每一個人不可能有第二個如來藏；但是你證得如來藏之後，你只知道祂的總相；就好像你看見了蘋果，說那是要給你的，歸你所有；但你還沒有拿起來、嗅一嗅、嚐一嚐、把它吃完，你不知道它全部的味道。同樣的道理，如來藏證得了，只知道總相；可是祂還有很多不同層面，你也需要了知，那叫作別相。然而這些只是祂心體的部分，可是你把心體都瞭解了，別相都有了，接著祂含藏著什麼呢？那就要你努力去修學了。想要瞭解祂裡面所含藏的一切種子，你得要學上兩大阿僧祇劫。我是掏心掏肺一直要教給他，沒想到他嫌我囉唆；唉！好人不好作啊！這就是說，你要怎麼樣用大方便，施設不同的層面、不同的方向、不同的內涵，讓實證的弟子們都能夠廣泛地了知，這才叫作「大方便菩薩廣爲眾生說甚深法寶」。

正因爲「爲眾生說甚深法寶故」，才能「得此甚深離非法經」；離非法的經典都很深，沒有一部是淺的。即使大家耳熟能詳的《金剛經》、《心經》。《心經》算最淺了吧？寺院裡每天早上課誦的，最淺了吧？其實一點兒都不淺！很多人都說他懂《心經》，你接著問他：「那請問《心經》說：『無眼耳鼻舌身意，無色聲香味觸法，無眼界，乃至無意識界。』到底在說什麼？」欸！他竟然告訴你說：「就是一切法空。」那你接著問他：「一切法空，爲什麼不叫《一切法空經》？爲什麼叫作《心經》？那心到底是什麼？」不然就問他：「那你如果開悟了，你應該『無智亦無得』啊！爲什麼你現在口才這麼好，一直在跟我辯論？你有這麼多智慧，既然有智慧，顯然是有所得，那跟《心經》講的不一樣，《心經》講的是『無智亦無得』呢，那你怎麼說？」這一下子口掛壁上，那張嘴不歸他所有了。

所以，誤會佛法的人是很多的。這個第八識如來藏亦名「此經」，「此經」之義甚深廣大，所以稱之為「法寶」。凡是為人演繹、舉述、說明「此經」的法，都叫作「離非法經」。因為所有的法都在指涉這個心，而這個第八識心是佛法中所說眞正的法。如果求法的人外於此心而求法，那叫作心外求法，成為心外求法者，當然他所求的法就是「非法」。

那麼諸位就從正覺同修會弘法的過程來看，咱們先講如來藏，講為什麼可以開悟，說的是禪宗。從各個層面去講了以後，然後接著就有其他的經論要繼續講。所以當年有人說：「這蕭平實不懂唯識。」那咱們就來講《楞伽經》。近代佛教界誰講過《楞伽經》？釋印順；可是演培法師幫他錄音整理好了要出版，請他寫個序，他就不肯寫。他的意思就說：「我不想出版。」為什麼不想出版？因為知道自己講的是一派胡言。假使他出面來反駁，來攻擊正覺，搞不好，我還把他的《楞伽經》講記拿來重批一遍，他那一冊書就要變成三冊。所以他聰明，連序文都不肯寫。演培法師不懂他的想法，還把它出版，釋印順心裡面一定嘀咕著：「我就不想出版，都不為你寫序了，你還不懂！還幫我出版？」他一定犯嘀咕。

所以，只要你堅持爲眾生演說「**此經**」，你就可以得到甚深的「**離非法經**」。凡屬於如來藏之外的法而認爲是佛法的，那都叫作「**非法經**」。所以你們可以去看哪！一貫道也創造了一部經，混到佛門裡面來，叫作《佛說天地八陽神咒經》。那部經很好笑，在那部經裡面還說到 如來爲中國人拆解中國字。拆字！而且拆的是中國字。如來怎麼會拆中國字給印度人看？那時候佛法都還沒有傳到中國來呀！如果爲印度人拆梵字，勉強還可以講得通一點，籠罩人還可以；嘿！如來竟然爲未來世的中國人拆中國字！這個也可以混進佛門裡面來？也有佛教的道場在印行流通呢！那當然要叫作「**非法經**」！至於那個「**一切如來心祕密……經**」，或者《大日經》、《金剛頂經》等，全都是「**非法經**」；但是你如果沒有證得第八識如來藏，就不知道它們都是「**非法經**」。所以你得要從如來藏，把如來藏從各個層面爲大眾廣爲演說，然後一切「**離非法經**」，自然而然就會到你這邊來。

那麼究竟甚麼叫作甚深的「**離非法經**」呢？那就是專門講「**空、無相、無作**」的經典。凡是跟這個三三昧相應的經典都叫作「**離非法經**」。這個「**空、無相、無作相應經**」函蓋的內容很廣，從二乘菩提到大乘般若、大乘種智，都屬於這個三三昧。所以二乘菩提中也有空、無相、無作三三昧，而大乘菩提裡面也有空、無相、無作三三昧；只要所說的法和這三三昧相應的，都是「**離非法經**」；即使祂是二乘菩提，一樣叫作「**離非法經**」。

以前佛教界都說「**四阿含講的法，跟大乘經典講的不一樣**」，好多人相信哪！可是我們請出來詳細比對之後，發覺並沒有不一樣啊！差別只是二乘菩提淺，說的範圍狹；大乘菩提深，說的範圍廣，只有這個差別。因爲二乘菩提只談現象界的法：蘊處界滅盡，不受後有，證無餘涅槃；但是也點出來，這無餘涅槃中有「本際」，就是依這個名色所緣的「識」去證無餘涅槃，跟大乘經典講的沒有矛盾啊！然而大乘經典講的「般若」，就是從這個如來藏心的各個層面來講，還不涉及一切種智。祂所含藏的種子先不提，先從祂的自性來講，那就是講如來藏的別相；這跟二乘菩提全無衝突！絲毫矛盾都沒有。然後第三轉法輪方廣唯識諸經，是講一切種智以及說明十方佛教的狀況，那是談到十方佛教的教相，以及如來藏所含藏的一切種子，那是更深妙的法。這一些法，全部都屬於「**離非法經**」。

如果是與如來藏不相應的經典，都叫作「**非法經**」。那就是密宗編造的那些假經典。所以密宗看佛教有什麼，他們就編什麼出來；例如你佛教有密教部的經典，叫作《大佛頂如來密因修證了義諸菩薩萬行首楞嚴經》，他們說：「**你有密部經典，那我也來創造密部經典。**」就創造出《蘇悉地經》、《金剛頂經》、《大日經》等不倫不類的假經，用來仿冒佛教經典。但是他們那些僞經都跟如來藏不相應，與眞實法不相應，說的都只是世間的閨房之術，那就是「**非法經**」。「**非法經**」有一個特性，就是跟空、無相、無作三昧不相應，特別是密宗的僞經，都違背三三昧。三乘菩提都說，蘊處界生滅無常，故空，空故無我；既然空故無我，心得決定時，那就是空三昧，就是無相三昧；既然空、無相，那又何必要去造作什麼？根本不用造作，所以無願，就是依於無漏、無爲而修行。

可是密宗僞經講的法是什麼？密宗僞經的代表作，有關《蘇悉地經》那些儀軌類的就不談，也不談《大日經》等，單說這兩年被放入電子佛典中的密宗祖師代表作，就是宗喀巴《菩提道次第廣論》、《密宗道次第廣論》。咱們來看它跟空、無相、無作相不相應？宗喀巴說：「**我見，這是一個名詞。這名詞所說的我見的內容，當你把它推翻掉了，就是斷我見了。**」等於是說，想要把惡鬼、厲神除掉時，你就先用紙、用竹子編造而製作出來，再用筆畫成一隻惡鬼、厲神，做好了就是惡鬼或厲神；然後作個法事把它砍掉，就眞的叫作砍死惡鬼、厲神了，這樣叫作除魔。他們的解釋就是這樣。

所以《入中論善顯密意疏》卷十一說：「如是諸蘊既非俱生我執所緣境，離諸蘊外亦無彼之所緣，故我執所緣境非有自性。……是故五蘊若總若別及離五蘊，皆不立爲我見所緣。」就是《菩提道次第廣論》所講的：「先編造一個『我見』出來，說這個叫作我見，然後你把它砍掉，那就是『斷我見』。」可是這個五陰「我」依舊還是眞實不假的，但我見是錯誤的，要滅掉，五蘊我則是眞的，要用來修雙身法。所以「色受想行識」中的色陰是眞的，不是假的；「受想行識」也是眞的，不是假的，但我見是假的，要滅掉。這樣的愚癡，所說也眞是矛盾。

因爲他們不能不這樣作，他們把「我見」跟「色受想行識」認爲是眞實我的見解分開，成爲我見是我見，我見跟五陰認作是眞實我的見解無關。所以他們誅殺蕭平實也是這樣作的：弄了個藍色的麵粉團，捏成一個人的模樣，放在一個木板上面，把那麵粉團寫上三個字「蕭平實」，然後就作法會。

法會作完了，拿起一把彎刀從脖子上把它割斷，就認爲誅殺完成，心中認爲蕭平實已經死了。但死掉的蕭平實還坐在這裡講經，而他們就是這樣啊。

所以他們密宗說的斷我見，不是佛教講的斷我見；而是佛教的斷我見之外，他另外編出一套說詞，說：「**這個叫作我見，你把它丟掉了、砍掉了，那你就是已經斷我見，你就證初果了。**」但是跟佛教中講的斷我見的所斷不同，那麼這樣證初果之後，跟「空」相不相應？不空啊！這五陰我還是硬生生地活著，還硬生生地認定是眞實我啊。那麼跟「無相」相應不相應？不相應啊！色相存在著，受想行識相也都存在，歷歷分明而都不否定。那麼能不能跟「無作」相應呢？也不可能啊！所以他們才會搞什麼無上瑜伽雙身修法，甚至於像蓮花生寫的「亥母六十四法」，意思是什麼？當喇嘛們找不到女人的話，母豬也行啦！所以叫作亥母。亥就是豬，子丑寅卯最後的那個亥，亥就是豬；對母豬也可以行淫而且有六十四法，這是無作嗎？當然不是無作！而且是最嚴重的有作！一點兒都不空！他們的五陰相、淫貪相，相相分明，那就是跟三三昧不相應。所以你們如果親證如來藏的時候，一定跟這空、無相、無作三三昧相應。那你所親近的經典一定都是「**離非法經**」。至於密宗他們跟這三三昧不相應，所以所親近的經典都是「非法經」。

現在話說回來，如果你得到了這一部如來藏「甚深離非法經」，是可以跟空、無相、無作相應的經典。接著，你還會繼續得到許多與「此經」相應的經典，就是「**復得如是如來常住及有如來藏經**」。我們正覺弘法之前，很多很多道場都說：「**釋迦如來已經過去了，現在唯一的希望就是等候彌勒佛來人間。**」顯然他們的想法是：「**釋迦如來入涅槃後，就是灰飛煙滅了。**」這跟釋印順、一貫道講的不就一樣了嗎？一貫道就這樣創造的啊，所以他們有三陽期，因此說現在是 彌勒佛掌天盤，說 釋迦牟尼佛已經過去了。而那些佛教裡的法師講的跟一貫道的很類似，他們好像是同路人。問題來了，掌天盤是掌哪一天的盤？佛教法師也會信這一套！眞的叫作千奇百怪、無所不有。

我們出來弘法以後，一直說明：釋迦如來入無餘涅槃只是一種示現，並沒有灰飛煙滅。因爲成佛之前要先入地，入地時每一位菩薩都要發十大願，而這十願是無窮無盡的大願；這十無盡願是要住持正法、要利樂眾生，而且是永無窮盡的；所以每一個願最後都說**虛空有盡，我願無窮**，怎麼會入無餘涅槃？

所以他們都認爲　釋迦如來已經過去了，但我們一直說明：**如來常住**。只是這裡的化緣已了，所以又去別的世界，重新再扮演一場八相成道的事。就像這一回來娑婆世界示現，只是演戲，把八相成道的戲再重演一遍。因爲釋迦如來在過往無量無邊百千萬億那由他劫之前就成佛了，這一回只是因爲一千位兄弟以前互相約定，要在同一劫裡面，前後次第成佛；而祂排行第四，所以來這裡示現一遍。其實祂沒有眞正的入無餘涅槃，如果是眞正的入無餘涅槃以後，誰都感應不到祂了，可是末法時代的現在，爲什麼仍有那麼多人感應到？特別是有的久學菩薩上禪三前，如來三番兩次給他機鋒，所以說「**如來常住**」；不管是過去多少尊如來，現在十方世界多少如來，乃至未來諸位成佛以後的所有如來，全部都是常住；因爲十無盡願常住在你心中，你永遠不會違背那十無盡願。既然不違背十無盡願，當然第一次成佛之後，就要以佛眼再去觀照，看有哪個世界曾經跟你有緣的人，現在親證的法緣成熟了，而那裡沒有佛示現，於是你就去示現了。這是無窮無盡、永無止境要繼續一直作下去的事，所以　如來是常住的，不是那些六識論者，也不是那些日本的學術人士所講的「如來灰飛煙滅了」。

假使 如來眞的灰飛煙滅了，我都想：「我今天還會這麼努力拼嗎？」可能不會啦！這是有可能的。但是因爲知道背後 如來在看著呢，所以不能懈怠！譬如說，你如果養了十個孩子，叫他們工作，但你到處去旅行，不在他們身邊，那他們一定作一天、休三天；可是你如果坐在大門口看著他們作，他們一定努力作，道理是一樣的。而且，依他們的看法，如果成佛以後入涅槃就消滅了，那麼我拼著命領著大家早成佛，實質上是想要早點兒斷滅，那麼我還會努力修行成佛嗎？用膝蓋想也知道。

所以天下像我這樣的傻瓜蛋，沒幾個。我把法送給大家，不要大家供養我什麼金銀財寶、古董，我什麼供養都不要，就是希望大家道業進展快速，只是這樣而已。至於往世隨學過而此世還沒有回到會裡來的，要想辦法去把他們找回來。找回來不是更麻煩嗎？對啊！是更麻煩了；可是不能怕麻煩，要幫助他們繼續往前推進。如此不求名、不求利，幹嘛這麼辛苦？因爲背後有老爸看著，不作也不行！而自己呢，反正都作慣了，也不覺得苦而繼續作，就變成習慣了。有一句臺灣話說得好：「吃苦當作吃補。」對啊！吃苦，你的道業就吃補，道業進展就快；因為福德大，道業進展就快了。好在現在不是只有我一個大傻瓜，現在我這講座兩旁坐的都是大傻瓜；還有諸位再跟上來，要願意當大傻瓜，那 如來看著很欣慰。我沒有求別的什麼，將來走人的時候，如來只要摩頂一下就夠了，就很滿足了！

那麼這意思是說，諸佛如來其實是常住的，可是很多人都說 釋迦如來已經過去了。假使 釋迦如來已經過去了，咱們就不可能感應得到。這表示如來真的常住。不論從「法」上來講，或者從十無盡願來講，諸佛如來都是永遠常住的。然後，我們出來弘法，還作一件事情：「**就是證明有如來藏可以親證。**」我們不斷地解說真的有如來藏，可是當年臺灣佛教界、大陸佛教界都不太信受。沒奈何，咱們就要求大家寫見道報告；寫得精彩的，我就把它結集起來出版流通。藉著每一年或者每兩、三年出版一本《我的菩提路》，來向佛教界宣示：真的有如來藏可證。然後，現在佛教界才終於信受：真的有如來藏。

以前，我們剛弘法的時候，好多道場罵我們，只是沒有寫成文字而已。他們都罵我們是外道神我，但外道神我證的是意識心欸！而第八識如來藏是出生意識心的心，怎麼會等於意識心的外道神我？如果他的媽媽跟他是同一個人，那我就接受他這個說法；就是說：「**他媽媽生了他，他跟他媽媽是同一個人，那我可以接受他講的：如來藏就是外道神我。如果他不接受他跟他媽媽是同一個人，而是兩個人，我當然要指責他！**」他如果接受我這說法，當然如來藏就不是外道神我了。因為意識心是被如來藏出生的，就好像他是被他媽媽生的一樣，是兩個人。所以我們在一段時間的好幾本書裡面都刻意強調：「**如來藏不是外道神我。**」因外道神我是意識心，意識心是被如來藏所生的；能生意識心的法——如來藏，怎麼會等於意識心呢？當然不是外道神我！那兩、三年很多書裡面，我都故意加上這幾句話，他們就不再講了。

所以以前我們剛出來弘法時，經常是被人家罵說是外道神我的；而且罵我們的那一些大法師，都是臺灣佛教界鼎鼎有名的人。當我們講清楚了，他們不再罵了。不罵了倒也好，可是佛法的根基還不夠堅固；一直到二〇〇三年，那一批退轉的人出來否定這個阿賴耶識，說阿賴耶識不是如來藏，又說阿賴耶識是被如來藏所生的，是被眞如所生的。所以當時有好多親教師還鼎生氣的：「**他們怎麼可以這樣破壞正法？**」可是我勸大家不用生氣，因為這是個機會。好像小孩子玩那個大富翁的遊戲，有沒有？抽到「機會」牌時，這「機會」不一定是壞的啊！如果你不會用，那「機會」就是壞機會，你會用時就是好機會。所以我們出了幾本書以後，我都說：還不夠、還不夠、還不夠。一直等到《燈影》出版，我就說「夠了」。果然如此！天下底定。

所以在那之前，密宗一直罵我們：「**蕭平實是阿賴耶外道**。」蕭平實證阿賴耶識如果是外道，諸佛菩薩同樣都是證阿賴耶識而成佛、成大菩薩，那他們也都是外道了？只有他們密宗不是外道？因為他們密宗那個雙身法都關起門來傳，不給外人知道，所以他們叫內道？是這樣的內道嗎？不是啦！那叫作心外求法，他們才是眞的外道。結果呢？你看這七、八年來，密宗再也沒有人站出來罵蕭平實是阿賴耶外道了，因為會被人家說：「**你太無知！**」連密宗的人都會說他無知。

所以如來藏眞實存在，如來藏不是外道神我。一切外道所講的「神」、「大我」全都是意識心，連意根都及不上，還接觸不到意根。所以，要讓佛教界從否定如來藏的存在，從指稱如來藏是外道的神我，轉而承認如來藏才是佛教的正法，這要很長一段時間；並且還要從各個層面來說明，讓他們瞭解，而不是像一般人那樣，反過來罵他們：「你們才是神我外道！」不能這樣罵，而要去作說明。並且，說明時不可以單從一個面向來說，要從很多的面向來講，讓他們瞭解；並且你說明的時候，筆鋒儘管犀利，卻不可以作人身攻擊，這樣他們才讀得下去。

所以現在有一個很有名的六識論的比丘尼道場，他們的書櫃還公開擺我的書，但那些比丘尼很聰明，加上一個小小的字條或者字排，寫著：「外道參考書籍。」（大眾笑⋯）這樣就可以堂而皇之放在那裡。眞的很聰明！喜歡讀的人就拿來讀。師父見了就說：「喔，你在研究外道？」「對啊！我研究外道，然後我才會知道怎麼破他。」欸！這也是一個辦法呢！而那位師父自己也可以讀啊！多棒！所以我說那個比丘尼很有智慧，貼上這麼個字條：「外道參考書籍。」這樣就好了。所以我現在希望他們那個新的 CBETA，不是把《廣論》也放進去了嗎？我希望他們還闢一個專欄「外道參考書籍」，就把蕭平實的結緣書都放進去。但我想大概希望不大。

這就是說，如來藏與外道的神我完全不同，而且如來藏是眞實有，不是想像的施設。但以前臺灣佛教界爲什麼不信有如來藏呢？因爲釋印順從《楞伽經》裡面斷章取義，也不叫斷章取義，要叫作「斷句取義」。他說：「如來是因爲眾生害怕恐懼落入斷見，所以施設有如來藏。」其實 如來的意思不是這樣，但他就加以扭曲一下，相信他的人、讀他的著作的人，大約都不會再去求證經文是怎麼寫的，就被他騙了。

所以如來藏眞實有，要因如來藏才能建立一切法；可是如來藏的意涵太廣袤、太深奧，不是這一悟了就大事已畢，而是悟後事更多。所以你看我講經講了二十年，從講第一部的《楞伽經》開始，如今講了二十年，都是在講如來藏，都沒有講別的；即使我有時候稍微講了一點點佛性的事，但佛性也是如來藏的法，不外於如來藏；所以有如來藏，這是可以證實的。那如果你能夠與這個三三昧相應的話，你將來一定會從各部經典裡面去理解什麼叫作「如來常住」，也可以去獲得更多的說明有如來藏的經典。那麼 如來這樣說完之後，又作了什麼開示？

經文：【「迦葉！如鬱單越自然之食，眾共取之，無有損減。所以者何？以彼盡壽，無我所想及慳貪想。如是，迦葉！此閻浮提比丘、比丘尼、優婆

塞、優婆夷得此深經，書持讀誦，究竟通利，廣爲人說，終不疲厭，不疑、不謗，以佛神力，常得自然如意供養，乃至菩提無乏無盡，除定報業。」】

語譯：【如來又說：「迦葉啊！猶如鬱單越洲有自然生成的食物，大眾共同去攝取來吃，而不會有所損減。爲何是這樣呢？因爲鬱單越洲的眾生們，他們從出生一直到老死壽命終了，都是沒有我所想，也不會生起慳貪之想。就像是這個道理，迦葉！這個閻浮提洲的比丘、比丘尼、優婆塞、優婆夷得到這一部深妙經典時，願意加以書寫、受持、讀誦，終於究竟而通達其中的眞義了，然後廣而爲人演說，自始至終都不疲勞、不厭倦，心中不懷疑、口中不毀謗；由於佛如來的威神之力，一世又一世都能得到自然而來的如意供養，乃至於成就究竟菩提，也就是成佛的時候，都能夠無缺乏、不會窮盡，除非有定報之業。」】

講義：「鬱單越」，娑婆世界的每一小世界有四大部洲，每一個部洲有許多的洲渚，每一個洲渚裡面有許多的國土世界。那這四大部洲的人各不相同，在我們南贍部洲，大家都要去耕作，稻穀即將成熟的時候要去守護，不然會被人家盜割。那「鬱單越」就沒有這回事，他們有天然的食物吃不完，需要的人就去摘取來吃，吃了以後又會繼續生長，永遠無窮無盡。我們南瞻部洲，人間剛生成而開始的時候，也就是南贍部洲世界初成的時候，其實還沒有人類。那人類是怎麼來的？是從光音天開始下墮，一天一天下墮，最後下墮到人間來；下墮到人間的時候，那時還沒有太陽，那時候人都會飛。你們現在有誰會飛？都不會呀！爲什麼不會？因爲吃飯，身體粗重了就不會飛。那時候剛到人間來的那些下墮的天人，沒有太陽也無所謂，因爲他們都有身光，身體會放光幾丈，還能飛行。

剛開始時，有人看見地上有東西，覺得有點奇怪，不曉得那是什麼？好奇心起來時，就去把它觸一下，拿到口裡嚐一下，覺得這個很好吃！就好像小孩子看見那個叫作什麼花？好像喇叭的，有點像野薑花的葉子，那叫甚麼花？不是野薑花，類似孤挺花，葉子像野薑花；不是朱槿！它的花看起來類似野薑花，但是花瓣比較大，有黃色的也有紅色的。不是月桃！月桃有毒。啊！美人蕉啦！你說對了！這麼多人，才一個人懂（大眾笑…），我們小時候，生活困苦，會去把那個花往上抽起來，然後拿到嘴裡吸一下，是甜的！它也正是因爲這樣，吸引蜜蜂來授粉。

那麼剛下來人間的天人就是這樣，看見地上有點很奇特的東西，叫作地酥或地蜜；有人沾一下、吃一下，欸！好吃！那就一傳十、十傳百，大家都來試試看，同樣覺得好吃！因天上沒有那個東西。但是吃多了、吃久了以後呢，身光減少，身體開始有些粗重了，沒有辦法一次飛很遠了。後來因爲大家都來吃，那個地蜜就開始消失了！消失以後，開始長出什麼呢？長出地肥，大家就改吃地肥，那也不錯！沒有地蜜那麼好吃，但還可以，大家就繼續吃，後來繼續吃就吃光了。

接著就有粳米出現，就是因爲眾生需要，共業眾生的如來藏就會共同運作，所以粳米出現了！那粳米採下來不用舂米皮，直接可以吃，入口即化。粳米出現以後，大家努力吃，人越來越多了，後來粳米也吃光了，才變成後來的稻米。到這個時節，都還是天然的，還沒有人去種植，也沒有人去守護。可是這稻米出現之後，有的人很聰明：「**我每天去那邊採也是個麻煩，不如我今天一次採兩天份回來，明天就不用再來了。**」別的人看見說：「**你一次可以採這麼多，那我也跟你一樣。**」大家跟進，然後有的人就說：「**那我一次採三天份。**」「**我一次採七天份、十天份。**」結果，被採光了！所以後來稻田開始有人拿著棍棒去守護。

本來人間剛開始不需要守這個、守那個，不需要護這個、護那個，都不用！但因爲有人那樣作了，所以開始有人守護：這一區是我的，那一區是你的；我不採你的，你也別採我的，就開始各自擁有了。有守護接著就有鬥爭，有鬥爭就開始有紛亂；後來說理說不成時，就得要有仲裁者，仲裁者後來就當了酋長或是小國王。每一次仲裁，得要拿多少稻米給仲裁者；然後越來越演變，酋長就變成國王了。所以國王、皇帝不能叫作天子，那叫凡夫俗子，這就是人間。而那一些生物學家說：「人類是恐龍變成的。」如今也被推翻了，因爲考古學家已經出來講：「人類不是恐龍變成的，人類跟恐龍是同時存在的。」所以那一些所謂的科學家講的其實都不科學，都漸漸被推翻了。

那麼，「鬱單越」跟我們南閻浮提不一樣，他們沒有「我所想」。「我所想」就是說：「這是我所有，那是你所有！」他們沒有這個想法！就是大家共有，倒有點兒像共產主義，可是並不是共產。現在我們這個地球上的共產主義其實並沒有眞的共產，有權有勢的人就拿多一點，沒權沒勢的人就只能維持基本的生活，這哪能叫作共產？共產是應該大家共同擁有，誰都有同樣的一份權利，誰也不能獲得兩份、三份或是更多的權利，那才叫作眞正的共產。共產是一種理想，但是五濁惡世的人心作不到，所以那只能說是一個理想。而現在所謂的共產主義也無法實現共產，所以大家都有我所之想的時候，就會據爲己有；把這個也據爲己有，把那個也據爲己有，希望大家都不要來侵犯我，都不要偷我的，這叫作「我所想」。眞正的共產時沒有「我所想」，所以現在地球上的共產主義並不是眞正的共產主義。

那麼鬱單越洲的人沒有「我所想」。這樹上有什麼水果，那裡有什麼粳米，那裡有什麼可吃的，隨處都有，不需要據爲己有，所以他們沒有我所想；包括沒有家庭。他們不會建立家庭，不會說：「欸！這是我老公，這是我老婆。」然後生了孩子說：「這是我兒子、我女兒！」這都是我所，他們全都沒有！他們只要男女互相看中意了，去到某一棵樹下，沒有人去到那裡，那樹就自然垂護下來；他們就自己去歡喜，歡喜完了，樹又回復原狀，各人走各人的。

阿含部中的《起世因本經》怎麼說？說這個南閻浮提，剛開始本來大家都是中性身，都是從色界天次第下墮來的。本來都是中性身，後來兩個人看了，由於談得來，很喜歡在一起，然後漸漸演變就使身根變成一男一女。既然有一男一女，要辦事該怎麼辦？總不能當眾作吧？又不是狗、禽獸，所以要弄一點木頭、樹葉遮一遮，這就是家的開始。本來南閻浮提洲剛開始也沒有家，也沒有男女的分別，後來有男女分別了，就有家了；有家就建立家庭了，這都是我所。

所以因爲我所的關係，互相就有矛盾、有衝突，然後就有刹帝利出現，那他就要收稅。中國的皇帝特別聰明，發明了一個名詞叫作天子，說皇帝叫作天子。雖說是天子，縱使是眞的，也不過是天的兒子。是哪一個天的兒子？四王天還是忉利天？還是夜摩天？但不管哪一天的天主，全都要拜菩薩爲師。你們如果證悟了，他們都得要拜你們爲師。那這樣，天子大、還是你大？但是你也不用跟他計較，他說要怎樣就怎樣，隨他去！你就隨順眾生。經典裡面講的「恆順眾生」，因爲「恆順眾生」時就可以繼續把法傳下去，繼續利樂有情就夠了；咱們不用計較，因爲咱們沒有我所想；但是南閻浮提洲的眾生都有我所想。

有「我所想」之後，緊接著就是「慳貪想」。所以人家如果吃不夠了：「拜託啦！你給我一點好不好？」「好！我今天給你一碗，你明天別再來喔！」就給他一碗了，告訴他明天別再來，這就是慳貪。有時候你去勸一個人布施，很難！對方不一定是窮人呢。我記得以前，那時還沒有出來弘法，也幫某個道場按月收一點勸募款。有次遇到一個大老闆，從紡紗、針織、染整……等，是一貫作業的，那眞的是大老闆。我說：「你這麼有錢！培植一點福德吧，每個月捐一點啦。」他說：「你下個禮拜來，我一次給你！」我聽了很歡喜，省了我好多麻煩，一次給我，多棒！結果下週去了，也爲他辦好事情所以我去了，他又說：「我一次給你！」然後從口袋把臺幣掏出來，一千塊錢。意思是說：「你以後不要再找我要錢，就這一次！」我才恍然大悟說：「喔！『一次給你』是這個意思。」我們直爽，從來沒想到是這個意思。那還是很有錢的人呢！當年臺灣還有臺灣小姐選美大會，一張門票當時賣兩萬塊錢，他一次買四張、五張，有的送給朋友。可是布施到佛法裡面來，「一次給你！一千塊。」表示他的我所想發展到極至了，已經變成「慳貪想」。享受的，花再多錢都面不改色；可是要作善事呢，他就要想好，看怎麼樣給得順利，一次就永絕後患，這個就是慳貪想。鬱單越的人沒有這樣的想法，所以他們一直到壽命終了，都沒有我所想、沒有慳貪想。

「鬱單越」人的壽命多久？活一千歲！我們這個南贍部洲呢？只活一百歲，而且「**少出多減**」，大部分的人減於一百歲，少部分的人多出一百歲。所以，如果大家都沒有我所想、沒有慳貪想，人壽也會跟著增長。那「**鬱單越**」的人，盡壽都沒有我所想、慳貪想，因爲這個緣故，所以他們有自然之食，無有損減。那麼 如來講了這個例子，就告訴我們說：「**就像是這個樣子，迦葉！這個南閻浮提洲的比丘、比丘尼、優婆塞、優婆夷，得到了這一部深妙的經典時，如果能夠書寫、受持、讀誦而且到於究竟，能夠通達而深得其中的法利，還能廣爲人說，終不疲倦。**」這個很不容易！又說：「**然後心裡不懷疑，嘴上不毀謗，他會得到佛的神力加持。一世又一世**（常，就是不間斷地）**都可以得到自然而來的、如意的供養。**」

「**得此深經**」是得哪一部經？（眾答：如來藏。）對呀！三句不離本行，就是如來藏經。好，得到這一部很深奧的經典，接著要「書、持、讀誦」。「書」是什麼？我們《法華經》講過了，「書」的意思並不是寫，你拿了筆記本在那邊寫，那不叫「書」；就是你每天都去運作祂，叫作「書寫」。所以你們今天書寫了沒有？你們為什麼沒反應？沒有書寫喔？有喔？對呀！你早上書寫到現在，寫著、寫著，寫到講堂來了。現在聽我講經，聽得歡喜，笑了起來，一樣是「書寫」啊！那麼書寫了之後，懷疑不懷疑？（眾答：不懷疑。）是不是堅定地認定這個法？（眾答：是。）那就是「受持」啊！如果有因緣，為好朋友、親戚說明一下時，那就叫作「讀誦」。所以得到此經以後要書、持、讀誦，那又問諸位：「你們有沒有書寫、受持、讀誦？」（眾答：有。）欸！太棒了！今天講到這裡。

我們今天要從二十一頁倒數第二行下半段開始講：「究竟通利，廣為人說，終不疲厭，不疑、不謗，以佛神力，常得自然如意供養，乃至菩提無乏無盡，除定報業。」好，到了卷下，如來有個地方要特別著墨的，就是不能缺少大乘法的實證所應該具備的福德而求「此經」。那麼先說這一段，上回講到「書持讀誦」，接下來還得要「究竟通利」，不可以一知半解，也不可以只知道總相，然後別相都不知道，至於種智就不用提了。

我最近知道的，我們有位老師跟他班上的學生講，說他跟隨我二十幾年了，二十來年了！從什麼時候開始跟隨的？從我春秋鼎盛時跟隨的。是這樣講的！然後接著叫作耳順，「耳順」之年是幾歲？六十之後。現今又加上兩個字「古稀」，好像我很老了！這意思是說當年春秋鼎盛，很有氣力呀；雖然現在古稀了，還是有那麼一分力氣爲大眾說法，因爲我這個人一向上臺一條龍、下臺一條蟲。沒有關係！只要是上臺一條龍就行，因爲這有法樂。那我們這位老師跟學員們說：「原來『法』有那麼多，不是一個明心就結了，而是很多、很多的法。」佛法固然就是一個如來藏，沒有別的！二乘菩提也同樣是如來藏，只是不明講如來藏罷了。般若更是講如來藏，那般若講的如來藏主要是在別相上說；別相學完了，也只是滿足三賢位罷了，後面還有如來藏含藏的一切種子，種子又名功能差別，這都要學啊。

那證悟之後要作的就是「書持讀誦」，所以每天都要「書寫」。不懂得書寫的人買了一卡車的宣紙寫了，也等於沒寫；懂得書寫的人不用買宣紙就寫得很好了，對吧？不用買啊！你們已經從家裡寫到這裡來了。當你懂得書寫的時候，叫你捨棄祂，那是不可能的事，所以你一定會持續「受持」，就怕你不懂書寫。受持之後呢，每天得要閱讀祂。還記得《西遊記》寫唐三藏去到天竺取經回來，結果那本經是什麼經——無字眞經。爲什麼沒有字的才是

「眞經」？是否意味說：有字的就不是眞經？如果從實際理地這樣來講也無過啊！有字的不是眞經啦！

那麼這一本經你能書寫、能讀誦了，一定是每天受持的，捨不得祂！什麼都能捨，就是這一部經不能捨。爲什麼捨不得？喔！捨掉就死掉了，你們都知道！所以叫你捨，你也捨不得。既然一直受持著，不肯捨，當然每天要讀祂。有一首歌說「讀你千遍也不厭倦」，也許你們年輕時都唱過了，這是老歌。那這一部經莫說千遍、萬遍、億遍，你一直要盡未來際讀下去。到什麼時節讀完？成佛時！沒有成佛之前，你一直都不可能讀完的。所以佛也不會叫你說：「你這部經一定要讀完。」佛告訴你：「你悟後不就每天在讀祂嗎？有時候從這方面讀祂，有時候從另一個方面讀祂。但有時候覺得讀過了，應該誦一誦吧！」那就看你怎麼誦了，都行！誦的方法有很多，由著你來。沒有人會跟你說：「你誦錯了！」因爲誦「此經」絕對不會錯，因爲是依現量觀察而誦出來的，除非你沒找到「此經」。

那麼這個「書持讀誦」要一直到成佛時，功課才算完成。所以你們問我說：「蕭老師啊！您爲我們講經，您不必再讀誦了吧？」我說：「不！我一樣在讀誦，並且我的讀誦比你們勤快。」這讀誦，不只要求諸位讀誦到成佛，還要求諸位要「通利」。通就是通達，「此經」的總相、別相你都要通達，這是最基本的要求。通達了，你的智慧就變深利。智慧深利就有能力廣爲人說，所以這個「究竟通利」很不容易。

有的人智慧不夠，得少爲足，所以我幫助他明心之後，他連個「莎喲娜拉」都不講就走了，這是違背佛法規範的。因爲 佛常常教示大眾：「對三寶要知恩，要報恩。」報恩的前提是知恩，不知恩就不能報恩。所以有的人我們幫他實證此經，可是他基礎沒打好，禪三實證了，下山過了一段時間，也許半年、一年、兩年，竟然悟個什麼都給忘了。眞稀奇喔！竟然可以忘掉他悟個什麼，就是體驗不夠。這不是只有一位、兩位，我眞佩服！哪有可能忘掉？那我得要去檢討，檢討的結果，過失還是在我。所以我是個倒楣鬼，幫人家幫錯了，就倒楣！

然而同一個如來藏就有無量無邊法，今晚上座前，在十樓小參室，剛好今天見我的人少，我把余老師請進來，聊什麼？聊佛性。問諸位：佛性跟如來藏是一是二？嗄？是一？有沒有人說是二？你們男眾都不回應喔？當個無事人喔？都住在如來藏裡面，所以沒聽見？這就好像說：「你這個身體，以及身體能夠以各種的行動去作事，這二者到底是一還是二？」對！非一非異。佛性也是這樣，佛性不外於如來藏，佛性只是從另一個層面顯示如來藏在運作。那剛才我們聊得很爽快，可以遇到家裡人好好聊的不多啦！因爲不是每一個人都可聊這個題目。

這個佛性其實就是如來藏的另一個面向，但是不論怎麼解說，即使聽者已經眞的開悟明心了，也還是會往自己想像的那個眞如的層面去理解說：「這個就是佛性。」他說出來的那個理一定對，因爲已經證悟了；但是所表達的所謂的佛性則是表達錯誤，但從理上聽起來都對。所以不論你爲眞實證悟的人解說佛性是怎麼回事，他聽了一定能理解，但保證百分之一千誤會。有個問題是：爲什麼誤會？可是他說出來的都對。但是，有眼見佛性的人聽了說：「啊！你講錯了，不是這麼回事。」可是這個眼見佛性卻還是屬於見道，和明心一樣是見道，卻不外於如來藏。

所以，我們也聊到「大通智勝佛，十劫坐道場，佛法不現前，不得成佛道」的事，自古以來，誰知道這個道理？所以我們在《法華經》把祂講出來，將來佛教界有幸讀了，才能夠從聽聞、思惟上面去理解，但是眞要理解並不容易，因爲那得要親自眼見佛性才行。古德那麼多，天竺的祖師們都不在這上面講解；他們往生到中國來，你們看那些禪宗的紀錄那麼多，有誰講過見性的事？講一句臺灣中南部粗俗的話說「單操一個」，有沒有？這是很粗俗的俚語，意謂就是那麼一個祖師，叫 克勤圓悟，只有他講了這個道理；但他講了這個道理，也只有一個徒弟聽懂，叫作大慧宗杲，因爲師徒相承就這樣子。直到今天，我們又把祂講出來。

如今《法華經講義》印出二十輯了，還有五輯，所以我還有差不多四個月可以趕快整理《佛藏經》。那五輯是十個月裡出版，那我四、五個月中趕快把《佛藏經講義》整理完再來編輯，大概也是二十幾輯。那麼到時候佛教界讀了《法華經講義》後說：「爲什麼大通智勝佛，十劫坐道場，不能成佛道呢？喔！原因就是成所作智還沒有發起。」但成所作智還沒有發起是什麼原因？因爲還沒有看見佛性啊！

這時又有個大問題來了，爲什麼沒有看見佛性時，成所作智便不能發起？知道這個道理嗎？所以佛法不是說明心、見性後就沒事了。有的人甚至於明心以後說：「大事已畢。」每天晚了睡覺，醒了吃飯，沒事了！那是不懂進修成佛之道的淺悟者。殊不知，悟了以後事更多，所以悟後一定要「書持讀誦」而求「通利」。你若沒有通達，就沒有很猛利或者很深利的智慧；所以悟後一定要求見佛性，只有見性了，並且有道種智，才能知道：爲什麼不見佛性就不能發起成所作智？因爲佛性其實也可以說是如來藏含藏的種子顯現出來運作的，但是祂到底是什麼種子，我就不能公開講，因爲這是入地後才知的事。

那麼正因爲佛性是相應到如來藏的某一部分的功能差別，成所作智才能現前。有佛性這個功能差別的時候，那麼 如來可以藉這個功能，與一切眾生心相應。一條天龍來了、一隻鴿子飛過來、一隻螞蟻爬過來，乃至以 佛的天眼看見了細菌等，都可以授記牠以前是怎麼轉生過來的，因爲直接跟牠的心相應，直接相應於牠第八識中的種子。如果沒有看見佛性，這個「成所作智」就不能發起，沒有「成所作智」就成不了佛。所以假使明心後，歷經各階段的培訓，出來當親教師了，繼續執教培養大福德；因爲傳揚佛法功德非常之大，那麼有一天見性了；即使以前開悟後沒有看見佛性，然後帶著禪淨班、進階班已經帶上十班了（十班是多久？二十五年），如果突然間看見佛性了，那智慧就一下子又跳上去，那是用跳的，那是三級跳。

可是如果在別相智上面還沒有修得很好，那你就只能跳那麼一級。所以如果有很好的智慧、很好的福德，然後見性了，這是三級跳的，因為智慧整個改觀，那個受用大不相同！單是明心與見性，第七住與第十住差異就這麼大了，那你如果要去想像：十住位的眼見佛性，跟入地後的眼見佛性有什麼差別？那又難以想像了！如果是佛地的見性，那會發起成所作智，不必用宿命通去觀察，就能直接相應到所想要瞭解的那個有情，他的往世是怎麼回事；不管那有情上至色界天、四禪天的天人，下至一隻螞蟻、一個細菌都是應念而知。不像阿羅漢要用宿命智，去看看他的往世曾經作什麼？而且最多看到八萬大劫為止，以外無所知。所以單單明心與見性差異如此之大，那如果要談到如來藏含藏的一切種子，那就無量無邊，說之不盡。

所以我出來弘法二十幾年，真的二十幾年，我算算看：一九九〇年我開始弘法，現在二〇一八，二十八年了！因為我在同修會成立之前，就開始說法了，就開始教人家學這個法。好快！二十八年過去了，那時真的叫作春秋鼎盛，隨後就是而耳順、而古稀。那麼古稀之後是什麼？還有嗎？沒有寫了？怪不得那一句成語叫作「人生七十古來稀」。想想：不得了！我也是古稀之年了。但是，我說了這些話，在告訴大家要「通利」的道理。這個「通利」很重要，可是有的人動不動就開口說他是四地菩薩、五地菩薩，克制一點兒的人說：「我是初地菩薩。」問題是他們的法義都還不通啊！若要講深利，那就別提了！現在 如來講的「通利」還要再加上兩個字「究竟」，表示什麼？表示以往都有人不是通利，自以爲眞的通利，究竟二字就別提了，所以告訴大家要「究竟通利」，究竟通利之後就能廣爲人說。

佛法不可以藏私，眞正的佛法沒有人藏私的，只有假佛法才藏私。所以除了般若密意不應該直接宣講，而要求佛弟子們「隱覆說義」，之外的一切法都不需要藏私。因爲具足宣說以後，證悟者就可以據以進修，次第前進。所以除了必須「隱覆說義」以外的佛法，都應該盡量宣說，才說要「廣爲人說」。但「廣爲人說」，有時候有的善知識會疲厭的；比如說，善知識有天突然想：「我每天爲衆生說這個如來藏，說了十年了，也夠了！累死了！」這表示他有一點兒疲乏了。他的心疲乏了，接著就是厭惡，不想說法。如果有這樣的善知識，保證他沒有「究竟通利」。

但是有的善知識廣收供養，他就不疲厭了，因爲白花花的鈔票他很喜歡。臺灣是藍花花的、大陸是紅花花的鈔票，沒有人討厭。但是「究竟通利」的菩薩不爲財、不爲名、不爲利，「終不疲厭」，因爲他在說法的時候是在享受法樂。例如看著諸位，每一個人都英俊、秀美；是誰英俊、秀美呢？因爲從你的佛性來看時，眞的英俊、眞的秀美。可是又有誰知道？但知道的人這樣看著，也覺得很棒！所以如果上得座來都不說法，咱家跟諸位對看，你們一定不久就厭了。可是我呢，相看兩不厭。喔！不！相看我不厭！

這就是說，其實佛法的層面很廣，祂的深度也非常之深，談到祂的高度，高到無以復加。所以「究竟通利」之後，才能「廣爲人說」；「廣爲人說」以後，法樂無窮「終不疲厭」，這是有祂的道理。那如果不求名、不求財、不求利，偶爾還要給弟子們狠狠地咬上一口，他竟然還不疲厭，這也太怪了吧？其實不怪！因爲有法樂自娛，那一些都是小事！所以我出來弘法前後二十八年，只有一次感嘆說：「唉！算了！不說法了，回家吃老米吧！」但也不過那麼一、兩分鐘又收回了，就是二〇〇三年那一次。那爲什麼不求名、不求利而可以這樣作？因爲法樂無窮。

如果眞的實證了以後，卻一天到晚搞名搞利，甚至於像密宗喇嘛成天都在搞女信徒。那如果受到挫折呢，他就一定會疲厭。所以不管人家怎麼罵，我都當作耳邊風；就像那個感冒成藥的名字一樣，「一陣風」吹過去了，沒了！最近網上有個大陸的學佛人，我猜他應該是個比丘，寫個文章對我們省思了。「省思」是應該我們自己作的，爲什麼他要來幫我們省思？但說了很多，也都對啦！我也不否定他，但是他背後的目的是什麼？背後的目的是告訴大家說：「只要我願意學，你就得幫我證悟。我不用作義工，我也不要捐款護持正法，我也不要努力去度人，我也不要作任何事情來護持正法，你悟後就得要幫我證悟。」可是問題來了！會裡那麼多人很努力在護持正法，我把他們刷掉來錄取他，有這個天理嗎？這用膝蓋想就知道了，他卻不知道。看穿了他的心思，那我就判斷：「啊！這是個聲聞人。」所以明心這個法的實證，必須有它的條件，不能夠齊頭式的平等，而要從基礎上來看：你站在什麼樣的基礎上來判斷可不可以證悟。

福德不夠的人，就是六度還沒有修好的人，怎能幫他開悟？譬如說，證悟在第二十樓，他現在才爬到五樓，那我同樣要幫他證悟嗎？他才爬到五樓，我若是要幫他證悟，該怎麼幫他？從二十樓垂下繩子，直接把他拉上去嗎？不可能！就好像以前，二次法難前，有一個師兄就講：「**我們只要是正覺的會員，蕭老師您就有義務幫我們開悟。**」我作個比方，同樣的邏輯，只要是國民，你就得幫他當上總統，幫他當國家主席。行不行？同樣的邏輯呀！但行不行得通？怎麼輪也輪不到他吧！用輪的好了，什麼時候輪到他？所以這就看出來說，這個人離見道的地步還差很遠，還有很多要修的。

他連走路的能力都還沒有，我如果眞的從二十樓垂下繩子來，把他用拉的拉上去，他在樓梯間裡碰來碰去，碰到二十樓去；那他這樣撞上去，結果呢？喔！渾身是傷！悟了以後還得要下樓去住院，依舊要回到一樓來。這很麻煩呢！爲什麼他要住院？因爲他老是疑：這個就是如來藏嗎？我不信！他會疑的，因爲他的條件還不夠，悟了必然會疑。假使起疑，加上有慢心，不肯尋求善知識的開示，或是善知識開示了他不接受，未來就一定謗法（編案：這正好應驗了二〇二〇年琅琊閣、張志成等人的落處）。所以我如果垂下那根繩子給他，我其實是害他，因爲他住院，住了半年、一年後還是會死掉，不如讓他按部就班把每一樓的階梯應有的過程都親自走過來，到達二十樓時法身慧命就不會死掉。如或不然，他就會因疑起謗，這一謗就是禍事！這個禍闖得大，死後在無間地獄。

那我相信會裡增上班中，也有不少人悟後有一段時間是懷疑的，因爲有疑是正常的，除非你已經入地了。但是若能接受善知識的攝受，善知識會教導，就可以把那個疑心斷除，斷除疑心就不會毀謗正法。所以證悟的時候有疑都是正常的，三賢位裡面證悟後沒有疑過，那是有點奇怪的。但是，根性好的人才一起疑，馬上立刻另外尋找：「**有沒有哪一個心是眞如？還有沒有哪一個心可以出生這個第八識？**」一定找不到！又重新現觀，這個第八識心是不是出生蘊處界的心，確定了祂就是生命的本源時，心就定下來。

但他馬上就會有第二個問題：「**走這一條路原來是自殺，自殺還要死得很心甘情願。爲什麼會這樣呢？因爲這條路晚走不如早走，遲早都要走這一條路，那現在都悟了，乾脆走吧！**」於是疑就丟了，就繼續走下去。但是你如果能夠「**書持讀誦，究竟通利**」，還能夠「**廣爲人說**」，你一定不疑、不謗。那麼諸位有沒有想到：「**爲什麼『廣爲人說』以後就不會疲厭，就不會疑心、**

毀謗呢？」因爲當你每爲別人演說一次，你的信心就更具足一分；當你每爲別人演說一次，你的智慧就比以前更深利一點；因爲你會從這個法出發，一直往各個方面去引生出很多的法來。

我如果把這個法傳給大家，很早就歸隱田園了，我的四禪八定、五神通都可以恢復，二十年靜修不會有問題啦！但佛法智慧的深入上面就變慢了，還有一個大損失，就是佛土攝受變少了！佛土是什麼？（眾答：眾生。）對！眾生，攝受眾生就是攝受佛土。所以，「究竟通利」之後，「廣爲人說」也是很重要的。懂這個道理，接下來當然「終不疲厭」，一直講到最後也不會疲厭；所以只要有說法的機會，我就算用爬的，也要爬上來坐在這邊講；沒辦法坐時，我躺著也要講，因爲說法是很快樂的事。

只是，古稀之年，有時候體力稍微差一點。像增上班連著講三個小時，到最後半小時有點兒鬆懈，睏意就上來了，自己要時時刻刻提起定力堅持著繼續講，所以有時就得用定力來支持著。記得去年那次中風住院，被庸醫所害，幫我強降血壓，使小中風變成大中風，在新光醫院同心診所住了三天；第二天晚上我就要跟醫師請假，要繼續講經；教學組的老師們、其他老師們，都在病房裡面阻止我。本來我要去請假、要上來講的；如果那次有請假上來講的話，諸位要聽得辛苦一點，也有的字音發不太清楚。

這意思是說，因爲佛法中有無量無邊法，都依於如來藏而示現，依如來藏而生起、運作。那麼如來藏的這些法，你懂得越多，法樂越大，所以一定不會疲厭。如果是半吊子呢？半吊子聽懂嗎？嗄！有人不懂喔？只有幾個人懂！譬如說，一個酒瓶裡面只裝一半，或者一個水桶裡面只裝一半的水，那叫作半吊子，搖起來時就嘩嘩作響。也就是說一半知道，另一半不知道，那他上來說法時怎麼辦？他要先作功課，要寫好幾天，寫完了，然後上得座來，打開，照稿宣唸、照本宣科，就是用唸的，但是內容很誇大，這表示他沒有「通利」。如果你「通利」了，不論從哪一個法開始講，你都可以四通八達。

那這樣的人當然不疑、不謗，因爲他早弄清楚了，並且心中很佩服 如來爲什麼說：「**法住法位，法爾如是。**」因爲他早已「**通利**」了，知道本來就該如此。那麼這種不疑、不謗的善知識，如來說他有個果報：「**以佛神力，常得自然如意供養，乃至菩提無乏無盡。**」諸位有沒有想到一個問題：「**如來忙死了！難道悟了那麼多人，每一個人如來都要親自照顧嗎？**」爲什麼搖頭？那是誰來照顧？這個「佛」到底指誰呀？欸！就是你自家的佛。每一個人的身中都有一尊佛，就是你自己的「無位眞人」；因爲你這一尊自性佛的威神之力，你永遠會得到自然的供養、如意的供養。

自然的供養有兩個意涵，第一個部分：你證悟之後並且「究竟通利」了，那福德是很大的，就看你要不要實現那個福德。你如果到某一個階段說：「好**了，我不要再實現福德了，其餘的要繼續累積下去，我的福德實現到這裡就好。**」那你想要賺得世間的財物等等都自然而得。甚至有時候你都說：「**我不想再賺錢了。**」人家還找上門來，你非要賺這一筆不可。

有的人就是這樣，我已經退休了，他還來找我，非要我賺他的錢不行。我說我絕對不賺，那他一直求，後來說：「**因爲那算命先生要我找你，不然這錢我賺不得。**」奇怪了！我跟算命先生又不認識！那人又是好朋友，推不掉。我就說：「**好，那這樣好了：我們夫妻兩個人，一個人投資一萬塊錢**（三十年前的臺幣一萬塊錢），**我同修也投資一萬，我也一萬。**」我們心裡想的是肉包子打狗，那我們不去參與。我們不去參與的結果，他還是失敗了，雖然我參加了也沒用！這就是說：你如果還想賺，祂就會讓你賺，如來藏會實現出來；那你如果不想賺了，如來藏是被動性的，祂也不會再幫你賺。

這時候一定有人想：「你說的這個叫作玄奇怪譚，我從來沒看過誰是如來藏幫他賺錢的。」對啊！表面上看來是這樣。可是，爲什麼你該賺的錢，都會自然地出現，讓你來賺呢？有人心裡面一定想：「啊！那是因果嘛！」好了，因果這種子是誰執持的？那是如來藏執持的。是由誰可以把它現前？是意識或是意根喔？欸！如來藏如果不幫你流注這個種子出來，你賺不了的！因果的部分，如來藏是自動執行的；這不是你的意識、意根能決定的。意識、意根只是決定說：「我不要再賺了。」那就停了，否則那個因緣會一直來，是如來藏安排的，這不就是「以佛神力，常得自然供養」嗎？

這個「自然供養」，另一個層面叫作「如意供養」；你如果想要祂供養，祂就會供養你，不說假話；但是爲什麼如此？不告訴你！等你悟了，自己再回想這一句話。欸！所以你這一尊佛的神力，時時刻刻都讓你得到自然而然就有的「如意供養」；不管你要祂供養食物還是毒藥，都是「如意供養」，祂從來不推辭。既然「常得自然如意供養」，這表示你住在自性佛的境界中了；那麼你就這樣一世又一世，或者在人間，或者到兜率天，或者到色究竟天宮，就這樣一世一世繼續前進，最後一定成佛。

所以 如來說：「乃至菩提無乏無盡。」證悟之後，不會再遭橫逆，比如突然被殺死了，或者說忽然間就一無所有，不會是這樣；但是，如果你因爲「究竟通利」而大發悲心，想要救拔被誤導的眾生，所以站出來摧邪顯正，你得罪了那一些六識論的凡夫大師們，那你就有可能被刺殺了。但是這個結果，也是你準備開始破邪顯正之前就預料到的；因爲大家都當好人，沒有誰願意當惡人哪；而你只有一個人竟願意出來承當，難道不曾先想到那個後果嗎？一定先想到，但是沒有畏懼。

所以將近二十年了吧？那《護法集》出版的時候，有的老師勸我不要出版，有更多的同修勸我不要出版：「講完就好了。」因爲怕我有性命之憂，但我回說：「是福不是禍，是禍躲不過，還是要作。」因爲當時臺灣全島都是月溪法師那個邪法的天下，臺北、臺中、嘉義、臺南、羅東都有。你看！臺灣的東、西、南、北、中都有，而且他們當時名氣還不小。所以出版了以後，開始流通了，我從那天開始，開車時都要看後照鏡（大眾笑…），看有沒有人在跟車？如果看見是無害的，那就讓他跟；如果覺得有疑，我就故意停到路邊，讓他先走，我走另一條路；但是也沒有遇見過跟車的，天下無事！因爲現在跟古時候不一樣了。可是今天我如果住在大陸，不是住臺灣，那我得要請保鑣了；要不然，正法會受到很大的打擊。

這就是說，菩薩在這一個過程之中，依著佛法的次第前進，不會有窮乏，也不會有用盡的時候，因爲佛法是用不完的。但是這裡講的是什麼？「常得」自性佛的「自然如意供養」，不但供養你世間法，還供養你佛法。這樣供養一直到你得到佛地的正覺，一定每一世都「無乏無盡」。你們增上班的同修可以現觀看看，我講的如實不如實啊？所以祖師有一句話講得很好：「但得本，莫愁末。」說只要得到那個根本的第八識眞如了，不必發愁末端那些枝葉，你自然都會有的；有根柢就會有樹幹，就會有枝、有葉，就有花、有果，乃至繼續生存下去的種子都具足了。所以　如來說的都是誠實語：「乃至菩提無乏無盡。」

你的自性佛會一直供養你，直到你成佛。「直到你成佛」的意思，是不是成佛後就沒有了？不是！而是盡未來際；如果未來有窮盡，這自性佛的供養才會有窮盡。可是有個例外：「除定報業。」假使往昔曾對善知識或者某位眾生造作了很大的業，所以那個業決定不可轉，在證悟直到成佛的過程之中，同樣得要受報，因爲這個業不可轉。譬如曾經殺過人，那個被殺的人往世是無緣無故被殺，或者因爲被謀財害命；那這個業呢？將來假使殺他的人死後受三塗果報回來人間，終於開始修學佛菩提道，有一天他證悟了，但是報緣也熟了，他還得受報。

從如來藏來講，沒有受報這回事，因爲祂離一切法，離見聞覺知。可是從如來藏由意根配合共同在未來世出生的那個「五陰」，因緣成熟了就會受報，因爲這是定業不可轉。所以大目犍連，十大弟子中神通第一，他怎麼死的？被人家用石頭、木棍打死的。可不要像一般學佛人心裡面想：「阿羅漢人天應供，他又有三明六通，怎麼可能這樣死的？」當然不可能，他可以避免啊！但是既然知道那一天是他該捨報的日子，只剩下不到半天，乾脆就藉這個機會，把這個命債給還了，這是最好的算盤。他這算盤打得很精，所以故意進城去托缽；明知道人家要殺他，也故意進城去。那一群仇人有的用石頭砸他，有的用棍子打他，所以他是這樣捨報的。當他被痛打到全身無肉不爛之後，才以神足通飛回道場告知舍利弗，那個晚上就捨壽了；說今天是他捨報的日子，那如果他這一世不還，未來世還是得還，因爲那是定報。

那如果奪財，不是把人家很龐大的財產全奪了，而是奪了一部分，並且沒有害命，那就有可能成爲不定報。就是未來世遇見了，知道遇見了債主，趕快設法去還；看要還幾倍，趕快努力去還；還到他歡喜，那麼這個業就可以滅。還有一個滅這種財業、甚至於命業的方法，就是在對方還沒有發起殺心之前，趕快買東西送他，或者送錢給他花，同時要趕快送正覺的書給他看，告訴他：「**眞的可以實證，實證之前，你要先受菩薩戒。**」（大眾笑…）然後你在增上班很努力、很努力當上親教師，就說：「**來！來！開班了，你來！來我這班上課。**」努力教他，那這個定業就轉成不定業，就這樣一筆勾銷了！

所以要看你怎麼轉業，不要老是怨天尤人：「**啊！我遇到這個同修，每次相見都是怒目圓睜。**」不要抱怨！因爲出生於世間就會這樣一報還一報，表示那是往昔結的惡緣；因爲這一世不認識啊！才一見面就這樣，那是往昔結的惡緣，要設法去轉他；轉他最好的方法就是度他，只要他得度了，縱使後來有一天在定中發覺：「**喔，因爲上輩子你欠了我多少，所以你今生對我這麼好。**」但是他不會怨也不會恨，也不會起瞋，反而作了個結論說：

「唉！往世他搶我的錢財搶得好。如果不是往世他搶了我的錢，這一世我還能藉他的因緣可以實證佛法嗎？」欸！這一下全部都解開了，所以佛法很厲害喔！那你想：如果你努力修行，「究竟通利」了以後，很多的業你都可以轉變；因此「除定報業」是指一個部分，那是不可轉的，因此變成定報；但是有一部分的定業還是可以轉的，要看你怎麼轉。那麼 如來說完了這一部深經有這樣的功德，接著 如來就要勸導大家努力去尋找這一部深經了：

經文：【「如持戒比丘不緩持戒，終身天神隨侍供養。若彼能於如是深經乃至不起一念謗想，當得如來藏如來常住，常見諸佛，親近供養。如轉輪聖王，凡所遊行七寶常隨；如是安慰說者所住之處，如是比經常與彼俱。如轉輪聖王所住之處，七寶隨住，不住餘處，其非眞實住於餘處；如是安慰說者現在所住，如是比經悉從他方來至其所，諸不了義空相應經於餘處住。如是安慰說者所住至方，『此經』常隨；如轉輪聖王所遊之處，諸餘眾生隨順王者，作如是念：『彼王所住，我亦應去。』如是安慰說者所住之處，如是比經亦復常隨。如轉輪聖王出於世時，七寶隨出；如是安慰說者出于世間，如是比經

亦隨出現。如轉輪聖王所有七寶，若失一寶，彼王尋求，必至寶所；如是安慰說者，為聞『此經』，處處尋求，要至經所。

語譯：【世尊又開示說：「猶如持戒的比丘，對於所持的戒律不稍輕緩，嚴謹而持；在他的一生之中，天神都會隨侍在旁而供養他。如果他能夠對於像這樣的深經，乃至不曾生起一念毀謗的想法，他將來會得到如來藏如來常住，永遠都會看見諸佛，親近供養諸佛。猶如轉輪聖王，凡是他所遊行的時候，七寶永遠追隨著他；就像是這個道理，為眾生安慰有『如來藏如來常住』而演說的人，所住的地方，像這一類的經典永遠都會和他同在一處。猶如轉輪聖王所住的處所，七寶隨他而住，不住在其餘的地方，其餘不是真正的寶物就會住在別的地方；像這樣子安慰眾生說有『如來藏如來常住』的人，他現在所住的地方，像這樣的一類經典都會從其他的地方來到他所住的處所，而其餘不了義的、空相應的經典，會在別的地方安住。就像是這樣子為眾生安慰說有『如來藏如來常住』的人，他所住的處所，不論他搬到何處去住，『此經』永遠都追隨著他；猶如轉輪聖王所遊歷的處所，其餘眾生凡是隨順於聖王的人，都會起這樣的意念：『那位轉輪聖王所住的處所，我也應該追隨他去。』像這樣子安慰眾生說有『如來藏如來常住』的人所住的處所，像這樣一類的經典，同樣也都會永遠追隨於他。猶如轉輪聖王出興於世間的時候，七寶隨著他就出現了；像這樣子爲眾生安慰說有『如來藏如來常住』的人出現於世間，像這一類的經典也會隨著出現。猶如轉輪聖王所有的七寶，如果失掉了其中一種寶物，轉輪聖王開始去尋求，最後一定會到達遺失那一個珍寶的所在；像這樣子爲眾生安慰說有『如來藏如來常住』的人，爲了聽聞『**此經**』，也會處處都去尋求，最後一定要到此經的所在。」】

釋義：如來在這一段經文中用了五個譬喻。第一個說，猶如持戒的比丘「不緩持戒」；也就是說：他對於戒法不是很鬆散地看待，而是很嚴謹地看待，隨時隨地留意戒法，不使自己稍微輕犯，這就是「不緩持戒」；終其一生，天神都會隨侍在旁供養他。當然這個是在正法時期，可是像法過了，現在末法了，天神也就不太來人間了。以前諸天天神爲了求大福德，對於「不緩持戒」的比丘都是很努力供養的，所以只要日中一食時間快到了，他們就來供養；各自供養所護持的比丘，這是正常的。

那麼中國佛教也有一個故事流傳，說道宣律師持戒不就是最好的嗎？他專門弘揚律法，就像近代臺灣有個廣化長老，他專門傳戒，持戒很精嚴。所以風聲傳出去了，窺基大師聽了就說：「我才不信天神每天都來供養。」然後就順道去拜訪他，要看天神什麼時候去供養道宣律師。結果兩個人談著法，談著談著天都黑了，也沒看見天神來。窺基心想：「啊！原來是假的！」離開了。他一離開，天神就來了。這道宣律師說：「我持午，你現在才來！這一天沒辦法受供了。但你爲什麼這麼晚才來？」沒想到這天神說：「因爲我找不到你啊！你這個處所被很大的光明遮罩著，我連過來的路都沒有！要怎麼進來？原來是你這裡來了大菩薩，我沒辦法進來。」道宣律師很聰明，第二天編出這些話來，破解了窺基的勘驗手段，一方面讓人維持著對窺基證量高的想法，他也可圓了自己的妄語。

一般人都以爲窺基是研究唯識，他哪來的證量？現在大陸還有很多人，所謂佛學的學術學者，或者所謂佛教文化的研究者，包括那些大法師、小法師們都一樣；他們都認爲玄奘只是個譯經僧，哪有什麼實證？如果依他們這樣講，那佛世十大弟子也沒有實證了！因爲他們也沒有示現他們有開悟啊！可問題是：如果沒有開悟，也沒有無生法忍，能寫那部《成唯識論》嗎？一定會被禪宗祖師上門踹門。不是強行開門而已，是要把它踹壞的，要上門踢館哪！可爲什麼禪宗祖師們悟了，還讀不懂他寫的《成唯識論》？

假設有證悟很深的禪師後來終於讀懂了，也不能跟他挑剔，只能從裡面去學到更深的法，所以我說有很多人不懂這道理。那麼這個遭遇，我當然遇過了，所以有的人說：「這蕭平實喔，他只是經本讀多了，所以懂得念佛，懂得說法，其實他不懂禪啦！」就因爲聽到這個風聲，所以我就要讓他們嚐一嚐「禪」的味道，否則他們永遠弄不懂，就給他們聞聞「禪香」吧！臺灣中南部有話叫作「乎伊鼻香」，讓他聞香聞聞看，所以我才寫《公案拈提》；一年一輯，寫到第七輯完了，不想再寫了！還剩下兩三則拈提留在電腦裡面，這樣他們就不敢說：「正覺不懂禪，只懂念佛、講經、說法。」他們都沒想到：「如果沒有證悟，能讀懂《楞伽經》而能講解嗎？」他們都沒有想到這個道理。

這部《楞伽經》，我當年在陽明精舍宣講時，沒有講完，一直講到正覺成立時，在中山北路六段的地下室講堂繼續宣講。我當時只有一本這麼小的經本，厚厚的，我就拿著經本講。那時候就這樣講的，這一頁講完了翻過去，都在手上翻。那經本小小的，就這麼大一本，合起來像這樣，打開這樣。如果沒有實證，能懂《楞伽經》嗎？而且我講的本子是求那跋陀羅譯的。他的譯本有一個特色叫作直譯，就好像把英文直譯成中文的時候，很多人會讀不懂；如果你把中文直譯成英文呢，人家洋人也讀不懂。可是我知道那個道理，知道他就是直譯，就這樣拿在手上直接講了。

所以很多人不懂，以為窺基只是研究唯識，他沒有開悟。問題是：「沒開悟的人能註解《成唯識論》嗎？」當時的人對窺基的評論不是很好，認為他的證量不高，雖然也沒有大錯；到後來他去拜訪了道宣律師，破了道宣律師的天神供養神話，但道宣次日用另一個說法圓了謊，又不影響對於窺基的名聲，但窺基至少是有明心的菩薩。那麼現在大陸還有很多學術界、或者法師們，都說玄奘只是個譯經僧，他沒有什麼證量。假使沒有證量，為什麼他可以指導日本那個道昭禪師證悟？然後怕他心中起疑，又教他去見一位禪師印證看看。你看，一個三地以上的菩薩幫人悟了以後，人家不完全信呢，還要去找一個層次很低的第七住菩薩幫他印證（大眾笑…）。唉！天下就是這樣顛倒的啊！這類好笑的事情很多。

那道宣就只是一個很精嚴的受持戒律的人，他這個人眞的「不緩持戒」，所以宣稱天神每天來供養他，大家當然也就不疑了。但是到了末法時期，傳說都會被繼續編造而走樣，眞有高深證量的人都不需要編造神異故事來流傳，因爲早已看破名聲與利養了。那麼「不緩持戒」的人，一定不謗三寶，也能住持表相三寶。三寶裡面，佛寶大家都恭敬，不用提，除了六識論的釋印順他們。接著就是法寶，可是法寶可聞而不可及，因爲實證佛法不是那麼容易的。那麼末法時代就只剩下僧寶了，可是僧寶如果都是學眞言宗的那些東西，一天到晚在唸那些外道咒；要不然就是落到世間法裡面，持戒鬆緩，供養他們也就沒多大的功德和福德，不供也罷！可是這道宣律師專門持戒「不緩持戒」，戒律很精嚴，這個人值得弟子們供養；碰巧遇見了窺基大師來拜訪他，專意要檢驗天神的事，結果害得道宣次日編造天神找不到路進來供養的故事。

但是傳聞中有說：窺基這個人才本來不可能成爲佛門中人的，因爲他是個將軍的兒子，少小就很聰明；小時候就能夠寫戰策——打仗的那個規則與方法都寫成冊子。他父親看了說：「不錯！你怎能懂這麼多啊？」後來就風聞出去，有少數人知道。玄奘看上這個人，得要用計謀才能度他。你看上一個有能力的人，可是人家不肯放，那將軍把他當作寶；這麼聰明的兒子，該怎麼去讓他出家呢？就把那個「戰策」教另一個小孩子背誦，這小孩背得滾瓜爛熟。然後有一天去拜訪那位將軍時，就談起將軍的兒子寫「戰策」的事。玄奘說：「唉呀！這個戰策沒什麼，只是古人寫的，別人家的小孩子也會背的，哪裡是他寫的？不信，我叫個小孩子來試試。」就找了那個孩子來，背給將軍聽。將軍一聽，勃然大怒：「我兒子竟然敢欺騙我！」拔起劍來要殺他。這時候玄奘趕快把他遮止：「別殺！別殺！你這兒子既然要殺掉，不如就給我！」（大眾笑…）就這樣出家了。那時候窺基應該也有十六、七歲了吧？

但是傳說中，窺基大師出家還求三大車的事，咱們就不提它，因為這個故事是有諍議的，所以最早記載此傳聞的《宋高僧傳》中，同時也有轉錄窺基大師的自序：「九歲喪親後，逐漸疏遠浮塵流俗。」因此也認為三車之說，是對窺基的嚴重誣衊而被謠傳。所以《禪門諸祖師偈頌》錄有〈慈恩大師出家箴〉，所說與「三車傳說」也有很大的不同，並不認同那樣的傳說。如同禪宗凡夫僧們無根毀謗大慧宗杲一樣，全都是無根據的胡亂編造假事實，平實已於《鈍鳥與靈龜》書中辨正過了；基大師這個三車之說，同樣也是無稽之談，並無可信之處。

但世俗人，包括佛門中的凡夫修行人，哪懂這個道理？所以道宣律師以持戒精嚴自豪，不太服氣窺基大師，客人來訪時不得不邀請基大師留下來等候，以便來日天神送食時證明給基大師看，要基大師服氣，根本不知基大師是擁有眞見道智慧的大菩薩；然而故事終究是編造的，次日天神當然是過午不來，兩人只得挨餓。基大師離去之後，又次日道宣編造了天神無路可入的故事，才算解決了謊話的窘境。那麼我爲什麼要講道宣律師這個天神送食供養典故？因爲持戒精嚴的人，其實並未親證實相般若，仍不值得天神供養，但他們確實是眞實的持戒比丘！雖然還沒有證悟，但若有人願意供養這樣的比丘，未來世有大福德。以上是第一個譬喻。

這個譬喻講完了，如來話鋒一轉說：「如果這樣的持戒精嚴的比丘，能夠對於像《大法鼓經》這一類的、很深奧的經典不開口毀謗，不作對『此經』如來藏不利的事情，乃至於對『此經』都不曾生起一念要毀謗的念頭，他將來會得到『如來藏如來常住』，永遠見佛，並且可以親近供養。」這段經文很淺，看來沒有什麼妙理；可是眞的淺嗎？因爲大家都是依文解義，可是來到正覺就是不一樣。「當得」當然不是馬上就得，這個「當」，可能一世、十世、百世、千世……並不一定。只要能夠對於這樣深妙的經典一直都恭敬、信受，那麼乃至於起一念毀謗的念頭都沒有，不曾有過，他將來會得到「如來藏如來常住」。

證得如來藏的人，遲早都會知道「如來常住」，再也不會認同那些二乘法中的凡夫僧所說：「如來入無餘涅槃，再也看不見了。」因爲如來藏常住啊！既然第八識如來藏常住，而且遵循著無盡的十大願，如來當然就是常住的。那麼每一個人自身這一座七寶塔裡面，各有一尊「多寶如來」安坐。你身中這一尊「多寶如來」，假使有一天證得了，也就是證悟了，是不是以後每天都可以看見？是不是時時刻刻經常地可以看見？一定是這樣的啊！沒有人說：「我找到如來藏了，可是過了一個鐘頭以後祂又不見了，我現在看不見祂了。」沒這回事！

所以以前聖嚴法師說：「這個『開悟』會退失的。」悟怎麼會退失？悟如果退失了，就是否定他所證的第八識心，才叫作退失。可是他既然證悟了那個心，那個心永遠都會在他眼前顯現，只是他信與不信而已。所以在正法中退失的人，都是對第八識不信不受而說爲退失了。但是你身中—你這個七寶塔—裡面的這尊「多寶如來」永遠都在，你想要見就見了。其實你不想見，祂也都在你面前晃來晃去，所以你就是「常見諸佛」。爲什麼你看見自己的「多寶如來」，就會常見諸佛呢？因爲你五蘊這一座七寶塔在這裡時一定有「多寶如來」，那其他眾人這麼多座的七寶塔中，裡面都沒有「多寶如來」嗎？都有啊！你們都說有，眞的是有，那你不就是「常見諸佛」嗎？所以諸佛每天跟你相見，可是祂不看你，只有你看祂；你禮拜祂，祂不禮拜你；你來見祂，祂不來見你；祂就像永遠都遮著眼睛，不看你。

「常見諸佛」之後，你總得親近祂吧？總得供養祂吧？問你們悟後有沒有每天親近祂？不但每天親近，而且時時刻刻親近，一分、一秒、一剎那都不肯捨離，親近到這個地步！那每天這樣親近，你難道不供養祂嗎？當然要供養啊。那祂無形無色，怎麼供養？嗄？吃飯、喝水呀！可是有人一定會問的：「嘿！供養祂時是應該作『法供養』。祂無形無色，飯跟水哪能供養上祂？」可是你剛剛想的，不就說是法供養嗎？飯你吃了，水你喝了，你就已經供養上祂了。祂接受法供養了，飯仍然歸你吃，水仍然歸你喝，你不蝕本，多棒！這樣的供養不嫌多啦！所以一天供上三餐，睡前再加上個點心也行，都沒問題！但這個不是你持戒精嚴、信受此經之後，就立刻能得，如來說的是「當得」。所以這個「當得」，在還沒到「得」的時候，之前該作什麼就去作，持戒應該精嚴就精嚴的持，福德該修的就努力去修集，該學的八識論眞正般若就好好去學；先把這些作好，「當得」的時間就會漸漸實現。

那麼猶如轉輪聖王，凡是他所遊行的地方，七寶永遠都追隨著他。七寶裡面，比較有名的就是輪寶、玉女寶、主藏臣寶、主兵臣寶，這四樣最有名了。象寶、馬寶那是其次。但是轉輪聖王通常是指金輪王，轉輪王不是一切都能得到最好的七寶，但不管他是金輪王下至鐵輪王，凡是他所到之處，一定是七寶相隨而不離身的。同理，實證「此經」如來藏之後相信「如來常住」的菩薩們，不論去到何處，永遠都有「此經」如來藏常隨其身，不離左右；而且在事相上也永遠都會有這一類演說第八識如來藏的經典，來到他的所住之處，令他得以閱讀及「廣爲人說」。今天講到這裡。

人老了有點不太中用。週日去正覺寺工地，跟著他們爬上爬下一整個下午也還行，只是到今天這右腿還瘦瘦的。不過應該還好啦！古稀之年可以這樣子，算很好了！不是很瘦。如果現在我們正法走到這個地步，我們還可以回到春秋鼎盛之年就太好了；可惜這個是世間常法，時間過去是追不回來的。不聊了，回到《大法鼓經》。我們上週講到二十二頁第二段第三行「**凡所遊行七寶常隨**」。

這個「**七寶常隨**」，好像還沒講完是不是？轉輪聖王通常都是「金輪王」，以下叫作輪王，但不一定叫作聖王，只能叫作「轉輪王」，因爲同樣是以法治化。那麼七寶裡面「**常所相隨**」的，最主要是輪寶。輪寶是隨著聖王之方所，永遠跟隨不捨。至於其他的諸寶中，另外一個就是「神珠寶」；這個神珠寶也是與身常隨，也可以晚上拿來照明整個城市。其他的就是主兵臣寶、主藏臣寶、象寶、馬寶，還有玉女寶，這五種不一定永遠隨在聖王身邊。「玉女寶」往往是晚上才會在身邊，不然就是有一個時刻；比方說非常熱，熱得不得了，那玉女寶讓他靠在身上。爲什麼呢？因爲她夏天體涼。到了冬天，反過來體溫；他如果覺得寒冷，玉女寶靠在身上就覺得溫暖。

主藏臣寶，如果他想要作什麼事情的時候，需要很多財物；那就把主藏臣寶喚到面前來說：「**我在多少時間以內，需要什麼樣的財物。**」那他就得去備辦。阿含部的《起世因本經》裡面有講到一個轉輪聖王，他的主藏臣寶跟著轉輪聖王正在船上。這時轉輪聖王突然起了一念懷疑：「**這個人說是我的主藏臣寶，到底是眞的、假的？**」那他想要試驗一下，當場提出要求：「**你如果眞是主藏臣寶，那你現在拿個甚麼黃金寶物等器物給我。**」在那船上哪來的黃金器物啊？但轉輪聖王不管，反正現在就要。推辭了很久，推不掉，只好勉爲其難了。經中所載是他就把手伸到水裡面，過了一會兒，拿出許多金銀裝滿了器物，轉輪聖王說：「**你果然眞是我的主藏臣寶。**」那原則上就是轉輪聖王想要作什麼的時候，需要大量的錢財，他得要去尋找伏藏——潛伏在地下的伏藏，他要負責去找出來。

那麼主兵臣寶就是率領象寶、馬寶，也能領著象軍、馬軍、步軍、車軍去攻城伐地，但那是鐵輪王。如果金輪王的話，都不用！這些象兵、馬兵、步兵、車兵隨著金輪王與金輪一起飛四大部洲去，都不用歸責於別人；人家只要看到這個陣仗，早就歸降了；但轉輪聖王有個好處，不據爲己有；只要歸降了，願意聽受教誨，以法治國，然後國家還歸他管理，這就是主兵臣寶。

那象寶、馬寶跟一般的象與馬不一樣，他們都各率領八萬四千大象或者駿馬，這是象寶與馬寶。另外有一個神珠寶，這個珠寶平常不讓人家看見，也不讓人家觸摸。那他想要變現什麼，隨意可得。密宗不是有個〈如意寶珠觀音心咒〉還是什麼？有沒有？那個就是模仿佛教中講的轉輪聖王那個珠寶而想像建立的。這樣七寶都具足了。

「**七寶常隨**」就是說，他只要出門了，遊行的時候就會帶著七寶出去，但是在家裡不需要。他吃飯、跟大臣們論事，象寶、馬寶也要在身邊嗎？這當然不需要！所以遊行的時候，七寶都隨帶著。這是舉一個例子來說，凡是轉輪聖王所遊行之處，七寶永遠都隨從著他，這樣才能顯示出他眞的是轉輪聖王。那麼 如來用這個例子來說明：「**如是安慰說者所住之處，如是比經常與彼俱。**」就像轉輪聖王遊行的時候，七寶常隨；若是以這個如來藏大法爲大眾說明，如果有人聽了恐懼害怕的話，那麼需要爲他安慰，讓他對如來藏這個妙法不會恐懼、不會害怕。這意思是說，這個法太深，你要說給眾生聽，眾生不一定能信受。他們心中覺得太深奧，因此不敢學，所以這時必須要爲眾生安慰，然後以安慰的方式，爲他們詳細說明這個法的勝妙；但是讓他們不需要恐懼，這叫作安慰說。

實際上，我們弘法二十幾年來，大致上也就是安慰說。以前佛教界都不抱希望，都認為「開悟是聖人們的事，我輩無分」。現在你們聽了這話覺得說：「哪有可能！」但眞的是這樣啊！就像以前淨空法師還沒去大陸的時候，在杭州南路，我去拜見他。眞的拜見哪！不是跟他握手哈拉、哈拉，我眞的拜見；但談到這個實相念佛，他就是倒退三步了。你們想想看吧，所以這深妙之法得作「安慰之說」，因為很多人畏懼。那麼臺灣是因為後來連居士都出來宣稱開悟，並且當時還蠻有名氣的，因此鼓舞了大家開始有信心；這就是現代禪李元松老師的功德，雖然後來也證實他悟錯了，但他對鼓舞臺灣佛教界乃至大陸佛教界的開悟信心，眞的卓有成績。他的成績很顯著，所以接下來，我出來弘法並且把見道報告印出去，大家就開始有信心，才會有今天的諸位。甚至你們有好些人遠渡重洋而來，很不容易的！為法不辭辛苦。但是現在要問你們，是為法而來？還是為了看我這個老人來的？呵呵呵……，應該兩者都有吧。

所以安慰之說很重要，因此我們在講經說法時，乃至增上班的課也常常告訴大家，讓大家有信心而且心量越來越大，這就是「安慰說法」。不能像有些善知識，每逢弟子上來小參或者上來求悟，他老人家就說：「你們想要開悟，還早著呢！」那弟子們信心一天又一天、一年復一年受打擊，十年後信心消失殆盡，大家都想：「啊，開悟是師父的事。」或者說：「開悟，那是首座的事，跟咱們無關哪！」都會這樣想，那麼大家就懈怠消沈了；結果後來一個個都變成粥飯僧，不是參禪僧了。所以為師者應該作「安慰說」，常常要跟大家打氣。

甚至於我還告訴諸位：「到末法最後八十年、五十二年時，你們各個得要取證阿羅漢果；等到彌勒尊佛下生人間成佛之後，你們都得要入地。」這幾年我常常講吧？這也是安慰說。否則還沒有悟的人，心裡面很懈怠，總是想：「開悟的事跟我無關。」那悟了的人呢，悟後也開始懈怠：「反正我都悟了，那個入地的事，證四果的事，那太難了！跟我無關。」也懈怠了。可是你如果能夠作安慰說，大家就有信心，努力去拼。因此，我前天去工地，看到有好幾位已經在增上班的同修，同樣也努力在拼，福德不嫌多，繼續修集；因為悟了之後，還有見性在等著，那福德需要更大。所以大家就想：「我還有下一步，我現在只差這麼一步，就可以到達那一步，那就努力。」

如果見性之後呢，心裡面想：「那我怎麼樣可以梵行已立？」接著努力，「梵行已立」有一天也會達成的。當「梵行已立」之後，接著就想：「我應該可以證阿羅漢了，因為也是一步之遙。」因為你到這個地步時，比如說，你現在進了禪淨班、進階班，下一步就是明心，一定是要明心的，你不會想：「我下一步就是阿羅漢。」那是邪見！下一步就是明心。明心後，繼續學上幾年，努力修行，下一步就是見性，然後想：「不然我來拼一下吧！」沒有努力過，怎麼叫作說你有試著去作？那就是努力求見性。見性過了又想：「我修證『非安立諦三品心』是有可能的，因為那三品心要修的時間比較長，所以我就九千年後取證阿羅漢果。那我既然見性了，要走到『梵行已立』的階段應該不是很難了，因為只差這麼一步。」當你「梵行已立」了，初禪不退了；這一下，五下分結仔細觀行之後把它完成，已經是三果人了。

過一段時間，再把五個上分結拿來試試看，自己把它觀行一番，三天、五天、三個月、五個月……不論多久終究要斷它，那你就成「慧解脫」了。成慧解脫之後，這九千年繼續修，那「非安立諦三品心」應該多少也有些成就；至少「第一品心」先完成——「內遣有情假緣智」先把它完成；完成了之後，最後五十二年、最後八十年過完了，不當逃兵；什麼叫作逃兵？大聲一點！對！對！就是「去極樂世界」，就是當逃兵。然後大家到彌勒內院去，繼續聽聞妙覺菩薩說法。你聽了幾億年之後，那三品心一定能完成的。到時候跟著 彌勒菩薩來人間，祂示現成佛了，你得要示現入地。這是一步一步可以到達的。

那麼這樣說明完了，我說了，你們聽了以後呢？對啊！要這樣。要想著：「看來，這是可能達成的。」既然可能達成，爲什麼不努力？喔？那精進心起來了！繼續努力；即使入了增上班也不懈怠，修集福德以及增長智慧都繼續精進。所以你們看推廣組有好多同修排演話劇，那多辛苦！要編寫、還要練習身段，熟悉臺詞等等，去救護眾生。我每年都會收到兩、三次資料，看看這些同修們眞不簡單，不管破參的、未破參的都在努力。還有教研營，都是一樣的道理。因爲這個都是一步一步順著 如來爲我們施設的層次或者次第，一步一步可以走上去的，這不是空口白話。

臺灣中南部（北部有時候也有）老人家講：「你這個人哪！『空嘴薄舌』。」

直譯成內地的話就是舌頭很薄，舌頭薄的人講話怎麼樣？很伶俐！對吧？欸！你們看我舌頭薄不薄？（大眾笑⋯⋯）這麼厚！不薄！所以我弘法不是靠口才伶俐，是靠實證的智慧。以前在學校，老師們要選國語演講的同學，去練習參加國語演講比賽；我們小時候有這種比賽，從來沒有選到我，因爲我舌頭不夠薄。這表示什麼？表示說：我告訴你們的這是事實，不是靠著口才便給來籠罩諸位。所以把這個道理——從凡夫地到賢聖位，一步一步鋪陳出來給大家看，這是一步一步都可以走到的；未來講《成唯識論釋》，則是從凡夫地講到佛地，都是一步一步可以逐漸到達的。這便是告訴大家：將來如何到達那個地步，而且到那個地步的可能性絕對百分之七、八十以上，這叫作「安慰說」。

如果師父或是堂頭和尚一天到晚都說：「開悟，那是聖人的事，不是你們的事。」以後再聽到哪個師父、哪個老師這麼講，要跟他駁回去。爲什麼呢？「人家聖人，聖人早就開悟了，還需要再開悟嗎？」所以他說「開悟是聖人的事」講錯了，若是聖人就不需要再開悟呀！所以開悟不是聖人的事，開悟是凡夫的事。應該這樣跟他們講，所以他們那個說法都叫作壞人法身慧命。正因爲眼前還是凡夫，才要求開悟，聖人何必再求開悟？所以那淨空法師以前講那個話，當時我因爲太誠懇，沒有跟他反駁；後來實在忍不住了，我才跟他講一堆九品往生的事。因爲他竟然跟我說：「咱們不要講什麼實相念佛，現在都末法時代了，我這些出家弟子們，只要有一個能下品下生，我就很滿足了。」竟然講出這一句話，我爲他的弟子們抱不平，我想：「豈有此理！」所以我反問他說：「你這些出家弟子們有哪一個是五逆十惡、殺人越貨的？有沒有？」他聽到我這麼一問，嘴巴閉起來了。然後我就開始跟他講下品下生，講完了，他扯到別的地方去。等他扯完了，我又拉回來下品中生；我講完了，他又拉到別的地方去講。就這樣一拉一談、一拉一談，最後我談到上品上生；我想他直到現在應該還印象猶深。所以話不能亂講，他那樣講，就是壞了弟子們的法身慧命。

那我一直都在鼓勵大家，所以大家越來越有信心，這叫作「安慰說」。要不然今天哪來六個講堂坐滿人？不可能啊！一個講堂這九樓坐少一點，其他大概一個講堂坐上約三百個人，應該三百不到。那你們看：每週二這麼多人颳風下雨不論，照樣來聽經，是爲什麼？欸！你們內地講的：「長見識！」

臺灣講的是什麼？「增長智慧」。在佛法中你聞熏越多，就越能觸類旁通，在法上的進步就越快；再加上我常常作「安慰說」，讓大家信心越來越發廣大。現在有誰談到說：「我要上禪三了，我錄取了！我要去求開悟。」再也沒有人潑冷水說：「唉！你算老幾？也去求開悟！」再也不會了。這就是說，在上位者對一切下位菩薩應當作「安慰說」，除非他毀壞弟子眾的法身慧命，那就要當面斥責他，就好像我跟淨空法師講九品往生一樣。所以願意相信這個法的人，我就作「安慰說」。

如來說明「安慰說」有個好處：「如是安慰說者所住之處，如是比經常與彼俱。」譬如我這個人總是對大眾作「安慰說」，結果我所讀到的經典，除了《阿含經》以外，都是「如是比經」。「如是比」就是「如是類」的意思，是說像這樣比較起來類似專講如來藏的經典。「常與彼俱」，是常常跟他在一起。所以我《阿含經》——四大部阿含從頭到尾讀過兩遍，我不讀第三遍，只要兩遍就夠了；但大乘經無妨可以常常讀，不但常常讀，而且每天讀；只有睡著了沒有讀，其餘時間我都在讀「此經」。我坐在電腦前面一直寫著書，我一面寫就一面讀「此經」。我吃飯的時候，也是一面吃、一面讀。

我今天是幾點吃飯的？下午三點吃午餐，因爲今天去醫院體檢。吃早餐時已經是十點多了，在醫院抽血後吃的。到全部作好回家，已經下午三點了。但是我很清楚知道，我回家的路上開車的時候在讀「此經」，我飲食的時候一樣在讀「此經」。這一部經很難讀，永遠讀不完，也讀不好。你可別說：「欸！您都說讀不好，那咱們怎麼辦？」我告訴你：「沒有誰讀得好！眞正讀好的人，他就成佛了。」

所以這一部經要常常讀，「如是比經常與彼俱」，這一類的經典永遠跟這樣的人常在一起。所以呢，諸位來了，我也得要用這樣的經典來供養諸位。所以有時候常常問你們：「是什麼？」你們不假思索就回答：「如來藏！」我總是讚歎說：「諸位就是三句不離本行。」對啊！答如來藏就對了。那爲什麼要這樣？因爲要讓諸位知道，就像基督教徒講的「上帝與你同在」；我如果遇到親朋好友，他是信一神教的，我也會跟他講：「上帝與你同在，只是你看不見；我不是基督教徒、不是天主教徒，可是我看見上帝了。」讓他去疑到死（大眾笑…），直到死時也弄不明白。

對啊！因爲上帝既然是創造萬物、創造有情的主，那上帝其實就是誰？

（眾答：如來藏。）對啊！三句不離本行。眞正的上帝就是如來藏，這就是「如是比經」。那麼假使今天我信受了「如是比經」，雖然猶未親證，但是願意爲大家作「安慰說」，那我就是一天到晚都有這一類的經典跟隨著我；我遲早有一天撞著、磕著時，就會撞到祂、磕到祂，這時候不就自己證實「此經」都跟「安慰說者」同在嗎？假使一天到晚在否定說：「沒有第八識啦！沒有如來藏！那是外道神我！」常常這樣否定或者毀謗的人，他根本不可能會想到有這一部經。那如果有人送給他這一類的經典，他就是不肯讀，因爲總是生起煩惱；煩惱生起以後，弄個不巧，反而回頭來毀謗。

所以，你如果在沒有善知識住世的年代，但喜歡這一部經，看到「如來藏」三字就歡喜，比如看到有《如來藏經》、《解節經》，或者《無上依經》，看到這一類的經典中都在演說如來藏，心中就生起歡喜，你就會去讀。讀了，你也希望親朋好友都知道，那你就常常爲人家「安慰說」，會勸誘他們說：「這個法眞實有，只是我們還沒有實證，那我們一起努力求證。」他終究會遇到「此經」。因爲自己一天到晚都在跟人家講「此經」，講著、講著，本來還有點懷疑；講到最後被自己說服了，信受眞的有「此經」。因此只要不是講第八識的經典，他就不太有興趣；所以你如果送他阿含部的經典，或者送他密宗外道那些僞經，他看了就起煩惱；那你送他關於如來藏的經典呢，他一讀就歡喜，這就是「安慰說者」的好處。又因爲常常爲人解說，講到最後，自己越來越歡喜，越來越相信眞的有「**此經**」；然後有一天突然撞著、磕著，一把抓住，再也不放了。所以這就是「安慰說者」的好處，所以無妨常常爲人講解。

接著 如來又講第二個譬喻：「**如轉輪聖王所住之處，七寶隨住，不住餘處，其非眞寶住於餘處。**」也就是說，轉輪聖王所住的地方，七寶都會跟他住在同一個地方。如果今天你是轉輪王，你住在臺北，你的馬寶不會在臺中，一定跟你在臺北，你要用時隨時都有。那主藏臣寶、主兵臣寶或者輪寶都一樣，都會跟你住在同一個處所；不會說你轉輪聖王住在這裡，結果你的金輪是在美國，不可能這樣；一定跟你在一起而且也很近，隨時可以用。

如果不是眞寶，而是假造的、僞造的贗品（你們內地說那叫作「山寨品」），這一些就不是眞正的寶，它們自然會離開你。所以用這個譬喻來告訴大家：「**如是安慰說者現在所住，如是比經悉從他方來至其所，諸不了義空相應經**

於餘處住。」也就是說，你如果像這樣爲大眾安慰而說，讓大家生起了正見，然後對於如來藏妙義開始增長信心，願意去實證。這個「安慰說」的人，他現在所住的地方，像這一類講「大法」如來藏的經典，都會從別的地方來到他的所在。這一點有沒有人懷疑？沒有！只有你們幾個人搖頭。我想：一定有人懷疑過啦，但其實不用懷疑！譬如說《尼柯耶》，它就不會到臺灣來呀。要是有誰在臺灣倡議、廣印《尼柯耶》，不太會成功。《尼柯耶》就是南傳的《阿含經》。

假使當年白馬精舍倡印《大正藏》的時候，他如果是倡印《阿含經》，我一定不會跟他們訂購。因爲白馬精舍倡印的是整部的《大藏經》，我就有興趣了。所以二十幾年前的臺幣三萬六千元，很便宜，我就這樣訂了。然後他們每隔一、兩個月就來一大箱。那一大箱裡的經本如果是厚的話，大約六、七本，薄的話就有十來本，就是《大正藏》。九樓經櫥就有，現在銀幕放下來所以遮住了，看不見。就這樣，兩、三年全部交完貨。有時候，我就會請下來讀一讀，先從經名看起，就想：「這部經好！」看到另一部時也說：「這部經好！」凡是大乘經，我看到經名就歡喜；可是二乘經呢？因爲前兩巨冊都是阿含，我也不排斥；所以我最先讀的是阿含，等到讀到後面大乘經時，我說：「啊！這個才好啊。」那以後就常常去讀一讀，雖然不是有很多時間可以讀經，但常常去翻一翻。

所以我見性後因爲要上課，那時每週是三個晚上，其餘的時間我都在佛堂裡面，盤著腿就是讀大乘經，就這樣；那整個一大套的《大藏經》我就這樣讀。可是讀到密教部，我只看了兩部經，其中一部經名不提，另外一部叫作《楞嚴經》，讀了卻很歡喜，其餘的我都不讀。我是看到那些密經的名稱在目錄上時，就說：「啊！這個搞雙身法，不四鬼！呵呵……。」閩南話罵人：「不四鬼！」哪個不「四」——禮、義、廉、恥。密宗外道是連禮義廉恥都沒有的，這四個都沒有，那死後就得當鬼，不能當人了，所以叫作「不四鬼」。

「如是比經悉從他方來至其所。」就說還沒破參前好了，去印度朝禮聖地時，有人拿著一本書在看。我問他：「你這是什麼？」結果是《法華經》！我這一世第一次聽到經名，但我聽到《法華經》就歡喜起來了！我說：「借我看、借我看。」我就當場把它借過來讀。然後朝禮聖地因爲那是十四天，總是舟車勞頓，但只要在車上或者到了旅館，有空閒我就讀；越讀越歡喜，放不下手。朝聖完畢了，該還給人家了，那時好捨不得！是這樣的心情。當然那時尚未回復往世的證量，並不知道《法華經》裡面的密意，但就是喜歡。

這就是說，你只要以這個「法」常常為眾生「安慰說」，那你去到哪個地方，都會接觸到這一類的經典；就像我，就是現成的例子。凡是人家那些請印的阿含部經典，我都是看過知道了，然後不想讀第二遍，大致上都是這樣。那我讀第二遍是因爲寫《阿含正義》，否則《阿含經》我不會讀第二遍的，現在就不談它。但是像這一類的經典都會來到你的所在，不但是經典，即使是這一類大乘法義的論典，同樣也會來到這「安慰說者」的所在。

譬如說，我們弘法兩年多的時候，就開始講《成唯識論》了。那時候沒有規定證悟才可以參加那個課程，所以大多數的人是還沒有悟就聽我講《成唯識論》的。其實證悟的人才有辦法吸收到一半或者三、四成，甚至有的人自稱他聽懂不到一成。可是那時候爲什麼我會講《成唯識論》？因爲我就是一個直覺，認爲這一部論太重要了，所以一定要教大家。教著、教著，後來不就買了這一間講堂嗎？那時想，要供佛菩薩聖像，到底該供誰？我說：「首先供奉釋迦老爸，這個沒有第二句話。第二位對大家最有幫助的是誰？觀世音菩薩！」好，那第三尊要供誰？我就想：「欸！供玄奘吧，因爲我都在講《成唯識論》了，而且這部論很重要，怎麼可以不供玄奘？」那時候《成唯識論》已經講完了，買了九樓講堂，我就說：「那就供玄奘。」

然後與總幹事去到通霄鎮，有姓蕭的三兄弟在雕刻佛像，人家介紹去找他，結果他說：「你得要給我個相片，至少也給我一張畫像吧，不然我要怎麼刻玄奘菩薩呢？」我就說：「啊！這個面容，你可以比照店裡現成的這一尊的模樣來刻。」他又說：「臉解決了，可是身體呢？怎麼擺姿勢啊？」我說：「那簡單，來來來來。」我就椅子上一坐，作出模樣來說：「就這樣子。」（大眾笑…）很簡單，玄奘一定是拿著經典爲那些譯經僧演說。那些譯經僧如果都沒有悟，玄奘可就頭大了！一定要先幫他們開悟，那當然拿著經典，一方面就告訴他們如何、如何、如何。我當時不假思索，然後他就這樣子雕了。當初也沒有想：「玄奘跟我們正覺應該有什麼關係。」都沒有想，那時候還沒有完全回復往世的證量，不知道他和我有什麼關係。

當時破參不久，大概是兩年多、三年不到吧！我就開始講《成唯識論》，因爲我認爲這部論很重要。其實我破參後剛開始也讀不懂，因爲太深。後來我讀了《解深密經》，又爲大眾講了《楞伽經》，然後我又讀了《楞嚴經》。有一天，有人建議：「我們來講《成唯識論》吧，這部論很好，聽說非常好啊！」我不假思索就答應好。可是我後來想：「欸！我以前讀過時不懂啊，那我要怎麼講？」那一念閃過，也沒有多想，然後就忘記了。後來是我同修提醒說：「你再一週就要講了，你都沒有讀讀看。」我說：「再一週喔？」下課回家趕快讀。欸！懂了，懂了！所以我就開始講。

那時我是拿著《大正藏》放在講桌上，就直接這樣講的呢；不是像人家先作了筆記，然後才一字一字講。講完了以後，過一段時間，就買了九樓這個講堂。我就說：「那第三尊應該要供玄奘菩薩。」那時候根本沒有想，什麼事情都沒有想，直接就決定這樣供奉。這就是往世的種子流注，會使我直接去作那個決定。

就好像二〇〇三年他們發動了法難，他們用《成唯識論》來質疑我，結果質疑的內容都證明我說的才對，他們的解釋都錯了！那我就想：「法難後我如果重講《成唯識論》，恐怕還會跟以前講那一遍一樣，很多人會聽不懂，那不然乾脆先來講《瑜伽師地論》。」《瑜伽師地論》講的比較詳細，不像《成唯識論》講的比較概略，所以我決定講《瑜伽師地論》。二〇〇三年開始講，現在二〇一八年，滿十五年了！再加上當年是二月開始講，現在八月了，所以還要再加上六個月，都還沒講完！可是他們發動法難的人呢？聽說他們半年就講完了！不曉得他們怎麼講？光是一個字、一個字唸，半年也唸不完，竟然半年可以講完！我眞服了。

所以《瑜伽師地論》爲什麼會讓我產生興趣來講？因爲我看了這個論的名稱就很喜歡。我沒破參之前，有人告訴我這部論的名稱，我聽了就喜歡。然後過一段時間，在書局看到有線裝的書；是藍色的皮紙，用古時候的方式裝訂的線裝書，有六、七本吧！我買了回家，想要好好去讀，結果讀差不多六、七頁或十來頁就放棄了；因爲那時候還沒有破參，往世的智慧還沒有回來，讀不懂。既然讀不懂，當破參了之後，也沒有想到要講它。後來因爲去中壢看一位高中老師，他是國文老師，我想他也許讀得懂，也想要引發他的善根，就把那一部送給他；所以那一部現在也不在我手裡。到了二〇〇三年開講時，就由會裡出錢買，每一位增上班的同修都送一套，每一本都這麼厚，總共五巨冊。所以禪三拿到我的金剛寶印回來，到增上班時就是領到一箱《瑜伽師地論》。每一次上課，你就把其中一本帶來。現在講到第五本，八十幾卷了。

為什麼我會想要講這部論？因為這也是「**如是比經**」的一部分，因為它專門談大乘法；既是講大法，就是如來藏妙義，所以我才會開始講。那麼從二〇〇三年初講這部論，到現在十五年多了，希望十八年之內把它講完，咱們《成唯識論》又要重新開課。《成唯識論》也歸類於「**如是比經**」之中，我認為到時候重講《成唯識論》時，應該增上班大部分人就可以聽懂了，因為《瑜伽師地論》那麼詳細都講完了，所以我希望未來講《成唯識論》時三年可以講完；這是我的希望，因為那部論只有十卷，但《瑜伽師地論》有一百卷。如果我像《瑜伽師地論》那樣講的話，那十卷大約講三年，《瑜伽師地論》就得要講三十年；沒有那麼長的命可以講，所以我目前這樣的施設。

那麼將來《成唯識論》重講，希望相當於讓大家把《根本論》重新作一個回顧，作一個精要地整理；這樣可以見樹，也可以見林，這就是我對大家的期待。那麼 如來說：「**如是比經悉從他方來至其所，**」後面加上一句：「**諸**

不了義空相應經於餘處住。」所以在我們各地講堂，找不到那一些單印《阿含經》的經本，或者南洋佛教印的《尼柯耶》；除非我們刻意要收藏，希望有那麼一、兩部可以查資料，否則看不見那一類經典。那一些「空相應經」是不了義經典，就在別的地方安住吧。那表示：你如果爲人安慰，並且解說如是「大法」，來到你身旁的都會是大乘經，都不會是二乘經。這是第二個譬喻。如來又說了第三個譬喻：

「**如是安慰說者所住至方，『此經』常隨；如轉輪聖王所遊之處，諸餘眾生隨順王者，作如是念：『彼王所住，我亦應去。』如是安慰說者所住之處，如是比經亦復常隨。**」凡是爲人解說「大法」如來藏，也安慰大家可以實證，這樣的人所住的地方，不論是哪一個方位、哪一個角落，都是「此經常隨」。譬如說：假使你家財萬貫，那到底有多少錢，自己也沒弄得很清楚，所以你住的地方很大，可能買一戶別墅有好幾公頃的地；那地不會是四四方方的，所以太寬廣的地，不論你在家裡走到什麼地方，不論到哪個庭院的角落，或者是你屋內的角落，隨著你所到之處，這部經也會跟隨你。「此經」是指什麼經？（眾答：如來藏。）答如來藏也行，加個「經」字也行，因爲也能叫作「如來藏經」啊！

「方」就是土地最角落的地方，通常叫作「方」。如果是四方形的地方，當然四個角落是最遠的地方，就叫作「**所住至方**」——從你所住的那個地方，到四個方形的最角落地方那個角，都是有「**此經**」的。那爲什麼說，不論你走到哪裡，「**此經常隨**」呢？誠如諸位剛才講的，此經就是如來藏，又名如來藏經；所以你走到哪裡，祂就跟你到哪裡。現在諸位都不會懷疑這個說法了。

以前第一次聽到我這麼說時，心中一定懷疑：「**眞的嗎？**」我想應該也有人證悟之後，在我第一次講到「**此經**」，說「**此經常隨**」時，我還沒有解釋「**此經**」之前，他一定有個問號：「**我悟了，現在來到講堂，可是我身邊也沒有看見『此經』啊！**」因他沒有意會到「**此經**」講的就是如來藏。那我們已經很多年告訴大家：「**此經就是如來藏。**」那你如果仔細想一想，比如說那些六識論者，也就是密宗的自續派中觀、應成派中觀，或者像釋印順他們那些六識論的應成派中觀，他們根本就不懂「**此經**」是什麼。就算你詳細爲他們說明「**此經**」就是如來藏，他們也不信，一定當場否定說：「**沒有如來藏這個法啦！那是如來安慰眾生而施設的方便，不是眞實說，所以沒有如來藏這個識。」經由這樣否定之後，請問他們心中、他們之所觀察，不論他們走到哪裡，「此經」會不會常隨呢？當然不會！因爲他們根本就看不見！

就好像有人家裡，庭院埋了很多噸的黃金，它有很厚的土蓋著，一兩丈的泥土蓋著，肉眼根本看不見。那如果你跟他說：「你家裡有好多黃金呢！」他一定罵你：「你胡說八道！我家裡根本沒黃金。」因爲他看不見。可是假使你有天眼，你看見了，就告訴他，他也不信的。那麼當他不信的時候，黃金有在他家裡嗎？沒有！他家裡就是沒有黃金。可是如果你一直跟他說明，終於他信了你的話，他就會想：「我家裡埋藏著黃金，一定是有，不然人家不會那麼誠懇地、不斷地跟我講。」有一天他決定要尋找家裡的黃金了，請那個善知識來指導；善知識就告訴他：「你不要挖東邊，也不要挖南邊，你往北邊挖。」他眞的去挖，挖了兩尺、三尺、五尺就說：「唉呀！騙人的，根本就沒有黃金！」人家又跟他講：「你就繼續挖，一定會有。」繼續挖，又挖到六尺、七尺、八尺，還是沒有，「啊！不挖了，騙人的啦！」結果過了一、兩年，善知識又遇見了說：「欸！你現在怎麼還是過這個窮日子？」

他說：「唉！你都騙我，什麼我家有黃金？根本就沒有！」然後善知識去到他家一看：「唉！你挖得還不夠深啦。你繼續再挖，深深地挖！」果然挖到兩丈時，終於有黃金！這時候，他不管什麼時候都會知道：「我家裡果然有黃金。」可是他沒有挖到之前，或是他不信之前，哪裡有黃金？就是這個道理。所以「安慰說者所住至方，此經常隨」，這是眞的啊！

所以當你證悟之後，公司派你去歐洲出差、去美洲出差，不管到哪裡出差，都是「此經常隨」。並且你都不擔心祂會遺失，連看都不看祂一眼。那就好比轉輪聖王所遊行的地方，其他的眾生如果願意隨順於轉輪聖王的話，他會這樣想：「那位轉輪聖王所住的地方，我也應該去那裡跟他同住。」這並不是大乘經才這麼講，《阿含經》中也有講過這樣一個典故。說有個古城，那個古城以前是轉輪聖王所住之處，後來荒廢了，長滿了樹木雜草，沒人能到，大家也都不知道那個地方。後來有個人爲了某一個原因，往樹林裡面去，偶然發現到有個古人所行之路；然後順著古路，他就尋找到古城了，也找到以前的國王所依的宮殿；既然有古路，一定有古城，所以他就去尋找，果然找到了，那就很好走了。

於是他回來就跟國王報告：「有個古城，就在那裡，古仙人轉輪聖王所住的。」那古城就譬喻古仙人所住處，他向國王稟明後，國王聽信了，然後派人去勘查，果然如此，於是國王就遷都了。那麼發現那條路的人，就說他發現了古仙人道：古仙人所走的路。這時候，古仙人譬喻什麼人呢——諸佛如來。所以諸佛如來就這樣子，循著這一條路到達了解脫的古城，這一條路就叫作「古仙人道」。告訴眾生說：「循著這一條路，就可以進入如來的古城。」《阿含經》也有這樣講，這裡也講了這個譬喻說：「彼王所住，我亦應去。」

就像是這個道理一樣，所以爲人家安慰演說勝妙「大法」的人，他所住的地方，這一類的經典也同樣會永遠追隨著他。所以諸位這裡又學到一個法：爲眾生「安慰演說」「大法」。那你如果常常爲眾生「安慰演說」「大法」，除了演說還要安慰他，說這個法是可以實證的。那這樣就會有其他的因緣——有許多大乘經典一直來到你身邊。就好像諸位每週二來聽我講經，我作了安慰說，那諸位聽了也會輾轉爲人演說；隨著你所知道的內容有多少，就爲人講多少。那你對於這個「大法」越來越有興趣，每週二必到。那麼每週二正覺講堂講經，一定講大乘經；等到一部經講完了，又會有另一部經開講，所以新的這部經也會來到你的手裡，因爲我們一向都這樣，經本就印給諸位了。

但這經本從哪裡來的？從印刷廠印的，紙張從別的地方來的，工人也從別的地方來；但我們付了錢，委託他們印，他們印好了就來到你們手裡了，這就是 世尊說的這樣：「**如是比經亦復常隨。**」所以你們如果聽我講經，從一開始就聽我講《楞伽經》，到現在家裡應該差不多有超過十部經了，這叫作「**如是比經亦復常隨**」，這是第三個好處。所以說要學著爲人「**安慰演說**」。

這裡我要附帶講一件事，最近這兩、三年，常常有人打電話去出版社，問什麼時候要講《阿含經》？我心裡面都想：遙遙無期！因爲我要講的大乘經太多了，都還沒有講完，什麼時候能輪到《阿含經》？搞不好，下一世再講吧，因爲大乘經太多了！好的、精彩的經典不先講，卻先講二乘菩提的法，到時候諸位怕要走掉一半；因爲諸位是菩薩，不是聲聞啊！所以我們盡量想辦法把大乘經典講完，那麼大家在如來藏這個「**大法**」的正見以及悟後產生的正見，見地就會更深、更廣，這樣諸位進步就快。當諸位進步快，我也得到好處，因爲將來成佛就快了；當然諸位也有好處，不是只有我一個人有好處；但我得到的好處最多，因為一大群人跟上來，多棒！如果一個人走在前面，回頭一看，兩個、三個，那走得多沒力氣！道理一定是這樣。

接著 如來又講第四個譬喻：「**如轉輪聖王出於世時，七寶隨出。**」轉輪聖王出現在世間，時間到的時候，七寶就會一一現前了。同樣的道理，「**如是安慰說者出于世間，如是比經亦隨出現**」。諸位可以看看臺灣佛教界（大陸佛教界也一樣），如果咱蕭平實不出來講經、不出來弘法，大乘經裡面說的「**此經**」有誰會講出來？就不會出現了！可是我開始講了以後，並且「**安慰說**」，鼓舞大家來努力；假使這一世智慧不夠，親證有困難，至少把種子種進心田裡去，未來世，經由這一世所修集的福德以及正見，下一世就可以證悟了，那也不遲！因此應該說，只要能夠為人安慰演說，有這樣的善知識出現在世間，這一類經典就會不斷地出現。所以我們講了什麼經，人家就開始跟著講；往往我還沒講到三分之一，人家都已經講完了，都是這樣啊！所以你看我講《法華經》，我才講開場白、第一品還沒講完，後山那比丘尼已經講完了整部經。對呀！但是最少這一部經也流傳出來了，這也不錯啊。

所以我們每次講了什麼經，就會有人追隨去講什麼經。以前我們決定要講《楞嚴經》，有些人說《楞嚴經》不是偽經嗎？等到我講了，大家知道說：「喔！這部經這麼勝妙！」結果就開始有人講《楞嚴經》了。我前幾天吃飯的時候，宗教臺一打開看，那是什麼比丘，忘記他的名字了，他也在講《楞嚴經》。我說：「如果他聰明的話，拿我的講記照本宣科，功德也很大。」就看他聰明、不聰明。但我沒看他講什麼，我只看到他講的是《楞嚴經》，那就夠了，表示不會有人再來否定這一部經了。那麼這一類的經典不斷地出現是好事，所以我們不要去苛責人家說：「那部經他怎麼能懂？」不用這樣講，一定要隨喜，隨喜就有功德。至少他願意講，那就是一件好事；他的善根——在大乘法中的善根，就從這裡開始。那他的信眾們、徒弟們，也跟著從他現在開始，發起對大乘法的善根，這也非常好。

接著來講第五個譬喻：「如轉輪聖王所有七寶，若失一寶，彼王尋求，必至寶所。」轉輪聖王就是有這樣的功德。他的七寶如果有哪一寶不見了，那他去尋找之後一定會找到，除非他放棄；只要他去尋找，一定會找到。如果他找不到，最後一個辦法很簡單，就告訴他的輪寶：「帶我去找那個失去的寶貝。」那輪寶就會在前引導，輪寶一直都是浮在虛空作前導。有沒有聯想到飛碟？但輪寶不是飛碟，要先說清楚；它是圓形的，而且會放光；它會在前面飛行，然後轉輪聖王跟在後面去，就一定會找到，這叫作「**彼王尋求，必至寶所**」。

就像是這個道理一樣，「**安慰說者**」爲了聽聞此經，處處去尋求，最後一定要到達這一部經的所在。這在講誰？（眾答：如來藏。）我問的是：「**這在講誰呀？**」就是你們！欸！老是崇他抑己——壓抑自己，一直推崇如來藏。你爲了聽聞此經，一定處處尋求；有的人甚至於走過十幾、二十幾個道場，每到一個地方就想方設法去問：「**我想要開悟，師父您能幫我嗎？**」那大部分都被師父趕出去，要不然就罵他：「**不要癡心妄想！都什麼時代了，你還想要開悟？**」大部分是這樣的，然而這十年來不會了。

那麼諸位逛過一些道場，一直尋求如何可以實證佛法。以前老是抱怨：「**三藏十二部經，浩如煙海，無從下手。**」對吧？以前都是這樣。不是諸位抱怨而已，很多善知識也都這麼講，然後聽說：「**嘿！臺灣有人能幫人開悟，咱們住在臺灣，爲什麼不去尋找？**」就一處一處尋找。有的找到中台山，有的找法鼓山，有的找靈鷲山、千佛山，還有甚麼山？佛光山；聽說那裡有開悟的人，結果被印證了以後，回到家裡，《景德傳燈錄》依舊是《景德傳燈錄》，跟自己無關，多喪氣！後來想：「這不對，我要另外再找別的地方。」後來聽說有現代禪，不錯欸！趕快去！被印證了之後呢，結果後來又出了個正覺：「雖然正覺出來弘法，都沒有講我們現代禪不對，應該還算是吧？」於是就繼續安單。沒想到李老師捨壽的時候，廣寄各道場，說那個悟是錯誤的。既然是這樣，就只剩下一個正覺了。「好，我就去正覺！」眞是「處處尋求，要至經所」，現在不就來到「此經」中了嗎？

就是這樣，因爲你一直爲眾生安慰宣說。那如果發覺人家幫助你證悟的內涵是不對的，你就會放棄，另外再尋求；沒有尋求到「此經」的時候，你就繼續尋求，一定會努力地再去探問、再去尋求，一定要到達「此經」的所在。那現在要問諸位了，你們處處尋求，終於來到正覺，請問：「有沒有到達此經了？」爲何答得這麼心虛？心虛不對！應該要很有信心。千萬不要心裡面想：「我又還沒有找到『此經』，怎麼說我到了『此經』？」但是到達「此經」是有不同層面的，如來當然已經到達「此經」，諸菩薩也是到達「此經」，包括三賢位的菩薩也到達「此經」，可是也許有人想：「我知道我是三賢菩薩，不離三賢位，可是我還沒有證悟啊！你怎麼說我到達『此經』了？」因爲你心裡面的「信」具足，聽我講了很多，我常說：「其實你都住在『此經』裡面。」你信了。有時候也向增上班的同修們請問：「欸！你眞的住在『此經』中嗎？」他們一定會告訴你：「我眞的住在『此經』中，你也一樣住在『此經』中。」那你既然這樣信了，你就知道：「原來『此經』跟我在一起，那我就是到『此經』了。」只是有沒有辦法證實而已，實際上你已經到了。

所以有時候，有的僧人千辛萬苦行腳，終於找到一位善知識了，開口問哪：「如何是佛？」禪師當面跟他回答：「如何不是？」就是說你已經到了！就好像是周金剛（就是德山宣鑑）他去見潙山靈祐，潙山無語，示其涅槃心，他雖然已悟，仍然體會不了，卻以爲善知識無法，便說：「無也！無也！」然而此前他參訪龍潭崇信禪師，到了方丈室，沒想到龍潭禪師跟他講：「子親到龍潭。」因爲他先講了大話說：「久嚮龍潭，沒想到我來到龍潭之後，潭也不見，龍也不現。」沒想到龍潭崇信從屏風後引身而出，跟他講：「你親到龍潭。」這一下，他才醒覺：「啊！這一定有道理。說我已經親到龍潭，可是我沒看見龍潭啊！龍潭禪師竟然說我親到龍潭。」所以才留下來請問佛法。這時候心降伏了，龍潭禪師才為他說一堆的法，最後終於用教外別傳的機鋒幫他證悟。一定要先信，要先信自己眞的到「**此經**」了，將來就有機會把自己揹著的那部經找出來。找出來以後，大腿一拍，原來是「**此經**」揹著我到處跑，是這樣啊！從此以後，說話不顚倒。

但是不顚倒，爲人說法的時候，人家都說他說話顚倒，就是這樣。所以我剛出來弘法，都被罵邪魔外道。其實我說的是如實不顚倒，可是對那些大法師、大居士們而言，我說的都跟他們的所知顚倒；因爲他們每一天倒著看我，就說我顚倒。哪天有機會，我把他抓了，將他身子反過來，他就會說我不顚倒了。所以一定要信有「**此經**」，也一定要信自己有朝一日能證「**此經**」，有這個信才會努力精進去尋求。所以，該學的正知見趕快學好，該練的功夫趕快練好，該具備的參禪知見趕快具備，剩下的就是背後支撐你證悟的福德。那個福德趕快把它修起來，也就是打地基；地基打好了，房子要蓋起來，只不過按部就班罷了，不會有什麼困難。這樣整個過程就叫作「**處處尋求，要至經所**」；什麼時候到？破參時就到了。接著 世尊又如何開示？

經文：【「復次，如轉輪聖王不出世時，諸餘小王、力轉輪王，和合諸王各現於世。如是，諸方無人演說此深經處，餘雜說者說諸雜經，所謂正、不正雜經，彼諸眾生亦如是隨學。彼隨學時，聞此如來藏如來常住究竟深經，心生疑惑；於安慰說者生恚害心，輕賤嗤笑，不生愛念，罵辱、不忍，作如是說：『此將文筆，魔之所說。』謂為毀法，悉棄捨去，各還本處，更相破壞，犯戒邪見，終不能得如是比經。所以者何？安慰說者所住之處，此經隨住故。」】

語譯：【世尊又開示說：「接下來還有別的理由來證明，猶如轉輪聖王不出現於世間的時候，其他的小王、以及有力的轉輪王，和合了諸王各個都出現在世間。就像這個道理，諸方沒有人演說這一部深妙經典的地方，其餘雜說的人就來演說各種雜經；這就是說，他們講的是正確的、或者不正確的雜經，而那一些各類的眾生們，也就像這樣子追隨而學習。他們追隨而學習時，聽聞到這一部如來藏常住的究竟深妙經典，心裡面生起了疑惑；對於安慰演說這一部如來藏大法的人，生起了瞋心以及想要加以謀害的心；就對這個安慰說法的人輕視，並且認為是下賤的人而加以嗤笑，一點都不生起愛念之心，加以毀罵、羞辱而心中不能接受他，就這樣子說：『這一些所謂大乘大法的經典，只不過是文字上、筆墨上寫一寫罷了，沒有眞實法可說，其實全都是魔所說的。』他們都指稱說，爲大眾安慰演說這大乘大法的人，其實是在毀壞正法，全部都捨棄了這個善知識而離去，各個回到他們本來所住的地方，大家互相一次又一次來破壞這個大法；他們因此就犯了菩薩戒，也產生了各種的邪見，不論怎麼樣努力修學，終究不可能得到像這一類大法經典。爲何這樣說呢？因爲凡是安慰眾生演說這個大法的人所住的地方，此經才會隨著他而安住的緣故。」】

釋義：這一段經文倒像在說我們正覺弘法的過程。轉輪聖王如果不出現在世間的時候，也就是說：金輪王如果不出現在世間，其餘的小王，也就是人間各國的國王以及有力的轉輪王，也許銀輪王、也許銅輪王、也許鐵輪王，會出來和合諸王。換言之，轉輪王如果出世只會有一位，不會有四種同時全部出現；如果有銀輪王出現，金輪王、銅輪王、鐵輪王就不會出現；所以這裡講的「力轉輪王」，應該把他定義作「鐵輪王」，因爲鐵輪王是要興兵征伐的，讓人家看起來很有力量。那銅輪王、銀輪王又不一樣；銅輪王出兵不必打仗，他只要兵到了，威嚇對方，然後爲對方作一些宣講，作了許多宣誓，那個國家就會降服。若是銀輪王都不用講什麼，他只要把四種兵由銀輪帶著一起到達，各國就降服，都不用講話。那金輪王是不管到哪裡，大家都歡喜來歸順，見了就很歡喜，就來歸順。這四個層次不同。那「力轉輪王」通常就是要殺伐、打仗，然後戰勝了，各國歸順。是要這樣，所以其餘的許多小王，遇到力轉輪王時就會跟各國國王和合起來，等於就是統一爲一個首領之下；大家都接受那個「鐵輪王」的勸導，以正法治化人間，這樣各各出現於世。

可是這時候會有好的正法嗎？只會有世間的正法；金輪王爲大眾演說佛法，那個狀況是不會出現的。就像是這個道理，諸方沒有人在演說這一部深經的地方，也就是沒有人演說如來藏妙法的地方，其餘雜說的人，就會演說各種雜經。諸位也許不太理解這個道理，簡單說明一下。譬如佛法還沒有到人間之前，有許多外道在講所謂的羅漢法或者成佛的法，但都不正確，其實都是外道的「雜經」，不是佛經；因爲他們講的都是想像的，而且是錯誤的。是說他們想要達到的目標是正確的，但是所講、所修、所證的內容是錯誤的。

譬如說，如來還沒有示現在人間之前，印度很多人講經，比如《吠陀經》

等一類的經典很多，那都叫作雜經，那麼 如來示現在人間以後才有深經。但 如來八相成道示現入滅後，這一種「大法」的深經，漸漸失傳了，沒有人繼續宣講了！譬如說，南傳佛法到西元五世紀開始，就沒有眞正的阿羅漢了，阿羅漢的解脫法已經失傳了，就有許多人講一些類似外道的經典，全都落入意識境界中而自稱是阿羅漢，那也叫作雜經。

再從大乘法來講，如果有人弘揚二乘法的經典，那也叫作雜經。譬如說，我們正覺開始弘法之前，臺灣有許多人在講經。講什麼經？講的也是雜經。有誰好好把《楞嚴經》請來講，《法華經》、《維摩詰經》、《勝鬘經》請出來講的？沒有！頂多作科判。所以咱們講《法華經》以後，也有人不久就跟著講，聽說三個晚上就講完了，就是把《法華經》的科判講一講，那對眾生有多少利益？「科判」是應該講給證悟後的人聽，讓證悟者對「十二分教」有一個全面的瞭解；科判是應該講給這樣的人聽的，講給凡夫聽幹嘛？

同樣的道理，這部深經還沒有出現之前，其餘作各種雜說的人，就演說各種雜經。好像臺灣我們開始弘法之前，很多道場在講經；也許他們講的那個經典的名稱叫作《法華經》、《如來藏經》、《解深密經》……等，可是他們講的內容依舊是「雜經」，而完全不是這個「大法」，因為他們是把意識套上去說，套上去說了以後就變成意識的境界，那叫作雜法，全然不是「大法」了！所以他們講的就是「雜經」。

那麼雜經就區分為兩種，有「正雜經」，也有「不正雜經」。什麼叫正雜經？譬如說，有人喜歡講《四十二章經》。《四十二章經》講的是什麼內容？告訴你修學佛法的要領，可是裡面沒有跟你講佛法。又像阿含部有那麼多經典，其中有眞正講到解脫道的經典，但是也有講到跟解脫道無關的，那叫作雜藏。所以《阿含經》有明文記載說：這四大部阿含結集完成的時候，有經藏、律藏、雜藏了。對吧？這是有明講的。把那些雜藏的經典取出來講，那就是講「正雜經」。在我們弘法之前，也有「不正雜經」；所以有的人拿密教部的，除了《楞嚴經》那部眞正密經以外，其餘的都是把密宗創造的假經典拿來講，那叫作「不正雜經」。

最近大陸不是鬧了一件風波嗎？中國佛協會長釋學誠，他跟寺裡比丘尼那個微信的往來，你們有很多人看過了喔？雖然官方網路把它的內容封殺了，但私下裡大家還是會寄來寄去，那看來像不像色情小說？像！可是學誠的作為是有根據的，他是根據《廣論》講的「事師法」在調教他座下的比丘尼，教導她們依照密宗的觀念與方法奉事師父。所以他不是沒根據，他有根據；只是所根據的經論叫作「**不正雜經**」，就是密宗的外道法。在學密的道場出家了，那堂頭和尚說一不二，大家都不能懷疑的，要完全信受；他想要幹什麼，弟子就得全部配合，就是這樣。問題是那些比丘尼們還沒有辦法配合，雖然說學誠是在調教她們，讓她們完全配合，密法的實證過程才能完成。但實證的過程要在哪裡修？在床上修！所以說學誠的作為是有根據的，不是沒根據，只是那個根據叫作「邪法」，連「**不正雜經**」都還談不上！如今「**正、不正雜經**」咱們今天講了，諸位就明白了。我們今天也只能講到這裡。

《大法鼓經》今天是第三十二講，希望第五十講可以講完，就可以講那部很精彩的《不退轉法輪經》。好像在放映電影預告片，讓大家期待一下。

我們上週講到二十二頁最後一行第一句「**所謂正、不正雜經**」。那麼這個「**正、不正雜經**」，就比如說：以前大家可能被電影影響吧，對於《四十二章經》好像很有興趣。但大家有沒有去觀察一下，《四十二章經》講的是什麼內容？它屬於根本的經典，還是屬於雜經？或者說它屬於經藏還是雜藏？它屬於雜藏！裡面講的是什麼內容？是助道之法。比如說彈琴，琴弦不要太緊、不要太鬆等。你們讀過的，它講的是「助道」之法，是幫助你修道的法。換句話說，修道如果修不好，就常常請出來讀一讀，告訴我們說：「**不能精進得太過火，不然維持不久；那麼如果懈怠呢，也不能有所實證。**」所以要像琴弦一樣，不鬆不緊，或者不緩不急。那麼那就屬於「**雜藏**」，不是屬於經藏。

但不論經藏或雜藏，都有正經也有不正經。那些「**不正經**」你要不要讀？絕對不要！沒有人會說要。那些**不正經**跟**雜經**，說好聽一點叫作大異其趣；說難聽一點叫南轅北轍，也就是完全不是同一個脈絡，背道而馳，比如大小乘諸經與密宗喇嘛教的僞經成爲對比一般。雜藏就不提了，就說經藏，比如說同屬密教部，《大佛頂如來密因修證了義諸菩薩萬行首楞嚴經》，是密教部的經典，專講了義法的祕密，這叫作正經；同於密教部，如果是《大日經》又名《大毘盧遮那成佛神變加持經》，或是《金剛頂一切如來眞實攝大乘現證大教王經》，或如《佛說一切如來眞實攝大乘現證三昧大教王經》、《蘇悉地經》等，都叫作「**不正經**」，也就是僞經，千萬別修學。

僞經修起來人家都不認同，正經修起來大家都佩服，所以臺灣有一句罵人的話說：「你這個人不正經！」你們內地有沒有罵人家這一句話？有！說：「你不正經！」以前老人家罵人「不正經」，指的是什麼人？就是搞密宗的那些人叫作「不正經」，因爲他們搞的不是正經，是僞經。那麼「雜經」也有正經與不正經，都是一樣的道理。所以不要看著說：「欸！這是《大正藏》裡面有收錄的，這是《龍藏》裡有收錄的，那大概就是沒錯了！」那可不一定！因爲編輯《大藏經》的人，不一定是有慧眼、法眼的人，他們連慧眼都沒有，所以就亂編一氣。因此不要看到是《大藏經》裡面的經典，然後看著喜歡，就如法炮製，炮製出來就跟它一樣邪了。不是跟眞正的藥一樣，有的藥一定要……比如生地要作成熟地，得要九蒸九曬；又譬如丹砂要製成紅丹，得要九轉九漂，或者說是九飛，製成的藥才能吃。意思是說，你這個炮製的過程即使如實做好了，但是要先看根本是什麼？根本如果是「正經」，你如法炮製的結果，就是在佛道上一步一步前進，就像諸佛菩薩一樣；如果所根據的是「不正經」，那你如法炮製，就是跟天魔子孫一模一樣。所以不能看到《大藏經》中有什麼，就如法炮製，一定要有揀擇。

所以當年我訂購《大正藏》，那每一箱來了，我就把每一冊的目錄先讀一讀。讀到了密教部時，我也有點好奇，密教部到底有些什麼？看到《大佛頂如來密因修證了義諸菩薩萬行首楞嚴經》，我說：「欸！這個好！」然後又看到《大毘盧遮那成佛神變加持經》、《金剛頂一切如來眞實攝大乘現證大教王經》，還有《大聖歡喜雙身大自在天毘那夜迦王歸依念誦供養法》，想都不用想就知道是修雙身法的邪經、不正經，一看就說：「哇！完蛋了！這是外道的邪法。」也收進《大藏經》中。那時我還沒有破參，一看就知道。這意思是說，你要有揀擇，不能照單全收；照單全收，被誤導了，道業就完蛋了。

譬如說，現在 CBETA 電子佛典，他們把《菩提道次第廣論》，以及《密宗道次第廣論》都收納進去，很多的後代凡夫論師亂寫的東西，也都收進去，主要就是密宗外道法。他們把《密宗道次第廣論》也收進去，好極了！他們是搬石頭砸自己的腳，證明我們說的都是事實，沒有打誑語，沒有籠罩眾生。但他們大概也認爲，反正眾生也讀不懂。但人家有慧眼、有法眼的善知識解釋了以後，大家就讀懂了。所以那一些叫作「不正經」，不正確的經典就是「不正經」。

又譬如古時，可能是明末清初吧，一貫道也僞造經典，他們創造了一部《天地八陽神咒經》，跟密宗的《八陽神咒經》混在一起，讓人家很容易誤會；那也是「不正經」，所以裡面的假佛還會拆中國字。由此證明「不正經」是非常多的，學佛人一定要有擇法眼，不能照單全收，否則被人家誤導了都還不知道。被誤導以後，把「正經」說爲「不正經」，把「不正經」說爲「正經」，就會跟著密宗走上岔路去，死後淪墜三惡道，報完了以後再回來人間，不知是何年何月啊！應該說不知是哪一「劫」了！因爲那是罪極重的破法大惡業，是要下無間地獄的。那裡的一天等於人間多久呢？越往下的時間越長；等到那邊果報受完了，回到人間，結果竟然連得個順忍都辦不到，很可憐的！所以「正經」與「不正經」，正確的雜經與不正確的雜經，都應該分辨清楚；不正確的雜經說的雖然也是助道之法，卻是幫助人們走上岔路；正確的雜經是助道之法，但是會幫助你走上正路，所以這一定要分清。

那麼回到經文來說，諸方沒有人演說這一部深經的地方，其餘雜說的人就演說各種的雜經。這些雜經裡面有正經與不正經兩種，所以眞正的經典有「正經」與僞經。雜經也有「正經」與「不正經」，比如《四十二章經》叫作正經，如果像《菩提道次第廣論》這一類，密宗創造的那一些前行方便的所謂的經典，都叫作不正雜經，那麼修那一些東西都是浪費生命。比如說，密經裡面教你什麼金剛遊戲，說要以這個金剛遊戲供養 如來，那是在誤導眾生，因爲諸阿羅漢都已經是離欲的了，何況入地之後的離欲，再修行二大阿僧祇劫成就的諸佛如來，怎麼會落入男女欲中？眞是可笑！

這些外道法如果信受了，那就是中了雜毒，將來一定會走上岔路去；如果你懂得什麼是正經，就不會有問題。但一般人沒有這個能力，通常都是從正的雜經以及不正的雜經開始學起，這個時候就要小心了。就像《菩提道次第廣論》講的所謂三士道，那就是不正的雜論，它連經或論都算不上，因爲都是外道的邪見與邪修。所以這要看個人的因緣，因緣不好的人，遇到的都是不正的：經也不正，雜藏的經典也是不正的雜經，論也是不正的外道論。這是因爲當代沒有人在解說「**此經**」，才會導致這些正與不正的雜經或外道經論繼續有人演說。可是如果當代有善知識開始演說「**此經**」，「**此經**」是什麼經呢？（眾答：如來藏。）欸！就是如來藏。那麼善知識演說「**此經**」的時候，其餘的雜經就會漸漸地消失，因爲大家都會研究及比對，就會遠離外道經論。當這些雜經開始消失以後，跟著不正的雜經也會消失，就是外道經也會跟著消失，因爲大家開始有正知正見了。

但是如果沒有善知識出世，「彼諸眾生亦如是隨學」，所以我們正覺還沒有弘法之前，大家在學什麼？欸！一句閩南話說：「學的都是阿里不達。」「阿里不達」是指什麼？密宗的那個佛叫作「阿里不達」。其實本來「阿里不達」是一個很好的詞兒，說的是本初佛。本初佛有兩個意義，第一個意義是說：一切佛的本源，就是如來藏，只有第八識才叫作本初佛。那另外一個意涵是說：無始劫來，誰最早成佛的那一尊，名爲本初佛。結果他們創了個雙身法的假佛，說那佛的名字叫作「阿里不達」，他來冒充本初佛；因爲他們認爲雙身法的實行可以產生生命，就像世間人繁衍後代一樣，有生命出生就會有佛，所以當他們修雙身法的時候，那個男人就叫作本初佛，於是創造出一尊普賢王如來，恆時抱著女人領受淫樂。

本初佛可以這樣解釋嗎？眞難想像喔！但他們就是這樣講的呀！更難信的是竟然有人會信！諸位別笑！眞的如此啊！因爲眾生沒有擇法眼，所以諸方所謂的善知識講什麼經、說什麼法，眾生就這樣子跟著他們、隨著他們而學。學的對與錯，走的是正道或歧途，眾生分不清楚的，就傻傻地跟著亂學，所以 如來說：「彼諸眾生亦如是隨學。」諸位看看，我們正覺出來弘法之前，臺灣佛教界、大陸佛教界不都是這樣嗎？那大陸佛教界現在也還沒怎麼扭轉過來，因為他們控制著網路，而我們在大陸被各省佛協及中國佛協抵制，無法把正法推廣出去。但我們在臺灣是已經扭轉過來了，所以現在臺灣沒有人敢再說：「我們是禪、淨、密三修。」現在「密」縱然還有在修，只是暗地裡修，嘴上也不敢講。可是大陸佛教界如今還在暗行密宗的雙身法，大陸很多大法師都還這麼作。

所以最近不是出現了一個大新聞嗎？中佛協的會長學誠法師，不是就被政治的最高層要求他：「回到你的龍泉寺去吧！」指定一個小寺院讓他在那邊懺悔，叫他要懺悔終生。那是很沒面子的事！誰沒面子呢？是任用他的人。其實說穿了，他們是一個利益群體。所以學誠上來當會長，影響了網信辦以及更高層，全面封殺了正覺。但是他學密法，密法不會只在嘴上學吧？他總要付諸實行啊！所以付諸實行後，他一個出家人總不能去逛妓院吧？要不然會像釋永信一樣，被人家狗仔拍了照，在週刊或媒體上登了出來，不就完了嗎？那他要付諸實行，要實行《廣論》而修無上瑜伽，所需要的明妃要從哪裡來？當然，他眼裡看到的就是座下好多比丘尼。

所以，如果有看到他的兩位弟子舉發出來的那九十幾頁的內容，你都無法想像說，一個大和尚會跟比丘尼講那個話，真的無法想像！那個是色情小說等級的，所以有很多人罵開來。但其實不用罵，他是遵照密宗的「事師法」在教導他的比丘尼們。他是有根據的，過不在他，過在外道密宗！他只是依照密宗的「事師法」教導這些比丘尼們，一步一步教導。先口頭上教導，教導行了，然後才能夠上床合修「無上瑜伽」。他是有根據的，不是他自己本性那樣，而是因為他走上了密宗的路，既然信了，就要實修，企圖成佛。就像諸位來到正覺，信有如來藏，那你就要實際上去修，去求證如來藏，道理是一樣的。

所以學誠法師信密宗，當然就要付諸實行，不能光說不練。可是明妃要從哪裡來？沒有明妃，他怎麼修無上瑜伽？於是他就開始用「事師法」，一步一步教導那些比丘尼們。所以罪惡不在他，而在密宗的密法。對於他，我倒是有一絲憐憫，能當上中佛協的會長，算是中國佛教界最高的地位；官方就不提，當然有人管著中佛協，那就不談。但是他就壞在修密宗的密法上面，因爲他想要實修，既要實修就得要多一些比丘尼來作明妃呀！要不然，每次實修同一個比丘尼，今天看著也是她，明天看著也還是她，又有好多比丘尼也很漂亮，他看著怎麼辦？

你可不能夠說：「**他也未免太貪吧？**」不能這樣講，因爲密宗，譬如宗喀巴教的：「**就是要越貪越好。**」所以達賴喇嘛奉行宗喀巴的教導，全球各國都去走，一天到晚嘴裡都說要博愛、博愛，因爲要愛盡每一個女人，但是老的、醜的除外（大眾笑…）。所以他講博愛，可是大家不知道他講博愛的意思是什麼？只有他們裡面的人才知道，加上外面這個蕭平實。這是事實啊！所以學誠的行爲是有根據的，有所本，不是他自己創造的。

因此怎麼樣救眾生趕快離開密法，回歸到佛教裡眞正的密法如來藏，才是眞正重要的事。因爲如來藏才是眞密，是十方三世一切法界裡面的最大祕密。密宗那個密法是不可以告人，所以叫祕密。本來《密宗道次第廣論》是必須要經過慧灌以後才能傳的，但現在不是，現在連 CBETA 都把它放進去了，都可以公開了！那三十年前呢，是有人開始把它公開地印行流通，所以密法現在就被公開了。但那不是佛法中眞正的密，眞正的密法是絕對不可公開的，是十方法界的大祕密，就是眾生之所從來；就是我們在《佛藏經》講的無分別法、無名相法，就是第八識如來藏。

所以密宗那個密是因爲不可告人，所以稱爲密；但學誠算是個倒楣的人，他誤信了，所以今天身敗名裂。但是中國佛教裡只有一個學誠在學密嗎？遠遠不止。中佛協的會長，弄個不好，還會選上殺人犯當會長呢！我這不是危言聳聽，但那是另一回事，咱們不談它，只說學誠是個倒楣的人；但只有他一個人倒楣嗎？不！大陸百分之九十的寺院都暗中在修密法。當他們修密法時會宗奉什麼人爲法主？宗喀巴是死人哪！不能當法主了（有人說話，聽不清楚），對！會奉達賴爲法主。那麼奉他爲法主的時候，或者明裡或者暗裡要跟達賴暗通款曲，私下就會有往來；私下往來的結果是支持達賴，還是抵制達賴？（眾答：支持。）一定支持啊！因爲他們是同一條船上的人，就會支持藏獨。可是大陸官方對這一點沒什麼警覺，我們幫著破達賴，結果還把我們趕出大陸！但是大陸佛教界暗地裡是一大群人在運作，學誠只是一個敗露出來的代表。但爲什麼一大群人這樣合夥來影響官方，把正覺驅逐出大陸？因爲我們正法的弘揚會損及他們的名聞利養，也影響他們不好再修雙身法了。

他們預見我們正法弘揚很廣泛的時候，一定會產生抵制外道法的後果，不能接受；所以運作了整個中國佛教界的力量去影響到中央，然後由中央下令網信辦及各地公安局，把我們全部封殺；所以各省各地的公安部也把我們全部驅逐出來，他們一天到晚在講要抵制藏獨，結果所作的事情是在支持藏獨，這就是現在中國佛教界的狀況；但他們官方弄不清楚中國佛教背後的那一些力量是怎麼運作的？也弄不清楚這一些運作的前因後果，只看到表面。這表示：如果沒有善知識出世弘法，大家都不知道眞相，看到的都只是表相；然後妄作評論的人很多，都說你們正覺不對，你們推廣的第八識如來藏是外道神我；於是大家信了，在大陸目前就是這樣。因爲我們無法在大陸發出聲音，我們被網信辦封殺了，就由那些學密的法師去講，說正覺是邪魔外道，由他們去講。但官方目前是不敢講這句話的，因爲如果正覺是邪魔外道，釋迦牟尼佛、觀世音菩薩、文殊菩薩全都是邪魔外道了！因爲同樣是證如來藏啊！官方知道這一點，還算聰明。

這表示，善知識出興於世非常重要。善知識出興於人間開始宣揚正經，包括雜藏的正經都可以宣揚，但主要是在經藏的正經；那麼其餘的雜經就會漸漸遠離，乃至於雜經的不正經會被破斥，然後消失，沒有人再弘傳，所以「安慰說者」出現在人間很重要。當大家都說：「那如來藏是外道神我，不要去學啊！」善知識為大家安慰說明：不要害怕！要學這個法，為什麼要學。這樣眾生就安下心來。你們別說：「眞的有這麼嚴重嗎？」我說眞的有。以前還有人進了同修會，共修了半年以後，又被人家說：「那是邪魔外道，如來藏是外道神我，你趕快離開！」結果他眞的離開了。進了寶山，一大堆的黃金，只因為人家告訴他說：「那個是黃銅，你不要拿，我這邊才是眞金。」結果去那邊呢，都還不是黃銅，而是烏鉛鍍金！但他也信。這叫什麼？福德鮮少！表示他的福德不夠，所以都會遇到惡知識，於是入寶山，空手而回。

有的人還好，被影響離開了以後，過了六、七年，想想不對勁；又去找正覺的書來讀一讀，後來發覺這個法才是眞的，又回來學，然後證悟了。這算是不錯的人，所以有沒有福德很重要。如果沒有福德的話，遇到的都是惡知識，進了寶山，惡知識還告訴他：「那是黑山鬼窟。」然後告訴他：「這才是眞金。」結果只是烏鉛表面鍍一層金，是電鍍的，還不是鎏金；鎏金至少還有表面上一層薄薄的黃金；但它只是電鍍的，薄得可以！所以眾生是沒有擇法眼的，他們只會隨著世間的那一些知識們說什麼，然後就學什麼。

這些人學了不正的、而且是雜經，會怎麼樣呢？如來說了：「**彼隨學時，聞此如來藏如來常住究竟深經，心生疑惑。**」這就是重點！老是懷疑：「**這到底是不是眞正的佛法？**」所以他們學那些不正經，而且是雜藏的不正經，就是外道法仿冒佛法中的雜藏經典，學了以後，邪見非常入心，已經在他們心中根深柢固，不可搖動。後來聽聞到有人宣說這個如來藏的妙法，說：「**如來是常住的，這個法才是究竟的法。**」這樣的深妙經典，他們聽了以後，心中生起疑惑，不能信受，不接受，心中有疑惑，老是懷疑這是惡法，於是對「**於安慰說者生恚害心**」，一定會這樣。

想想看，咱們正覺剛出來弘法，那前十年眞叫作篳路藍縷。因爲一天到晚有學佛的跟附佛法外道的密宗在網路上罵正覺，而他們其中有些人的作意是好的，因爲他們要護法，他們認爲自己的法才是正確的，正覺這個如來藏的法是外道法，他們都是被釋印順誤導了。他們爲了護法，於是出來破斥正覺，這樣的人是最可憐的人，以護法的善心，造下的護法業竟然是破法的大惡業，這是最可憐的人。那誤導他們的釋印順與密宗，當然就是罪魁禍首了。

因此，他們對於安慰宣說這個「如來常住」妙法的人，會生起恚害心，這不是假話。所以十年前，西藏密宗的喇嘛放話到臺灣來說：「蕭平實膽敢來西藏看看，要叫他沒命！」不就是這樣嗎？「於安慰說者生恚害心。」問題是我有沒有機會上西藏？眼看著希望越來越渺茫了。聽說我以前坐的那把椅子還在，聽說帽子、鞋子也還在，大概沒機會去了。哪天有機會我去瞧一瞧，原來是這一把、是這一頂、是這一雙鞋子。但我看了就走，甭說我是誰！因爲都已經過去了。但是我不會爲了旅遊而去西藏，除非我在西藏設立了道場才會去看，否則沒機會去的。他們要殺我，也沒機會！四百年前的故事不會重演啦！因爲我現在住在臺灣。

所以早期有些人爲了護法，心裡面會想：「我要把那個邪說的蕭平實殺掉！」他們這樣想，既然無法眞的殺，就網路上去罵。他們罵的本意是好的，是護法的善心所，然而造的是惡行，所以他們的罪到底重不重？不一定！因爲他們沒有根本罪，他的根本是護法，他們的一切「方便」和「成已」都是罪，但「根本」是善，所以這個罪不是最重的。但如果身為上位的人，譬如密宗說四大派哪一派的法王，讀了我的很多書以後，譬如像達賴讀了很多，有人爲他翻譯，那他讀了很多以後還故意去作抵制正法的事，就表示他的根本罪也成就了，方便、成已也都有了，那就是無間地獄罪。

可是不知內裡的人，不懂內情的人，聽了上面假善知識的言語，誤信了，所以他們上網要護法，誤以爲他學的才是眞正的佛教正法，爲了要護持正法，所以破邪顯正，就上網毀罵蕭平實；或如索達吉、多識仁波切寫書來罵，罵了正覺，那就是根本、方便、成已三罪具足，死後只有一個地方可以去，叫作無間地獄。若是不知內情的人被利用了，沒有根本罪，因爲他們的根本是善心，但方便、成已是惡業，所以不至無間地獄，大約會到餓鬼道去；當然不會是有福鬼、有財鬼，也不是有德鬼，叫作餓鬼，因爲那個成已罪跟方便罪，現成擺在那邊。所以他們對於爲眾生安慰說有如來藏可以實證的善知識，會生起恚害之心，這都是正常的。所以往年他們在網路上面「輕賤嗤笑」，對正覺、對蕭平實「不生愛念」，而且「罵辱、不忍」，這都是正常的事。

那麼，經上說的現在已經眞的出現了，這是事實。他們也常常這麼講：

「此將文筆，魔之所說。」說像這一類用文筆寫出來的文辭，這都是魔所講的內容。所以我們弘法大概在十年之前的那十五年之間，常常被罵邪魔外道，這是正常的事！他們認爲我們出來弘法是在毀法，所以 如來說得很正確：「謂爲毀法。」我們寫出來的書，以前河北柏林禪寺淨慧法師也去收集起來燒；臺灣也有法師收集了燒掉，我就不指名道姓。淨慧後來聰明，他懺悔了！臨命終時交代弟子們：「蕭平實是有證量的，以後都不要再講他了。」那是捨壽前兩、三年的事，說「以後都不要再講他」。捨壽的時候又交代弟子們，不要再把他以前講的所謂開悟的書籍印行，說「不要再印了，全部收起來，不流通。」誤導眾生的罪便輕了，表示他一定有經過懺悔。我聽到這個事情很歡喜，因爲他不必下墮了！

只要懂得懺悔，就不用下墮。所以我們有把握是救了他！我們希望的就是這種事情越來越多，就是得救的人越來越多。以前說：「這是邪魔外道，這是在破壞正法。」但是隨著我們講的層面越來越多，講的深度越來越深，他們發覺無懈可擊；想要拿聖教量來扳倒正覺的法，結果用很多的經，比如正經、正論去比對之後，發覺正覺講的才對，「是以前我們讀不懂，誤會了！

正覺解釋的才正確。」然後開始改變了。所以臺灣如果現在哪個大道場，跟堂頭和尚請求說：「**師父！我想開悟，您幫幫我吧！**」師父一定小聲說：「**那你去正覺，別說我講的！**」

臺灣是這樣，可是大陸呢？我們的聲音傳不過去，我們的書也無法在大陸流通，因爲中佛協透過官方去作了封殺的動作，全面封殺了。所以這種救人的事件，在大陸目前還很難顯現出來，恐怕我們救不了幾個人。但大陸學密的人比臺灣更多，不論法師或居士都一樣；而他們都認爲正覺是毀法，所以這一些人看到我們的書，就是「**謂爲毀法，悉棄捨去**」。都是這樣。

棄捨了以後呢，「**各還本處，更相破壞，犯戒邪見，終不能得如是比經**」。他們互相討論了以後說：「**正覺這個法是邪魔外道，都是在毀法，我們不要跟他們互相走動，要遠離！**」那就回到各自的道場，不斷地去作出許多破壞正法的事。破壞時，他們還當作是在護法。當他們破壞眞實正法的時候，那就是嚴重違犯菩薩戒，因爲他們的認知正是邪見。他們破壞正法時又沒殺人、又沒竊盜、又沒邪淫，怎麼叫作犯戒？然而菩薩十重戒裡面有一條：「**不謗三寶。**」破壞正法就是謗法！那謗法的時候就是謗佛！因爲 佛講的是如來藏正法，佛講的是「**此經**」如來藏。而他說如來藏是外道法，那麼 佛就變成外道了，那他們就是謗佛！

當他們謗法、謗佛的時候，必然要謗勝義僧；因爲「**安慰說者**」能夠爲人家把「**此經**」安慰而說，表示他是實證者；既是實證者，就是大乘法中的賢聖僧，那他們的毀謗也就是謗僧。眞慘喔！謗法就會變成謗佛，而且會加上毀謗勝義僧，這就是嚴重違犯菩薩戒了。那麼這樣犯戒的邪見者，可不可能得到像這一類的經典呢？爲什麼不可能？因爲人家送到他面前了，甚至送到他的房裡或是送到他家裡，他一看見都是說：「**這是謗法的書籍，這是謗法的經典，外道經！**」他都會罵，因爲已經先被邪見所害啊！所以「**終不能得如是比經**」。「**如是比**」就是如是類，就是比對起來屬於同類的，叫作「**如是比**」。但是 如來點出背後的原因：「**所以者何？安慰說者所住之處，此經隨住故。**」

所以你們一定要信有如來藏，一定要相信「**如來藏才是諸佛的本源**」，因爲諸佛之所從來，都從第八識如來藏來。在因地聽說有如來藏，於前佛說有如來藏，信了；信了以後，次第修學，證得如來藏。證如來藏之後，依著如來藏妙義次第進修，最後成佛。那麼這安慰說的人，當然很清楚知道這一點：「**諸佛的本源就是『此經』。**」那他能夠不恐懼被殺害的威脅，繼續為眾生「**安慰說**」，一定是有實證；否則作不到，一定會害怕。不要懷疑這一點，以前，我們最早期的時候，我有指定兩位女眾要出來當老師；但我指定了以後，她們就不告而別（大眾笑…），因為心裡害怕呀！她們想：「**蕭老師一天到晚說這個道場不對、那個道場不對，我如果出來說法，萬一他們找不到蕭老師，找到道場來，把我一刀捅了怎麼辦？**」就不告而別！連跟我說一句「莎喲娜拉」都沒有（大眾笑…），那我也體諒啊！因為她們心量不夠大，那也無所謂。但是如果你能夠「信」而且「解」，並且「通達」了，你根本就不害怕。

所以呢，這一定是實證的人，並且通達了。因此這位「**安慰說者**」所住之處，此經一定永遠跟隨著他，不會離開，所以叫作「住」。「**此經隨住故**」，此經一定跟隨著他，跟他住在一起，諸位一定要信這一點：「**此經**」都跟你在一起。你信嗎？信！就跟你在一起啊！答得好！真的信喔！所以你如果不信呢，「**此經**」在你面前，你也看不見。你如果信了，然後正知正見不斷地建立起來，最後條件具足了，突然一念相應，你就看見「此經」了！然後很篤定地說：「果然『此經隨住』，一天到晚跟著我，那我還有什麼可怕的？」因爲死也死在「此經」裡面啊！如果眞要死了，二十年後又是一條好漢。怕什麼？

女眾也一樣啊！你看那十三太妹多勇猛！根本不怕死，因爲她想：「死後二十年，我又一個十三太妹出現，誰能奈我何？」你們也要這樣想：「此經隨住故。」只要你信，有一天你就會撞見祂；等你撞見了祂以後，可不要說好陌生！更不許害怕。有的人找到如來藏以後會害怕說：「奇怪！我身上怎麼有這個東西？」然後早上在刷牙時對著鏡子說：「唉！好怕人！怎麼有這個東西？」因此後來閉起眼睛不敢看鏡中的自己，眞的會怕。這種事情不是現在才有，古時候就有了。紹卿禪師剛悟的時候，跟他師父說：「紹卿怕怖。」師父就罵他：「是汝自家屋裡底，怕什麼？」才終於承擔下來。我告訴你，等你撞見了祂，你會說：「原來不是祂隨我，是我隨祂。」從此，所見一切相反，相反的卻是眞正的，就是這回事。所以對「此經」產生邪見的話，他就只能隨著諸方的雜說，而且只能在雜藏上面，學的還不是正經，多可憐！所以你如果眞的信了，就不會有這回事。接著 世尊又怎麼開示？我們來恭聆開示：

經文：【「爾時，世間多有眾生見聞摩訶衍經而生誹謗，莫生恐畏。所以者何？五濁世時，正法損減，多有眾生謗摩訶衍。如七家村中必出荼夷尼鬼，如是，『此經』所行之處，七人眾中必有謗者。」】

語譯：【世尊又說了：「到了這樣的時節，世間會有很多的眾生，聽聞到大乘經典而產生了毀謗的事情，這時心中不要生起恐怖和畏懼。爲什麼這樣說呢？到了五濁惡世的年代，正法漸漸地損減了，那時會有很多的眾生毀謗大乘。猶如達到七家的鄉村裡面，必定會出現食香之鬼；就像是這個道理，『此經』所行到之處，七人之眾裡面至少會有一個人出來毀謗。」】

講義：世尊作了預記：「世間有很多眾生，看見或者讀到以及聽聞到大乘經典，就會開始產生毀謗大乘的事情來。」臺灣不就是這樣嗎？日本不就是這樣嗎？大陸也幾乎要全面淪陷在這個邪說裡面。所以大陸政府有一個「部」——中央的部—準備要再印日本人寫的《修剪菩提樹》那本書，那是大約十年前的事了；那當然得要詢問作者，結果那些日本人婉謝了。爲什麼？因爲日本的佛學界、學術界的那一些人都會讀中文，而且他們讀繁體文比讀簡體文讀得更輕鬆。他們難道沒聽到過正覺嗎？難道沒讀過正覺有時候書裡面會評論他們嗎？讀到了以後，衡量一下自己有沒有能力回應？很清楚顯然地知道：自己沒有能力回應。我蕭平實敢講出來，並且印在書中公開流通出去，就不怕他們來質疑呀。我的習慣就是這樣，我評論了臺灣哪個大法師，就把書寄給他；被我評論過的那些大法師們都有收到我寄的書，但日本人我不知道他們的地址（大眾笑…），而且他們在境外，跟我無關，所以我就沒寄了。但是想來會有人留意到我的書，就會買了送給他們。

那時，我們已經弘法十五年了，書籍流通到日本去已經不少了！所以才會有人從日本回到臺灣來學。日本不住了，回來臺灣學法，現在也當上幹部了。那爲什麼松本史朗他們要婉拒？因爲知道自己這個說法講錯了，如果繼續同意大陸官方再印，保不定這蕭平實要寫書來破，到那時顏面掃地。如果只是其他書中稍微講一點，這裡講一點、那裡講一點，也就罷了，如果是爲他們出專書呢？也太給面子了！以後在佛學學術界的地位就一落千丈！所以聰明地婉拒了。

這就是說「大乘非佛說」其實是先從日本提出來的，而日本他們想要否定大乘佛教，有他們背後的原因，是因爲他們的學術界想要脫亞入歐。以前他們依附在亞洲，而亞洲最大的佛法學術就是中國。他們現在要擺脫中國，不要生存在中國的陰影下，想要進入歐洲，跟歐洲人並駕齊驅；因爲歐洲人對佛學不瞭解，他們可以在那邊很自在地顯示自己的地位，所以就開始主張「大乘非佛說」，標新立異。那他們爲什麼不講「小乘非佛說」？因爲那小乘法的弘揚地區是南洋，不是中國，所以他們否定大乘。

但是在臺灣就有個釋印順跟著應和，所以他也主張「大乘非佛說」。然而怪的是，打從正覺專門弘揚大乘法以後，釋印順都不吭聲。然後是我們書出多了以後，日本佛學學術界也跟著不吭聲了，他們也不講說：「你正覺講錯了！」也不講。我倒希望他們可以寫些論文說：「正覺的佛法講錯了。」那我們就有機會了，去日本搞一場，這開疆闢土就師出有名。但人家沒講你，你還故意去那邊說「大乘是佛說」，誰會注意你？你如果有個對象，在日本是很有名的，那你要發表之前，先登個廣告說：「我何時、何地，要破斥什麼人，講的是什麼內容。」到時候就熱鬧了，因為師出有名。可是他們如果都不再印行了呢？那我們應當見好就收，不要逼人太甚。我一向對有善心的人，不管他們以前怎麼樣，只要現在有善心，我就收手；不作出對他們大不利的事，我一向是這樣。以前他們怎麼罵，沒關係！只要現在收手了，我就不破他們。

這就是說，毀謗大乘經典是 如來早就預記的事，他們以前都說：「那大乘經是後代弟子看見有些什麼狀況，所以才把它寫下來，偽稱是如來講的。」可是「大乘非佛說」是什麼時候開始講的？是近代才開始講的啊！但 如來在兩千五百多年前就預記了，難道這部《大法鼓經》也是後代的眾生寫的嗎？一千年前、五百年前的人知道日本人會提出「大乘非佛說」來嗎？不會啊！而且這部經典並非近代才有的，而是古時從印度傳來而被翻譯出來的，所以這是 如來的預記。但是我們看見人家講「大乘非佛說」、毀謗大乘的時候，看見人家毀謗說：「如來是外道法，阿羅漢才是正法。」釋印順書中是這麼講的，他的《妙雲集》裡面就是這麼暗示的。

但我們看見他們這樣講的時候，心中不要生起恐懼，不要害怕！因為這是正常的。所以 如來就講了個譬喻，說那個道理就是這樣的：到了五濁惡世的時候，正法漸漸地損減。「損」就是被損害，「滅」就是勢力微弱了。這時候，會有很多眾生毀謗大乘。「摩訶衍」就是大乘。證之於二十世紀，正是如此，多數人在毀謗大乘！把大乘經誣衊為外道創造的僞經，如來作個譬喻說：「**就好像只有七戶人家的小村莊，就一定會出現食香的鬼。**」鬼有很多種，譬如餓鬼，餓鬼以人類吐的濃痰作為食物，所以人間如果很多人感冒了，他們最喜歡（大眾笑…），別笑！因為眞的不可笑，對他們來講，眞的不可笑！有很多的濃痰，可是他們依舊吃不得。如果沒有誘惑而得不到，還不會覺得很苦，可是很多的美食在眼前吃不到，那才苦啊！因為大家都在搶。然後終於搶到了，送進嘴裡，口一張，餓火中燒；燒出來時濃痰又化成焦炭，食不得！你看他們痛苦不痛苦？

但有的鬼是食香之鬼，不是食濃痰，例如有福鬼，他們以香為食；譬如中陰身就以香為食。諸位不會生到無色界去，也不會下墮無間地獄，所以將來死的時候，一定會有中陰身出現；當子孫祭拜時，中陰身對食物是吃不到的，但可以香為食；因為中陰身又叫作「尋香」，尋找香味的所在，去滋生他的生命，雖然這生命只有七天。那麼這種食香鬼，會尋找香味從哪裡來，然後往那裡去；只要人家伙房裡面炒起菜來，煮起飯來，他們就有香可以吃；有香可以吃，他們得以存活。在臺灣信仰裡面，尤其一貫道最喜歡拜的有個什麼神？在廚房裡面，諸位把他比對一下看看就知道了。

七家村中必出「**荼夷尼鬼**」，因爲如果只有一家，那香味傳遠了時就淡了。如果有七戶人家，大家飲食都在同一個時間，所以炒菜、煮飯都在同一個時間。那以前煮飯、炒菜要生火，生火用柴草，也會有香，福德薄的「**荼夷尼鬼**」就吃那個香；福德或者勢力比較大的「**荼夷尼鬼**」，就吃人家煮好的那些飯菜之香，這叫作食香鬼。因爲有七家，那個香味就夠濃，傳得遠，「**荼夷尼鬼**」就是尋香而來。如果三家、兩家就不一定會有「**荼夷尼鬼**」，因爲那個味道無法傳播很遠。但是講了這個譬喻，就說：就好像七家村中一定會出「**荼夷尼鬼**」一樣，「**此經**」所行走之處，七人的大眾之中，一定會有毀謗大乘的人。如果只有三五人在聽聞「**此經**」，大約不會毀謗；可是如果有七個人的話，聞風而來（七個人算是眾多，不算少數），其中就會有一個毀謗大乘經的人。

所以我們正覺弘法也是一樣的，當我們講念佛法門，批評我們的人非常少。可是我們《無相念佛》出來了，《念佛三昧修學次第》出來了以後呢，把那冊本來是結緣書的七百多頁《禪—悟前與悟後》，改成上下冊的局版書流通了，毀謗就開始出現了，因爲我們講的是「此經」如來藏。書印出去了，讀的人不會只有七個人，所以必有「**荼夷尼鬼**」，一定會有人毀謗。所以當年人家毀謗的時候，我們有的同修很生氣：「**明明我們是正法，爲什麼他們要毀謗成外道？**」我說：「**你別生氣！正因爲你是正法，他才要毀謗。**」如果你跟他們一樣，他就不毀謗了，最多打壓你，說你比我低，我的層次比你高、我的規模比你大、信眾比你多；但是他不會說你的法不對，因爲你跟他一樣是意識。正因爲我們的法和他們不同，他們就會毀謗，這是正常的事，你別生氣！永遠都會是這樣，你氣也不能改變。所以他才算心平氣和。因此聽到人家毀謗說：「**大乘經都不是佛講的。**」你不用恐懼！也不用害怕！你要很清楚地知道：這是正常的事。

但爲什麼會這樣？因爲大乘法不是人人能理解的，也不是人人都能修學的。所以大多數的人讀到大乘的正經時，心中害怕，特別是大法師們。末法時代的大法師們把大乘經典請出來，心裡一面想：「我都開悟了，為什麼讀不懂？」當他們這樣想的時候，有一天人家出來弘揚深妙的大乘經時，就會損及他們的名聞利養。你想：他們那麼大的家業，而你正覺不過一個小小的團體，他們會不會不斷地指控你是邪魔外道？一定會的！因為我們的勢力微不足道。

可是他們後來都後悔了，為什麼？因為他們好像一個壯漢，我們正覺就像一根小小的針，不成比例。可是他們來打擊這一根針，結果呢？受不了啊！打得越厲害，針就越深入刺痛他們，所以後來改變態度。但這是因為臺灣是個自由、開放的場所，言論自由；如果在言論封閉的地方，我們就沒辦法！我們被扼制而發不出聲音。所以，只要「此經所行之處」，字面的意思是說，只要是這個大乘經典第八識正義所發行、流通的地方，七人眾中，一定會有毀謗的人。

同樣的，我也要從「理」上來講。假使一次幫助七個人證悟了，這七個人並沒有經過同修會兩年半的禪淨班，然後進階班再讓他待上好幾年才證悟，而是一來就幫他證悟。這樣的狀況下，他們都找到「此經」了；可是這些人沒有學很多的法，基礎知見都沒有，其中六個人信，一定會有一個人不信。其中六個人爲什麼信？因爲跟著蕭老師繼續學，然後知道說：「欸！蕭老師講的有道理啊！然後我就隨聞入觀，蕭老師講到哪裡，我就觀察到哪裡。啊，果然如此！」他們信。可是七個人裡面，至少會有一個人不信，就會退轉。

所以我們早期的情況，我說他們很幸福，眞的很幸福；若要說是很可憐，也眞的很可憐；爲什麼呢？最早期沒有什麼禪淨班！我講什麼，他們聽什麼。後來才編出來我們現在的講義，再作補充。後來我們資深親教師們又補充，成爲現在豐富的內容，兩年半幾乎教不完。那時我剛開始弘法，我開講法義之前，也就是上課前一個小時，是大家禮佛的時間，要作功夫。作功夫一個小時到了，我再上課講一個鐘頭。所以在大家作功夫的時候，把某甲叫上來，幫他悟入。某甲悟了，再找某乙上來，再幫他悟入。確實太幸福了！是不是？（眾答：是。）是嗎？那你們要不要這個幸福？要喔？不要喔？那個「不」要講大聲一點啦！（大眾笑…）因爲我只聽到「要」。結果呢，我們還繼續上課，這七個人信受正法之中，就是有一個人不信。所以，這一個人後來就開始發動法難，去找一些別人講的外道法，看到有月溪法師的著作；他們依書上印的聯絡方法，聯絡上羅東的自在居士，對方就派了一個人來爲他們講法，說我們正覺錯了，他們才對。

所以那時上課前，好多人私底下是用牛皮紙袋一個一個在那邊傳遞。我們都不清楚他們到底在弄什麼，後來才知道：喔！原來他們在交換月溪法師的著作。結果我說：「**喔！他們喜歡他的東西，所以說我們不對。**」我也開始收集他的書，收集了以後就瞭解月溪法師的落處，還是意識境界。我就用稿紙的背面，因爲稿紙只有寫一面，背面空白，我就來寫月溪法師的錯誤。然後於上課專門講這個，當時叫作「批月集」，批判月溪法師：月溪法師說了什麼，他爲什麼不對？因爲是如何、如何。我就上課公開評論這個。講到一半時，那個主謀者打電話給我同修，講到哭得不成樣子。他希望我同修勸我不要再破月溪法師，我同修說：「**我也沒辦法跟老師講啊！因爲你們都把這個正法否定了。我跟他講有用嗎？他會聽嗎？那是你們逼老師作的，也不是他本意要作的。**」結果我講完後就整理好出版，後來書名改名叫作《護法集》。所以那個時候我都是不觀根器，來了就幫他們悟。然後早悟慧命早死！

就是這樣。

所以七人之眾中，不只一人毀謗，有時甚至大部分人都毀謗。所以有的人寫文章說：「我們同修會要求想要上山打禪三的人，要有福德，要有正知見，要伏除性障，還要有定力……等，否則不能上山打三，這沒道理！」說我們沒道理。意思是：他根本不用在正法上護持，也不用修除性障，更不用有定力；他們只要來參加同修會，我就該讓他們每一個人都上山證悟。那麼這樣讓他們上山，幫他悟了，他們就會成為「七人眾中必有謗者」的那個人（編案：二〇二〇年退轉的琅琊閣、張志成等人正是此類人，應了平實導師的授記）。所以我剛開始時沒有設立求悟的條件，就幫他們證悟，結果是大部人的法身慧命全都死掉了。求悟的條件一定要先設立，就是六度有沒有修好。平等是立足點的平等，不能是齊頭式的平等。人家從地面走到這個山頂了，到了山頂還要再往上，往虛空再進一步，這叫向上一路。然而他們還在山腳下，就想跟山頂上的人一樣要求向上一路，也想要能夠上去，天下沒這個道理啊！

這意思就是說：「即使是成為佛弟子了，但他的根性還不足以承擔這個法時，七人眾中必有謗者。」只要七個人就夠了，其中一定會有一個人出來毀謗大乘法，因爲大乘法太難信受了。如果都把他們鍛鍊好了，各個方面的基礎都很扎實了，那時候幫他悟了就沒事。所以呢，爲大家好，也爲我自己好，就是要等大家基礎都夠了，我們再來幫助證悟。這樣才不會有誰退轉，我也不必再收拾爛攤子，這遠比太過奢侈的放手要好很多。所以 如來說的眞的沒錯。當人們發覺到有「此經」在他們身中，有這一部經跟著他們在運行時；這樣七個人之中，必定會有一個人毀謗此經，因爲那個人的根器還不夠。衡之於我們二十幾年來弘法的過程，也正好證明了這一點，所以 如來是說實語者。那麼 世尊又開示說：

經文：【「迦葉！譬如同戒之人相見歡喜，彼亦如是，各各毀戒，於說法眾中聞是經時，更相瞻視，作戲笑言：『何者眾生界？何者爲常？』瞻彼顏色，作是思惟：『彼是我伴。』更相慈愍。如是作已，守性而住、守性而去。如婆羅門長者種姓，生子習惡，父母訓誡，曾不改悔；捨家而去，隨逐惡友，鬥諸鳥獸，以爲戲樂。如是展轉乃至他國，要結同類共爲非法，是名同行。不樂『此經』者亦復如是，見他誦說而反戲笑，所以者何？爾時眾生並多懈怠，

持戒寬緩，爲法留難，彼諸同行相隨誹謗。」迦葉白佛言：「嗚呼！眞是惡時。」】

語譯：【世尊又開示說：「迦葉！譬如受同樣戒法的人，互相見面的時候心中歡喜；那些毀謗摩訶衍的人也像是這樣，各各都毀犯了戒律，處於說法的大眾之中，聽聞這部經典的時候，互相看顧、互相瞻視，口中以戲笑的口吻說：『什麼才是眾生界？什麼是常呢？』然後互相觀看對方的臉色，這樣子思惟：『他是我的同伴。』然後互相慈愍對待。如此作完了以後，就守住這樣的自性而安住下來，也守住這樣的自性而離去。猶如婆羅門長者種姓，生了兒子都熏習惡法，父母對這個兒子加以訓誡很多次了，但這個兒子從來都不改變和懺悔；捨離了婆羅門的家而離去，追隨著或者相逐於造惡的朋友們，成日裡與鳥獸相鬥的事同在一起而作爲他們的遊戲，心中覺得快樂。就像是這樣子輾轉而行乃至到了其他的國家，同樣邀請和結交同一類的人共同造作非法的事情，說這樣的人即是同行之人。不愛樂『此經』的人也就像是這樣，看見別人在讀誦或者演說摩訶衍經的時候，他們反而以輕蔑的、玩笑的口吻來嘲笑，爲什麼這樣呢？因爲到那個時候的眾生，普遍地大多是懈怠的人，他們持戒很寬又都不精嚴，而且爲正法多所留難，他們那一些造作同

樣行為的人都互相追隨，共同來誹謗大乘經。」摩訶迦葉稟白佛陀說：「唉呀！聽起來眞的很想哭，那眞是惡法的時代呀。」】

講義：世尊說了：「**同戒之人相見歡喜。**」譬如說，同樣受五戒的人，大家互相都知道受了五戒，然後就覺得：「**你是我的同類，因為我們同樣都受五戒。**」同樣受比丘戒或比丘尼戒，或是同樣受了菩薩戒的人，知道對方也受了跟自己同樣的戒，然後心中就很歡喜，覺得很放心，認為這是自己的同類，道理永遠都是這樣的。但是那一些毀謗大乘經的人，他們每一個人都在毀犯戒法。

說到這裡或許有人想：「**為什麼毀謗大乘經的人都會毀犯戒法？**」這很簡單啊！因為戒法裡面告訴大家，不可以謗法。戒法中也說：「**嚴持戒禁可得證果，乃至見道等。**」毀犯戒法不但要依照戒律的規定而成就因果、下墮三塗，而且還有可能牽涉到世間法的毀謗善法因果。戒法裡面都講得很清楚，可是他們都不怕；所以自己很大膽地隨意月旦，隨意評論大乘經不是佛法。他們對於經典都敢這樣作，就表示對經典的所說很不信受。不信受時，對於戒經所說，他們心中同樣有所懷疑，所以他們不把戒法當一回事，自己隨意解釋說：「我這樣不犯戒。」

這是事實啊！所以你們看，臺灣有一位盧女士，你們知道我講誰嗎？嗄？不知道！知道的人這麼少啊？她是個比丘尼，我不說她的法號，我只說她是盧女士；因爲她的戒體已經不在了，不是比丘尼！這回大陸中佛協的會長學誠法師修雙身法的事情爆發了，她還出來罵，輕嫌舉發學誠的甲比丘尼，也輕嫌乙比丘尼等，想要維護修雙身法的學誠法師。所以我說，她只看重那件僧衣；學誠搞密法，搞上女弟子，這是事實；人家已經舉證出來了，人事時地都很具體，受害人也願意出來對質，而且寫出來了，她還要維護。那你說這位盧女士對戒法有尊重心嗎？所以她對於犯戒一事不在意。

甚至於她還說謊，說是我先寫信給她……等。我把證據列出來，登在《正覺電子報》上，她就去法院告我，這其實是誣告勝義僧，但她也不在意。結果上了法庭，口口聲聲說：「欸！他一直罵我，他一直罵我啊。」法官就問：「他怎麼罵妳？」那她就講別的地方，繞一大圈也沒答出來。法官又問第二次：「他怎麼罵妳？」然後她又講到別的事情說：「他就是罵我啊。」法官又問：「那他又怎麼罵妳？」連著問十七次或者二十三次。法官對同一個問題，連著問十七次或者二十三次，次數我得要查《正覺電子報》重新計算，現在記不清了。一個問題可以扯到讓法官連續著重複問那麼多次，夠不夠「盧」啊？你們內地人對「盧」這個字聽不懂？臺灣話「盧」這個字就是死纏爛打的意思。好像也不很準確，但是就是不管有理、無理，就死纏爛打，是這個意思，千方百計想要弄到贏。

最後是站在她的立場的檢察官勸她說：「**妳還是撤案好了！**」檢察官勸了她三次，她才自己撤案。不然判下來，她會更沒面子。欸！大乘勝義僧說如實語，她可以到法院去告，然後在法庭上就是一堆的謊言，說：「**蕭平實一直罵我！**」法官就不斷地問：「**他罵妳什麼？**」她又舉不出來。因為沒有罵這回事！只有講佛法的道理，沒有罵這回事，所以弄到檢察官都看不下去。檢察官本來應該站在她的立場來辯論的，後來檢察官前後勸她三次，她才不得不撤案。撤案了，離開法庭，我看到她在跟比丘尼講話，我就走上前去：「**妳很有智慧。**」說她聰明主動撤案了。我還是很歡喜這樣跟她講呢，我也沒有氣；也沒什麼可氣的，因為心裡覺得好笑。現在諸位就知道，她眞的很會「盧」。學誠性侵比丘尼的證據確鑿，非常充分，而且有很多證人在，證據也在那裡，她還要爲學誡辯護；所以，她看中的只是那一件僧衣，沒有出家人的本質。

但她的作法又自相矛盾，因爲她一直主張要廢除八敬法，八敬法是如來爲了讓女眾出家而施設的，以免僧團鬥亂紛紜。本來如來不收女眾出家，後來爲了讓女眾出家，在僧團裡面可以和合共住，所以施設了八敬法。那她身爲比丘尼就應該遵守啊！結果呢，她很多年都在主張廢除八敬法。但是現在爲什麼她又要去維護學誡欺負比丘尼？她不是要主張比丘尼跟比丘平等嗎？所以要廢八敬法；現在學誡欺負了他座下的比丘尼，難道她是個比丘嗎？但盧女士是比丘尼耶！她不維護被欺負的比丘尼，現在要維護搞雙身法的釋學誡，這是什麼道理？這很矛盾呢！

所以佛說「同戒之人相見歡喜」，同學《廣論》的人也是相見歡喜，他（她）們同樣認同《廣論》，也同樣會毀謗修學大乘經的人，當然也是相見歡喜；而且他們都還沒有相見，就這樣支持學誡法師。所以能夠毀謗大乘經的人，他們對菩薩戒、聲聞戒也是不在意的，因此他們「各各毀戒」。那麼這樣子「各各毀戒」，只要犯下一次，就會有第二次、第三次，乃至無量次，對戒法就不再恐懼了。所以釋印順否定了大乘經之後，人家問他說：「那你認為般若諸經不是佛說，那為什麼還可以叫作佛經？」釋印順回答說：「因為它講的也是佛法，所以可以叫作佛經；雖然不是佛講的，是佛弟子講的。」他竟然可以這樣解釋！

然後四大部阿含有那麼多的經典，他只取其中他要的，承認是 佛說，阿含部其他諸經所說的法義與他的見解不同時，他甚至加以否定。經典可以隨意否定的人，對戒法就不在意了；所以 佛說有三界六道的有情，他卻說：「實際上沒有地獄，地獄只是聖人施教方便，不是眞實有。」他竟然可以直接否定 如來說法呀！所以他們犯戒的事實是很多的，只要你從他的著作裡面去蒐集，不勝枚舉，太多了！因此能夠否定大乘經的人，都是「各各毀戒」，幾乎不能出於其外。今天講到這裡。

（以下是講經後等候遠路者離去之時，導師隨興之談：）好快！八月快過去了，人就是這麼老的。有時候會想起來說，小時候三、四歲時，穿著開襠褲。那時小鎮上的馬路都是碎石子，都還沒有柏油路，公車開過去時塵土飛揚！我們小時候，小孩子都穿開襠褲，然後尿尿就不會尿濕褲子；想要大便時，蹲下來就地解決；然後父母看見了，就趕快呼喊狗，狗就跑過來吃大便。當年我們在彰化縣鄉下是這樣子，時代轉變眞快啊！因爲那時候三、四歲的孩子，現在都已經七十三、七十四歲了。好快啊！我出來弘法時春秋鼎盛，接著耳順、接著古稀，這期間不求世利，專弘正法，時光飛快啊！才剛剛八月一號，今天就弘法二十一年了！沒辦法，這就是菩薩的人生！迴向……。

《大法鼓經》今天要從二十三頁第三段第一行最後一句開始：「於說法眾中聞是經時，更相瞻視，作戲笑言：『何者眾生界？何者爲常？』瞻彼顏色，作是思惟：『彼是我伴。』更相慈愍。」這是延續上週說的猶如破戒的人，他們互相之間見了就歡喜，因爲他們覺得那是同伴。同是破戒的人不會互相指責，但若遇到清淨守戒的人，就會要求他們懺悔滅罪，他們當然不喜歡；如果是同樣犯戒的人，他們會互相掩護。互相掩護以後，當然就是犯戒的狀況越來越平常，到後面根本不以爲意，反而還覺得那沒什麼，認爲那沒罪。這一些人雖然也會聽經，可是他們聽經的時候，會在聞法大眾之中觀察，觀察到最後，發覺有一些是自己的同路人；如果是同路人，就會再三地看那個人，而那個人也會常常回看他，雙方互相瞻視；然後甚至於進而互相作個眼色，表示互相認同，這個都是正常的事。

不說凡夫道場之中，在正覺裡面也會有這個情形。所以有時候，人家看見了就說：「**他們又在使眼色了。**」只要特別去留意，就會注意到。但是不管怎樣，我不去看這個事情，我看見時也當作沒看見。這一類人在各種道場裡面，都很正常而且所在多有，不在少數；因爲在其他道場裡面，他們同樣分派系，這個是很正常的。就好像政黨裡面有許多派系，這在人間也是平常事。因爲他們不是三果以上的人，那就會有派系，全都正常。所以諸位看見這種情況，假使你有緣看見了，就當成沒看見，讓那些「**更相瞻視**」的人覺得自在一點也好，也算是無畏施吧！要這樣想。不要就兩眼盯著他們看，要讓他們覺得無恐怖，那你也成就無畏施的功德。但是如果有犯戒的狀況，請安忍、安忍，別急！到布薩前再來告訴他：「**什麼事情你該懺悔、滅罪。**」那時候再講，不用急；至少讓他到布薩前還覺得自在一點，也算是無畏施吧。

那他們會「**更相瞻視**」，然後就以戲笑的口吻，向對方提出來說：「**什麼是眾生界啊？什麼才是眞正的常呢？**」爲什麼會互相這樣講？因爲他們不認同「**如來藏常**」，他們認爲：「**眾生界其實就是離念靈知，離念靈知才是常，**

那你坐在法座上說什麼如來藏才是常，又說離念靈知或者五塵中的覺知心，說那是生滅法，你講的我不認同！我認爲眾生都是離念靈知所生的，不是如來藏所出生的。所以眾生界是離念靈知，不是如來藏！眞實的常就是離念靈知，將來入涅槃就是這個心，所以你講的如來藏是涅槃心，我不接受！」因此，跟同樣見解的人就用戲笑的口吻說：「什麼才是眾生界？什麼才是常？」私下就竊竊私語，然後某甲看某乙的臉色，也不錯；某乙也認同他，所以「更相」，就是「互相」觀察對方的顏色，看他的臉色如何？是不是同意我、認同我說的？然後就這麼思惟：「這個人是我的同伴。」是同伴那就成爲一群；同伴越來越多，最後就結爲群黨。然後善知識或者有正知見的人說：「如來藏才是常。」他們不認同，因此同樣的邪見這些人結爲一個群黨。所以心中都想：「這是我的同伴、那是我的同伴。」跟其他人就不能融洽地相處。那麼這一些人之間既然互相認同了，就會互相之間更加慈愛、悲憫；如果誰被欺負了，就站出來支持他；如果誰被人家喝斥了，說他是邪見，也站出來互相支持，這叫作「更相慈愍」。

那麼「更相慈愍」以後的表現是怎麼回事呢？「如是作已，守性而住、守性而去。」當他們的群黨規模大了以後，假使有人在討論法義，主張：「如來藏才是常，眾生界其實就是如來藏。」那他們互相認同爲自己人之後，不接受如來藏常住的說法，就依著他們原有的想法安住下來而不認同善知識；或者不管這善知識是堂頭和尚或者師兄弟都好，他們都不認同，就堅守自己所認知的那個意識或識陰的自性，就這樣安住。如果師兄弟論法論得很深妙，他們根本就不能認同，越深妙就越厭惡；於是一群人，領頭的人使個眼色，大家就依著原來的見解而住，於是就先後離開了，那就是一群人離開了。不曉得那一群人離開是怎麼個場面？我講經二十幾年，還沒有看見一群人離開的；有時候看見有人離開，我當作不知道，不過絕大多數都是去洗手間又回來。

但這個道理是一定的，因爲有不同的見解，所以其中見解相同的人就會互相認同，成爲各個不同的群組；然後他們就會以同樣的特性安住下來，以同樣的特性去運作。所以佛法中說：外道有六十二種。六十二種外道互相聚集在一起，那就成爲六十二個小團體。六十二個團體他們各個互相認同，就不認同自己以外的團體，都會是這樣。有時候，這些外道團體會聯合起來針對善知識，這也是常見的事，我們也親自經歷過，這很正常。那麼這種正常的事，如來作了一個譬喻說：

「猶如婆羅門長者的種姓，這個婆羅門種姓的長者生了一個兒子，一直都熏習惡法，而他的父母加以訓示告誡都沒用，曾不改悔。」「曾」就是從最初的開始一直到現在，都不改變、不懺悔。然後父母繼續訓示，他一定覺得很煩。這不是現在才這樣，古時候就這樣了，因爲這就是人性。特別是孩子到了十四、五歲開始，現在的語言叫作叛逆期，大約是國二開始吧！有的人比較慢，高一開始。所以媽媽跟他多講一遍，他就受不了，回話說：「媽！妳有完、沒完？」妳們當過母親的，大概這個都覺得很平常了。這時候妳就得收斂一點，不是兒子要收斂！否則妳一定跟他相處不好。

婆羅門這個習惡的兒子也一樣，因爲父母希望他改變、修善，但他對修善沒興趣，他對於很多的惡法蠻有興趣的，父母當然每天要在他耳邊叨叨唸唸；他受不了，乾脆「捨家而去，隨逐惡友」。因爲他覺得跟那一些人很有認同感。跟那些人爲什麼有認同感？因爲興趣都一樣，他們同樣是「鬥諸鳥獸，以爲戲樂」。鬥鳥，鬥鳥也有很多種，鬥雞也是鬥，甚至有的人鬥鷹，還有鬥別的鳥，都有；獸類相鬥就更多了，但是鬥狗最多。在大陸還有鬥什麼？很有趣的蛐蛐兒，有沒有？蛐蛐兒是什麼？就是蟋蟀！聽說有的蟋蟀一隻可以賣到不少價錢，也蠻貴的呢！這都叫作「**鬥諸鳥獸**」。因為現代的搏鬥，「獸」也函蓋這些蟲，叫作鬥蟲。

他們覺得參加這樣的遊戲很快樂，因為都跟這些惡友在一起，不斷地「**鬥諸鳥獸**」，就會越走越遠。聽聞到什麼地方又有相鬥什麼，他覺得自己的這隻狗、這一隻鳥、這一隻雞一定可以贏牠們，就帶了去，一定會這樣。所以「**如是展轉乃至他國**」，都鬥到國外去了，很厲害喔！到國外去，當然還是找這些同類，所以「**要結同類共為非法，是名同行。**」或者要讀作同「航」，其實同「行」也可以，幹的是同一種「行業」，彼此以此維生。這個「要」結同類，要讀作「邀」。古時候這個字跟邀請的「邀」可以通用。「**要結同類**」就是去邀請別人，去跟別人熟悉，認為是自己的同一種人作為同伴，然後共同作這些非法的行為。

「**鬥諸鳥獸**」為什麼非法呢？因為一定是賭博，鬥鳥獸不會是沒有代價的。在貴州好像還有什麼？鬥牛！有沒有？也是有彩金的，這都是賭博。那麼比較文雅的鬥法怎麼鬥呢？比賽速度。臺灣有賽鴿，還成立了協會，其實它的本質是非法的，因為賭博；但現在變成合法的賭博，所以參加賽鴿的人，每一個人要出一筆錢，然後大家來約定好：第一名分多少錢，第二名多少錢，第三名是多少錢，這樣來分配，後面的人沒錢可領，就是賠錢；那其實是賭博，但是它已經變成合法了。還有些人主張說：這也是臺灣文化的一種。「賭博」都可以變成文化了！所以這個叫作「共為非法」，共同來造作非法的事情；那他們認為這樣叫作「同行」，跟自己是走同樣的一條路，那就很認同了。

講了這個譬喻，如來就回到這法上來講：「不樂『此經』者亦復如是，見他誦說而反戲笑，所以者何？爾時眾生並多懈怠，持戒寬緩，為法留難，彼諸同行相隨誹謗。」就同樣是這個道理：不愛好「此經」第八識的人，也就是不愛好如來藏妙義的人，他們就像婆羅門子習惡的習性一樣，看見別人課誦或者演說「此經」的時候，他們不生隨喜之心，反而戲笑。就是以嘲笑的口吻，來作弄課誦「此經」、閱讀「此經」、演說「此經」的人，就是對於「安慰說者」加以嘲笑。

那他們爲什麼會這樣呢？因爲到了末法的時節，眾生普遍的、大部分的人都是懈怠的，所以他們持戒的時候，既寬又緩。「寬」就是一向從寬認定，明明犯了很重的戒，也說「這個不算什麼，最多只是一個小戒而已」；明明是應該立刻制止的，反而說：「隨他去了，那又不是什麼嚴重的事！」這叫作「持戒寬緩」。並且他們所作的事，都是爲了對正法加以保留、加以質難。保留就是善知識想要努力把它弘揚出去，他們卻站在反對的一方，阻撓善知識弘揚出去，這叫作保留。「留難」就是施設種種不如理的說法，對善知識弘傳的法義加以質疑，讓他難以向外推廣，這叫作「爲法留難」。

那一些「持戒寬緩」的人，聚爲一群、一黨，就追隨在善知識後面加以毀謗，而正法現在的狀況也就像這樣。臺灣這個狀況大約解除了（編案：此書出版前的二〇二〇年時，琅琊閣、張志成等人也同樣在作這一類對正法留難的事，可見這是末法時代愚癡學人的常態），可是在內地還是一樣繼續被「留難」。所以大部分大大小小的法師們，都反對正覺去大陸弘法，這叫作「爲法留難」。爲什麼叫作「留難」？因爲他們去運作官方抵制正法，使我們無法在大陸弘揚八識論的正法，而他們現在也達到目的，所以大陸現今仍然是六識論的常見天下。因此現在我們只能從事文化活動，仍然講佛法，但是不屬於宗教層面的；但是不要聽到我這麼講，就心灰意懶，因爲有弊必有利，就好像有利必有弊，道理是一樣的。所以單純從事文化活動，反而知識層次比較高的人會來；單純從事宗教活動呢？因爲阿公、阿媽也來，鄉下的嬸嬸、阿姨也來，姆媽也來；識字的來，不識字的也會來，那這樣的話，文化水平高的人他們私心裡的想法就不屑爲伍。在臺灣，這種階級的觀念很淡泊，淡泊到幾乎不存在，但在大陸是很明顯的。

所以，從事文化活動就講文化。中華文化以什麼爲主要？儒、釋、道三家。一貫道不算文化，那是非法的。既然儒、釋、道是文化，那我們講佛法就是文化。中華文化中，如果把佛法拿掉了，中華文化的層次就變成很低俗了，而且分量剩下不到四分之一；佛法是中華文化中最主要的內涵，所以咱們就走文化路線，因爲佛法就是中華文化，誰都不能推翻。那麼禪宗呢？禪宗該是宗教了吧？不！禪宗也是中華文化，而且是中華文化裡面最重要的部分；因爲慧能是中國人，你講禪宗不是中華文化，那慧能就變成外國人去了！所以佛法文化也可以講禪，沒問題。

因此諸位不用灰心，那我們就換個路線，按部就班去走，只要能被接受就好。無論如何，我都要把佛法在大陸推廣出去。但是我們這樣作，反對的聲音還是會存在啊。但我們不理他，反對歸反對，因爲這是合法的。咱們合法，他們反對就去反對吧！因爲現在講的是「依法治國」，我們合法！所以「**彼諸同行相隨誹謗**」的狀況，其實從古到今都一樣，沒有改變，只是未來世還會更加嚴重；如果現在就心灰意懶，那你如何能再延續九千年？所以一定要堅定心志，百折不撓，奮勇往前行。（編案：後來由於用人不當，以及構想之時判斷錯誤及思慮不周，文化路線亦宣告失敗放棄。）

那諸位想想看：現代已經如此，未來再兩千年、三千年乃至九千年後，會怎麼樣呢？一定更糟！所以迦葉白佛言：「**嗚呼！眞是惡時。**」「嗚呼」就是以一種感嘆的、想要哭泣的說法，那叫作「嗚呼」。所以「嗚呼」是一種哭泣的意思。譬如說，如果寫祭文，當人家念祭文說「嗚呼」，那「嗚呼」兩個字就是表示他正在哭，很傷心正在哭，所以叫作「嗚呼」。剛開始是「嗚呼」，最後就是「尙饗」，也就是說：「**啊！我很難過！那你已經離開了，我就用上這個最好的供養，請你受用。**」所以「尙饗」就等於結語。那摩訶迦葉這麼感嘆當然不過分，因為對正法留難，作種種惡事，這眞的是心性很惡劣的人才能辨得到。那接著 佛陀怎麼開示呢？

經文：【佛告迦葉：「至於爾時安慰說者，當如之何？迦葉！譬如城邑邊、近路之田，爲諸人眾象馬侵食，彼時田主使一人監視；監視之人不勤守護，復更增足二、三、四、五，若十、二十乃至百人；守者逾多，取者彌眾。最後一人作是思惟：『如此守視非一切護，當善方便令無侵害。』即取田苗，手自惠施；彼生感愧，田苗得全。迦葉！若能如是善方便者，於我滅後能護『此經』。」】

語譯：【佛陀告訴摩訶迦葉：「到了那個末法的時代，爲眾生安慰而演說『此經』妙法的人，應當怎麼樣作呢？迦葉！就譬如城市或村莊的旁邊，有靠近道路的田，田裡的莊稼會被諸人、大眾以及大象和馬所侵食，那時的田主派遣一個人去監視；而那個監視的人不殷勤守護，田主就再增加到兩個人、三個人、四個、五個，或者十人、二十人乃至一百人來監視；但是監守的人越多，來挖取田苗的人也跟著越多。最後田主又派了一個人來，這個人就這麼想：『像大家這樣地看守監視，並不是一切都能守護得住，應當要使用善方便，來使得這一切有情不再來侵入、損害。』於是他就去取了田中的苗來，親手自己來作恩惠而布施出去；那些本來想要來偷取的人，看見他這樣般勤地贈送，就很感動，也覺得羞愧；到後來，田裡面的那一些苗終於大部分得以保全。迦葉！如果能夠像這樣善於運用方便的人，在我入滅之後，他能守護『此經』。」

講義：這就是 如來的善方便。小偷有一個特性：越偷不到，越要偷；守護越嚴密，他越是認爲裡面有好東西；如果就散散漫漫的，沒什麼防護，平常也不表現，那人家就以爲他家裡沒什麼財物。所以以前我有一位叔叔，就是我爸最小的那個弟弟，在鄉下當國小的校長。後來他不教學生了，再去考試的結果，最後錄取，然後升上了合作社的經理。那他從社頭鄉要送錢去臺中存，有時候要從臺中領了錢回社頭鄉，因爲分社裡要用。人家都是嚴陣以待，但他很有趣，故意用那個兩層的麻布袋裝錢。那時的臺幣只有一百塊錢的，一百塊錢才剛出來不久；他用麻布袋裝著，背上揹著，衣服穿差一點；然後一上車，往椅子下一丟，他就要睡覺了。從來沒有人想過那是鈔票，他就這樣子作。所以守護越嚴格的，人家就會猜：那裡面藏的東西一定非常寶貴。風聲傳出去，結果就是功夫越好的人，越會想要來偷。有時候，就在他們同一界裡面，就是同樣那個行業裡面，就會說：「喔，他的功夫實在厲害！」他便覺得很有面子。

其實，遇到有人要偷東西，譬如說你經營一家雜貨店或什麼店。現在有監視器，古時候沒有監視器，但不管有沒有；聰明的人如果看他偷的不是很貴的東西，看見他偷了，就跟他說：「沒關係，你要就給你；不要說是偷的，說我送你的。」那他就不會再來了。人的臉皮沒有厚到可以再來的，因爲他會想：「啊！我對不住他。」可是如果你跟他責備：「喂！你偷東西怎麼這樣……。」他一定要辯解、反抗並且偷藏；被搜出來了，送到警局去法辦；他不甘心，他一定會再來，保證再來！

有時候是另外一種情況，他再來時不是來偷，而是拿著金卡、黑卡跟你買一大堆東西；因爲他只是喜歡偷的刺激感，他家其實很有錢，但是故意要偷，偷了就覺得：「我的技術不錯。」洋洋自得。他是被抓了以後，就想要來示威：「我不是沒錢買，我只是喜歡偷。」所以拿了那個黑卡來示威。現在金融卡最頂級好像是黑卡。是不是？我不知道！反正我從來不用卡。然後他就買一堆，再刷卡，店主還在猶豫：「這張卡到底能不能用？」沒想到一刷，金額眞的無限制！然後他就不會再來了，他要的是面子。所以小偷的心態要去瞭解，不要一見了就當眾斥罵；要爲他保留面子，然後身上找出東西來了，就說：「那沒關係！你又不是常常來偷（大眾笑……），第一次犯，算了！這個就送給你，但希望你以後不要再偷。」那就保證他不會再偷，因爲人的臉皮沒有厚到橡皮那樣的。這就是一種善方便。

我們弘法也是一樣，早期面對佛教界的時候，我們都不評論。無論人家問哪個大師，我們都讚歎、都認同；可是那些被讚歎的大法師們不讚歎我們也就罷了，還要打壓第八識正法，然後否定，所以我們不得不加以法義辨正；但是我作法義辨正時的筆鋒很犀利，卻從來不罵人；很犀利而且要把法盡量說得完整，讓他們瞭解，我這是救人不墮三塗！可是我們在大陸，前些年有的同修看我那些結緣書裡面都是在說別人不對，他們就拿了這些書到寺院去，找寺院裡的法師、或者住持辯論法義。他們沒有弄清楚我的作事方略：「我要把法講得很清楚，讓對方無所迴避，也沒有辦法再置一詞答辯；但是我不罵人，我也從來沒有去到法鼓山、慈濟、佛光山、中台山去找他們辯論；我很夠格去辯論，但是我沒有。」

他們沒看到這一點，只看那個文字表面，就拿著我們結緣書到各寺院去，要求人家住持要辯論法義。那誰受得了？當然受不了！這種上門來辯論法義的事只有我能接受，有誰能接受？但我能接受，可是我等不到那個人來；所以「法義辨正聲明」刊登十幾年了，也沒見小貓來一隻。但是各寺院他們沒辦法接受，所以就越弄越僵，到最後就全國聯合起來發動官方鬥爭我們，等我知道時已經太遲了。

本來互相之間是有鬥爭的，現在先把這一些放下，因爲現在最大號的敵人正覺來了！要先鬥倒再講，就變成這樣！那麼前些年，我也曾經說：「我們已經進入推展期，盡量不要上網去跟人家辯論法義。那萬一遇上了某個情況非要說明不可，那就語氣和緩，千萬不要粗言厲語來對待人家。」這是我們的原則，就是盡量不要上網去辯論法義。這是從推廣期以後，我們就這樣的；但是我們有些同修，包括有的老師還是喜歡上網辯論，而且口氣不是很好。那人家被刺激了，不管他再怎麼無理，也要跟你辯到有理，他就要弄到你受不了為止。所以說這不是「善方便」。

因此，「善方便」應該是很誠懇地為他說明，說明到他感受到你的誠懇，甚至於最後他還進同修會來。我們有的老師就是這麼誠懇，對方能感受到這個誠懇，所以他覺得說：「欸！這樣證悟的人畢竟不同。」然後他從毀謗蕭平實變成認同蕭平實，而後又進來正覺修學。我們應該是這樣，這就是「善方便」。因為惡人並不是一切人都惡，壞人的團體裡面，也不是每一個人都壞；有的人是被那個時勢因緣所逼迫，不得不暫時待在那裡面，而他的本意不是要一開始就造惡。所以我們對待每一個反對者，要以攝受的心態來作，不要向對方粗言惡語，然後一直要爭到贏。我們不需要爭，我們的層次是否比他高？這個自己很清楚，別人也看得很清楚。那他們要說他們的層次比較高就讓他們去說，不需硬要辯到他們承認。

就好像有一句話講：「強龍不壓地頭蛇。」你總不能永遠在那邊跟他耗下去吧？你還有更重要的事情要作。所以有時候我也說，比如親戚朋友他們也學佛，討論法義的時候，聽到他講錯了，不要一開始就講：「欸！你這樣講不對！」這句話千萬別講。你應該這樣說：「聽起來你講的也有道理，但是呢，我有另外一種看法。」那他聽到你第一句，就覺得你對他有認同，就不會對你產生惡感，就有好感；然後你再講下去，口氣和緩地講，他就會仔細聽。你如果一開始就否定他：「欸！你講的不對！」他一聽到你否定他，就要跟你辯論到底：「我才對，你不對！」發展下去就是對立。

這就是一種方便，所以弘法的時候，應該這樣作。還有一點，就是「擒賊先擒王」，把賊王抓住了，下面的賊要統統放過；所以你要跟那個賊王對戰一場就夠了，下面的賊全部放過，就說：「跟你們不相干，這是我們兩個人的事。」那其他的人就說：「喔！你不是針對我們來，只是針對他。」那如果你說法的時候很行，他們的那個首領不行，他們也會覺得說：「我們這個首領太差了，顯然不如人。」那你就有可能改變那些人。

如來也這樣示現過。如來很有方便善巧，有一次去外道的道場，跟外道的首領論法；但那眾生的習性是：「我師父被人家來挑戰了，我當然要維護我的師父。」可是如來運用方便善巧，讓他們不講話；如來提出法義的質難時，那外道根本答不來，弟子就跳出來了，七嘴八舌很吵鬧，如來就說：「你們都不要講話吧，我先講一句話，你們聽聽看有沒有道理。」大家沉靜下來了，如來就說：「你們如果認為自己的證量比師父好，那你們可以出來跟我論法。」這下沒有人敢上來了，因為上來就等於告訴師父說：「您比我差，我比您行。」如來就很和緩地條分縷析，一點又一點把它講清楚，結果外道首領還是不能回答，後來所有弟子都歸依 如來。

如果當初 如來就說：「你們都不懂，聽我講啦！」這一些人都認為 如來在斥罵他們都不懂，他們會更不服氣：「說我們都不懂？」不服氣，就會七嘴八舌，根本聽不進 如來在講什麼。所以 如來就先讓他們安靜下來，但是解說那些法義的時候，如來是很委婉地說明，針對的對象就是那個外道首領。所以那外道後來是完全無法回應，結果 如來就安祥離開，不帶一點點火藥味。結果第二天，那些弟子們一個一個都跑來歸依 如來，都成為佛弟子了。這就是末法時代，為人家「安慰演說此經」的人應該要作到的事。

所以呢，我就一直評論那一些心外求法者的首領，那些抵制正法的首領我得要評論。那現在主要還是那三、四個首領，其他的就不提了。現在你們看中台山，我也很少提了，是不是？不提他了，因為他也沒什麼東西可以提的。這意思就是說：犯不著去得罪他們的那一些徒弟們，只要把理講清楚；

一次不夠就兩次，兩次不夠，三、四、五、六、七、八、九次，就這樣講到最後他們聽順耳了，讓他們在法上得到利益就行了。剛開始，他們聽了很氣：「**又說我師父不對！**」聽到後來很習慣了，他們已經不生氣了，那時就可以仔細地去加以理解：「**蕭平實講的有沒有道理？**」最後他們就可以心回意轉，回歸到正道裡來，那我們就能夠救他們。

如果一天到晚把所有的徒弟們都罵進來，他們不但這一世不認同你這個法，下一世也不會認同的。如果你只說他堂頭和尚哪個法義錯了，又是爲什麼錯的？列舉出來，道理也講出來，不帶火藥味，那他們最後會認同。這一世不會來進入正覺，但未來世聽到如來藏正法，他們就會想：「**這是哪個道場在講？喔！是正覺同修會。**」他就進來了。當然，前提是要正覺同修會存在夠久。我想也可以啦！應該沒問題。這就是要如何以善方便來救護眾生，來幫助眾生滅除邪見，這樣才能夠在如來滅度之後守護「**此經**」。「**此經**」是什麼？（眾答：如來藏。）欸！凡是講如來藏的大乘經典都叫作「**此經**」。只有一個例外，如果是喇嘛教的經典在講如來藏，那就不是「**此經**」；他們有時也會講如來藏，但他們講的如來藏，不是我們說的如來藏。世尊開示完了，迦葉怎麼回應呢？

經文：【迦葉白佛言：「世尊！我終不能攝彼惡人，寧以兩肩荷負須彌至百千劫，不能堪忍聽彼惡人犯戒、滅法、謗法、污法如是諸惡非法音聲。世尊！我寧屬他，爲其僕使，不能堪忍聽彼惡人犯戒、背法、遠法、壞法如是諸惡非法音聲。世尊！我寧頂戴大地山海，經百千劫，不能堪忍聽彼惡人犯戒、滅法、自高毀他如是諸惡非法音聲。世尊！我寧恆受聾盲瘖啞，不能堪忍聽彼惡人毀犯淨戒，爲利出家受他信施如是諸惡非法音聲。世尊！我寧捨身疾般涅槃，不能堪忍聽彼惡人毀犯淨戒、螺聲之行，而身行諂曲、口言虛妄如是諸惡非法音聲。」】

語譯：【大迦葉稟白如來說：「世尊！我終究不能攝受那一些惡人，我寧可以兩個肩膀來荷負須彌山到百千劫之久，不能夠堪忍聽從他們那一些惡人違犯戒律、破滅佛法、毀謗正法、汙衊正法這樣的各種惡劣的非法音聲。世尊！我寧可把自己歸屬於他人，作爲別人的僕役使人，我不能夠堪忍於聽從那一些惡人違犯戒律、背棄正法、遠離正法、毀壞正法這樣的各種惡劣非法的音聲。世尊！我寧可以頭頂戴著大地與山海，經歷百劫千劫之久，而不能夠堪忍聽從那一些惡人犯戒、滅壞正法、自高毀他像這樣的種種惡劣非法的音聲。世尊！我寧可永遠領受眼不能見、耳不能聞、口不能言的惡劣境界，也不能夠堪忍聽從那一些惡人毀犯清淨戒法；爲了利養而出家，接受他人相信的布施，像這樣的各種惡劣非法的音聲。世尊！我寧可捨棄這個色身快速地般涅槃，不能夠堪忍於聽從那一些惡人來毀犯清淨戒律以及螺音狗聲之行，而色身行於諂曲、口中言語虛妄，像這樣的各種惡劣的非法音聲。」】

講義：這就是大迦葉啦！他講了幾種？五種譬喻，表示他堅決不接受佛門中那些惡人。所以呀，他率領弟子們在外遊行，有一天遇見了從世尊的國度來的一個修行人，他就問說：「你有沒有看見我的師父釋迦如來啊？」那個人跟他講：「你的師父釋迦如來，入滅度以來已經七天。」他這一聽，悲號哽咽，有人則是頓足拔髮，痛哭流涕，乃至悶絕投於地上，很悲痛！然後就想著：怎麼樣趕快在荼毘之前，能夠再回去親見一下尊顏。結果徒眾之中有一個人竟然說：「啊！太好了！現在再也不必有人來管我們了。」這表示什麼？那是個常常犯戒、貪求世間法的僧人，所以當場就被摩訶迦葉斥責。然後摩訶迦葉就拼命趕路，在荼毘之前趕到，可是看不見了！當他痛哭流涕的時候，世尊從棺中伸出雙足來，迦葉看不到尊顏，至少看到 世尊的腳了；此時他太感動，所以就更加覺得悲哀，於是掉下淚來。可是他看見涅槃後的 如來腳上有污痕，質問阿難原因，才知道是個老女人哭泣後掉下涕淚而沾污的，但已經擦不掉了，因此阿難被大迦葉責罵，就是這個緣故。

那你想，大迦葉他就是這個個性，雖然已經入地而且增上了，可是那個習氣種子還在，所以他不能堪忍破戒毀法的這一些惡行。他如果見了，一定要當面斥責，很可能還會加以驅擯。犯戒毀法的人被驅擯了以後，一定是記恨在心；記恨在心之後更會怎麼樣呢？更會想方設法來抵制破壞，這一來罪更加重了。所以他不是在末法時代攝受眾生的適當人物。

如來看清他的個性，吩咐他幹什麼呢？入雞足山，想起來沒有？叫他去雞足山，進山洞裡面入滅盡定。因爲如果讓他到二十一世紀的現在來，大概所有人都要被他當面斥責了；一定不是像我這樣講經說法、出書而已，他一定像南部同胞們講的，叫作「侵門踏戶」，要去斥責、糾正，因爲他的個性就是這樣。那麼末法時代，如果咱們想方設法解釋法義，講一大堆，他老兄可能說：「唉！你講得太囉唆了！當面去跟他斥責一番吧！」一定會這樣要求。那咱們怎麼辦？麻煩了！你當面去斥責，對方不一定改。就算改也只是少數人，大部分人還是會繼續反對到底。

但你如果把很多的法一一鋪陳出來，詳細地、誠懇地說明，他們會在字裡行間領納到你的用心，知道你不是惡意；這樣子，他們經過一段長時間的思惟、理解之後，就會開始轉變；我認爲應該是這樣作比較好。特別是在開展期處處受阻，而排除那一些困難的階段性任務已經完成之後，更要以溫柔寬和的心態來面對佛教界；因爲他們既然會出家，也會閱讀你的書，然後出來否定你，這表示他們對法還是有興趣的；雖然你演述正法時間接傷害了他們的名聞利養，但他們若願意更長期地閱讀你的書，時間久了，終究會找回當年出家時的初衷。當那個初心回復了，他們的想法與心性改變，就回歸善法。我認爲是應該這樣作才對。

所以，如果讓大迦葉繼續一世又一世來到今天呢？我想他可能被刺殺至少十次以上了。我還好，只有被刺殺一次。換了他，一定不只十次，因爲人家會很氣他。那麼氣我的人就是那些六識論的聲聞堅固凡夫僧，他們沒辦法忍受八識論正法，但大部分的佛弟子後來都會接受的。那這樣，可以讓更多的人轉變，他們死後就不必下墮三惡道，這不是更好嗎？所以有時候，有的人會來告訴我說：「老師啊！這某某人又犯戒了，這我看，他要下地獄了，他沒有戒體了。」可是，他當初肯受菩薩戒，表示有一分善心。我們就看在他那一分善心，盡量去尋找對他有利的部分。

所以有時候，我看看到最後，還好，戒體沒有失去，不用重受戒。因爲重受戒很麻煩！如果戒體已失，得要重受戒的話，通常都是波羅夷，不通懺悔！懺悔沒用。除非他一直懺悔、每天懺悔，懺悔到見好相，否則也不能重受戒。所以我總是想方設法去尋找，對這個犯戒的同修有利的部分來作裁決。結果他公開懺悔完了——對眾懺完了，他開始改變，心行清淨。這不是非常好的事嗎？不必要一下子就把他打入地獄去，因爲你如果把他定位是波羅夷，他死後顯然非下地獄不可了。因爲那一定是十重罪，而且是根本、方便、成已三罪具足，否則不會失去戒體。所以我們要很詳細地去判斷，不能輕率地去作定論。這樣比較寬容的方式，他們也能夠感受到我救他的那個心意——不是要處罰他，而是要幫他滅罪，免下三惡道。那他們領受到了，從此就不會再犯了，這是多棒的事！

就好像謗法的人，我們為他想方設法，多加譬喻，讓他到最後有一天終於瞭解：「啊！原來正覺是好意，是怕我們大妄語下地獄，是怕我們壞法而誤以為是護法，將來下地獄。正覺是好意！」他領受到了，那他就整個翻轉過來，離開了破法、抵制正法的惡業，他就回歸正道了。這也有個好處，就好像那些會選舉的人，他們算盤很會打。古人打算盤都是三個手指，不是像現在算盤用兩根手指。以前是那橫桿上面有兩顆子兒，下面是六顆子兒，有沒有？所以要用三個手指頭撥算盤的。會選舉就像是這樣：我多吸收了一個人，對營就少了一個人，一出一入就是差兩票。我們也要學這一點：攝受了一個人入正法，那麼毀謗正法、否定正法的那些團體就少了一個人，這一出一入就是相差兩個人。所以盡量多一點寬容心，這是好的，不要像大迦葉這樣。所以，他稟白 如來的這些話，我就不用再註解了，把精神講清楚就好。因為這個部分大家聽了都懂，即使是原文也能懂，何況我語譯過了，當然更懂。這在告訴大家說：我們不要學大迦葉的那個心態，他是嫉惡如仇的人，他的本意很好，所以他才要修頭陀行。

可是修頭陀行的大迦葉不用好東西，僧服破破爛爛，也不講究儀容而不修鬍鬚。有一天 如來爲大眾講經時，大家遠遠地看見大迦葉前來，心裡想說：「**這是什麼出家人，鬚髮都這麼長，衣服也不整潔。**」心中就有了輕視之意。如來爲了糾正大家的錯誤想法，就說：「**我分你半座，你來坐我旁邊，因爲我最清楚你與我是誰先出家的。**」因爲大眾都以爲大迦葉是弟子，一定是後出家於 釋迦牟尼佛，所以 如來就這麼說。因爲 如來坐上了法座以後，大家很驚訝，所以 如來就刻意這麼說：「**分你半座，你上來坐。**」那大迦葉有自己的想法說：「**不行！我一定要尊師重道。您是如來，我是如來弟子，我應該在下座。**」一方面大家想他年高德劭，都尊稱這個年輕人爲 如來、爲師父，大家對 如來就更有恭敬心。

有時候 如來說：「**你年紀大了，可以受用比較好的藥。**」因爲以前跟隨如來出家時，那些藥有的已經有點長黴了，大家都是洗一洗、刷一刷以後繼續在用。特別是印度到了雨季，從六月下旬開始就一直下雨，三個多月都在下雨，很潮濕。那人家送的藥，那時候又沒有西藥，也沒有什麼玻璃罐可以密封，所以有的藥潮濕很容易長黴。但是所有的出家人都把它洗一洗、刷一刷，有太陽就晒一下，沒有太陽就放在有風的地方晾乾，都這樣繼續用。所以如來說：「你年紀大了，胃腸不好，你可以改用好藥；那一些有點小問題的藥，你就不要用。」甚至於有的長黴都已經長很嚴重了，比丘們都是一樣，洗洗刷刷繼續用。如來在世的狀況就是這樣。

如來雖然這樣說了，但他還是堅持頭陀行。他說：「我如果因此就受用好藥，甚至於因此就廣受供養，後世比丘將會效法，正法不久就滅了。」他故意這樣行頭陀行，本意是好的，但是太嚴厲，有時候對正法的弘揚反而不一定有利。所以多一點寬容，多一點體諒，大眾比較能夠上下一心，這也是我的原則。尤其我們現在同修會在作組織改造，現在要正式宣布、定期實施；那我也希望你們當幹部的人一定要體諒下屬，沒有人要故意把事情作不好，有時候是不小心、有時候是沒有廣爲設想而不周到，那我們應該給予體諒，他們是有過失，趕快提出來，趕快改正就行了。除非對方不改正，那沒辦法，我們就往上報了；如果他願意改正，作了補救，以後不會再犯，那我們就包容、就體諒。這樣就是上下一心，大家互相體諒，才能夠如實地踐行四攝法。四攝法還記得吧？布施、愛語、利行、同事。所以假使有人犯錯了，哪一天你當主管來慰勞大眾的時候，每人發一瓶飲料，可別說：「**某甲你犯錯了，處罰你：不許喝這一瓶！**」那他覺得很難過，而且也覺得很沒面子。這不好！還是要一視同仁。大家盡量和樂相處，沒有煩惱，道業進展才會快，這也是擴大心量的一個方法。

那麼，因爲大迦葉提出了五個譬喻，你想他這些譬喻，不管哪一個都沒有人作得到。他說：「**我寧可作這五件難行之事，也不要親眼看著他們這樣作而不加以處理。**」當然要加以處理，但是不必嫉惡如仇。有時候事情過去了，已經把它修復完了，那個損失消失掉，或者損失變得很少，那你就包容他，不要一直跟他計較；這樣子，整個僧團就比較能夠和合相處。

所以迦葉的心性　如來非常瞭解，他不適合在末法時代來當這個「**安慰說者**」；他可以在　如來還在世的時候，大家都還在正法時期，如法守戒修道的時候來護持正法。所以他最適合幹什麼呢？最適合去入定等候　彌勒尊佛來人間，然後　彌勒尊佛成佛之後，率領大眾來到雞足山，把那隱藏的山洞大門打開，讓大家看見迦葉在那裡入滅盡定。然後　彌勒佛彈指把他喚出定，對大眾說：「**這就是釋迦如來座下第一弟子，頭陀行第一的摩訶迦葉。**」然後摩訶迦葉出定了，就把 如來傳給他的金縷衣用來供養 彌勒佛；供養完了，他就可以入涅槃了。他最適合作這個。所以，末法時代十大弟子、五百大弟子中有人繼續來人間，就是不會有他。因爲他嫉惡如仇，而且要求他座下的弟子們，不管是四果人、三果人、初果人或者凡夫都要跟他一樣修頭陀行，所以他管得很多。那因爲他背後有如來，所以弟子們也不敢怎麼樣。因此當他聽到那個人說：「汝師釋迦牟尼入滅以來已經七天。」當他痛哭流涕的時候，他座下有的凡夫弟子就很高興起來說：「欸！再也沒有人來管我們了！」他也只能責備一下，因爲 如來走了。這就是說：「嫉惡如仇是不利於攝受眾生的，特別是到末法時代，眾生根性變差，而且環境變壞了；仍然依照他的方法要攝受大眾，那就變得很困難。」所以 如來派他入雞足山，入滅盡定，等候當來下生 彌勒尊佛是恰當的。但是我們仍然要感謝他，因爲這部《大法鼓經》就是他的緣起。好，迦葉稟白了 如來之後，如來怎麼開示呢？

經文：【佛告迦葉：「汝般涅槃是聲聞般涅槃，非爲究竟。」迦葉白佛言：

「若聲聞、緣覺般涅槃非究竟者，世尊何故說有三乘——聲聞乘、辟支佛乘、佛乘？世尊云何已般涅槃復般涅槃耶？」佛告迦葉：「聲聞以聲聞般涅槃而般涅槃，非為究竟；辟支佛以辟支佛般涅槃而般涅槃，亦非究竟；乃至得一切種功德、一切種智大乘般涅槃，然後究竟，無異究竟。」

語譯：【世尊告訴迦葉：「你所證的涅槃，是聲聞法中的涅槃，不是究竟的涅槃。」迦葉稟白佛陀說：「如果聲聞和緣覺的般涅槃不是究竟法，世尊為什麼說有三乘——所謂聲聞乘、辟支佛乘、佛乘呢？那麼世尊為何又是已經般涅槃，而又要再一次般涅槃呢？」佛陀告訴摩訶迦葉：「聲聞人以聲聞的般涅槃而般涅槃，不是究竟涅槃；辟支佛以辟支佛的般涅槃而進入涅槃，那也不是究竟的涅槃。必須要依聲聞般涅槃、辟支佛的般涅槃繼續進修，迴入菩薩道中，一直修行到證得一切種智的功德，這一切種子智慧的大乘般涅槃，然後才能究竟涅槃，這時候的涅槃跟究竟的涅槃是完全一樣的。」】

講義：佛陀告訴摩訶迦葉：你的般涅槃只是聲聞法中的般涅槃，不是究竟的涅槃。為什麼　如來這樣說？這代表背後有一個意涵，就是當時的摩訶迦葉覺得他所證的涅槃是究竟的。如果他認為自己證的涅槃是究竟的，他就會有一分很深的、很沉潛的慢心在他心中存在；那麼爲了這個緣故，他對待座下的弟子就會很嚴格。很嚴格會有什麼後果？有一次，我們接觸到會外一位人士，他有涉獵佛法以及道家的法。他對我講，也跟我們的同修講：「像你們蕭老師這樣子嚴格執行戒律，而且在正覺裡面當幹部，誰都不許謀取一點一滴的私利，這樣你們維持不久的。」然後他講了一句平常人常常講的話：「水清則無魚。」說河水如果太清澈，一點雜質都沒有，那魚吃什麼？魚就離開了。可是我聽了覺得可笑，我說：「反而我們是水清才養到魚。」因爲大家都認爲：「就是要這樣一個清淨的、修行的菩薩僧團，才是我所要的。」

我們這樣養魚，養的是什麼魚？龍魚！不是普通魚。普通魚要在渾濁的地方才有食物，但我們這個菩薩僧團養的是龍魚。就好像養鵝王一樣，養鵝王只要用清水養就夠了，什麼道理呢？因爲鵝王擇乳，在清水裡面牠想要吃鮮奶就有鮮奶可以吃，這才叫鵝王。那我們養龍魚呢？吃法乳，不吃世間食，所以那水得要夠清；否則法乳都被雜質給混淆了，龍魚養不好，養不成龍。結果現在我證明：「他看走眼了！因爲他不認識我們這個法的本質。」我們這個法要養龍魚，當然得要越清越好，那雜魚當然就全部跑掉了。

這就是說，大迦葉因爲認爲自己的般涅槃是究竟的，所以他對待弟子就很嚴格。那麼嚴格對待弟子有好處，但也有壞處。因爲犯過的機會很少，大家都是戰戰兢兢，可是道業進展就很慢；因爲一定會在戒相上去留心，結果不在道業上用功。如果都在道業上用功的時候，道業進展快，同時也自然而然不會犯戒了。你努力在修道的時候，哪有時間去犯戒？哪有心思去犯戒？所以有人犯戒的時候包容一下，爲他想方設法滅罪；罪滅了以後就沒事了，然後繼續回到法上面來用功。大迦葉是認爲他的般涅槃是究竟的，所以弟子們跟著他也必須修苦行。修苦行的時候，不可以起心動念去貪著世間的這一些供養，所以大家進步就慢。如來早就看清這一點，故意幫他點出來：「你的般涅槃只是聲聞法中的般涅槃，這不究竟。」

那摩訶迦葉當然想要弄清楚，因此請問：「如果聲聞般涅槃和緣覺的般涅槃不是究竟的話，那世尊您是什麼緣故要講三乘菩提的般涅槃？您說的這三乘叫作聲聞乘、辟支佛乘以及佛乘。」他提出來問，這一問也有道理呀！因爲也有許多人會有這個疑惑：「如果這二乘般涅槃不究竟，世尊您何必教我們呢？乾脆就直接教給我們究竟的大乘涅槃好了。」打從有佛教以來，每一代都有人這樣想。

你們看臺灣佛教最敢講涅槃的，也就只有釋印順一個人，可是他認爲：三乘聖人所證的涅槃只有一種，所以阿羅漢就是佛，佛就是阿羅漢。就這樣認定啊！他是一個沒有證涅槃的人，敢這樣講；那如果有實證聲聞涅槃的人而且是俱解脫者，當然一定也會認定自己的涅槃是究竟的，所以如來幫他點出來。點出來了以後，他不懂那個道理；因爲這時候還不是到最後的「法華期」，所以他還不太懂，因此他就提出這個問題來：爲什麼要說三乘涅槃？涅槃啊！他提出這個問題來也沒有錯，然後他還有第二個問題：「世尊！您如果不究竟，那不用教我們哪，就直接教我們「佛乘」的涅槃，那才是究竟不是說以前已經涅槃了，爲什麼這一世又來成佛，又要再示現一次涅槃？」現在一定有人心裡面有個問題存在：「既然這不是最後講的，那他怎麼會知道世尊以前已經成佛，現在又來成佛示現一次？」對吧？一定有人會想到這一點啊。

那我打個比方好了，就像說，你們跟著我學法。我跟你們相處，不是永遠都坐在這法座上跟你們相處的。我有時候，而且是大部分時候，都在座下跟你們有所接觸，談論事情或者法義。有時候你們會問到某個問題，我會講到說過去的某事如何，對吧？一定會這樣。當然不會很清楚地告訴你說：過去世我曾經是怎麼樣的一回事，不會很清楚地告訴你；但是會帶上一、兩句話，比如我剛才講的，我說我過去世也被殺死過一次，被殺當然很痛，那痛一下就過去了。我有時候會這麼講，對不對？這不必等到最後才講，因爲有時候問到某一件事情，那些事情跟這事情有關，就要附帶說明作一個佐證。所以 釋迦如來不會一直等到講《法華經》的時候，才說祂「在無量無邊百千萬億那由他劫之前成佛」，不會是那時候才講，一定有時也說明過：「其實我以前就成佛了，但現在爲什麼再來這裡。」有時候私底下會附帶講一下，這也是很正常的事情。不必全部等到《法華經》時才講。

再有一個證明，假使以前都沒有講「無量無邊百千萬億那由他劫之前就成佛了」，至少也曾經講過說：「諸佛最後都會講《法華經》。」如果以前沒有這樣講過，那麼要開講《法華經》的時候，就不會有五千聲聞退席了。瞭解這個道理嗎？也就是說，大家知道講《法華經》的時候，如來一定會說到祂多久以前已經成佛的事，也一定會講到 多寶如來的事情。「那現在要正式講這一部《法華經》了，我們心中沒辦法接受，所以您既然要講，那我們就離席。」所以五千聲聞退席是這麼來的。如果都不知道《法華經》可能會講什麼，那他們就不會退席了，道理是一樣的。所以呢，「世尊云何已般涅槃復般涅槃耶？」這也表示 如來曾經在講《法華經》之前，私下的場合已曾講過以前已經成佛，這都很正常。那這個法義我們這裡不要再複述，因為在《法華經講義》裡面，已經講得夠詳細了。

所以，摩訶迦葉現在提出這個問題來，如來得要為他解釋，所以就告訴摩訶迦葉說：「聲聞人是以聲聞法中的涅槃實證，而在捨壽時般涅槃，這個不是究竟法；辟支佛以辟支佛的法義所證的涅槃，而在捨壽時入涅槃，這也不是究竟涅槃。必須要依據這兩個修證，迴心於大乘法中，依於六波羅蜜一一實修，然後再作加行；加行之後實證般若了，也親證本來自性清淨涅槃，有了加行究竟果作意，他才能在第七住位安住不退。但不是這樣就算了，這樣子證眞如之後，還要繼續往前進發，要把『非安立諦三品心』修好。然後要加修『安立諦』，也就是大乘四聖諦的十六品心；再依法智忍、法智、類智忍、類智合併為止觀，修九品心。這九品心修好了，還不足以入地，還要一天又一天去發十大願等無盡願。這十無盡願發到有一天終於清淨了，眞的清淨了，他才能入地。入地之後呢，十地之中，每一地有二種疑要斷，有二種智慧要證。到十地滿心完成了『行陰盡』的境界，再百劫修相好，把識陰的習氣種子、異熟變易生死全部滅盡，才能夠下生成佛。」

下生成佛以後，示現爲凡夫，然後參禪、明心生起大圓鏡智，也生起妙觀察智以及平等性智；最後還得要眼見佛性，才能發起成所作智，此時一切種智具足才能成佛，這樣才叫作「大乘般涅槃」。所以 如來說：「要以一切種智大乘般涅槃，這樣才叫作究竟，才有資格說：所有的究竟法與此無異。」但這有個條件，就是要得到一切種的功德。一切種的功德，就是五根、五力、七覺支、八聖道分，乃至直到最後一切種智具足。包括十八不共法、四無所畏、三不護、十力等，這樣才能叫作「究竟般涅槃」。如果不是這樣，只是你的聲聞般涅槃，那眞的不究竟。這一下把摩訶迦葉壓到底了，但也只是如實說。今天講到這裡。

《大法鼓經》今天應該要從二十五頁第二段開始講，但是在這一段開講之前，重述一遍大迦葉的事。大迦葉領眾遊行弘法在外，沒跟在 如來身邊；

因爲如來晚年要求弟子眾們盡量到各地去弘法，不要大家都跟在如來身邊。這有兩個原因：第一個原因是，弟子眾們對如來很依戀，沒有人想要離開，所以大家都跟在身邊。第二個原因是，那時候正好遇上了旱災，托缽困難，所以藉這個機會就請大家各處去弘法。

當然，弘法最困難的地區是由富樓那尊者去，眾所周知，他是說法第一；那他因爲有的地方都沒人願意去，他就奮勇承擔。如來告訴他：「那裡的人心性惡劣，你去了可能每天被人罵。」富樓那尊者說：「罵倒也還好，終究沒有打我。」如來說：「進一步可能會打你。」他說：「打我也還好，總之還沒有用刀子殺我。」如來又說：「那裡的人很壞，可能最後會殺你。」他說：「就殺了也沒關係，我就去弘法吧！」然後他去了。結果去到那裡以後，那一些很惡劣的外道聽到他說法以後，各個信服，都拜他作師父。結果那裡的外道全部變成佛弟子。不愧是說法第一啊！

那大迦葉不一樣，大迦葉不像富樓那有四無礙辯，那是九地滿心菩薩才有的；而他是頭陀行，以苦行爲業，專修苦行。又因爲他年歲很大，或許就像咱們中國講的說倚老賣老；修苦行本來也就是要嚴格要求，因爲苦行不是用來博取名聲用的，所以他對徒眾們都很嚴厲。而他弘法在外，所以 如來捨壽的時候，他率領弟子眾們雲遊在外；後來遇到一個人，從 如來所住的國度來到，他就詢問 如來的近況。那個人告訴他：「汝師入滅已七日矣。」聽到已經入滅七天了，他頓時痛哭流涕。這都是正常的，你們不要說：「欸！那是阿羅漢呢，怎麼還會痛哭流涕？」我告訴諸位：「證量越高的人，突然聽見如來入涅槃了，他越會痛哭流涕。」只有哪一些人不會痛哭流涕？只有那一些倒駕慈航再來護持 釋迦古佛的妙覺菩薩們，他們才不會痛哭流涕。因爲他們本來已經是成佛了，往昔受了 釋迦古佛的恩，現在是來報恩，所以示現作菩薩。他們都成佛了，一切習氣種子隨眠都已經滅盡，也度過變易生死了，當然不會痛哭流涕。但是富樓那、大迦葉、舍利弗、迦旃延，這些人不管他修到幾地都是一樣，只要還沒成佛，就會痛哭流涕；甚至頓腳，一直在地上跺著腳，因爲太難過，只有這樣來發散一下。

然後，迦葉就急急忙忙趕回去，趕回去當然不是半天、一天就能到，因爲古時都是走路的。那麼其中有個比丘聽到 如來般涅槃了，他很歡喜，一點都不悲傷，眾人問他：「你爲什麼都不悲傷啊？」他說：「這樣最好啊！從此以後沒有佛來管我們了。」所以佛世就有這種人，末法時代更多。當然，摩訶迦葉當場就大聲斥責他，還跟他開示了一點修行應該有的心態。

然後摩訶迦葉日夜兼程趕了回來，如來已經進入寶棺了。如來的寶棺叫作「金棺銀槨」，那是比照金輪王荼毘的規矩來辦的。那摩訶迦葉站到那些香積上面（因為那個寶棺放在檀香木疊起來的一堆木柴上，那叫作「香積」），他站到香積上去撫摸著寶棺，嘆自己沒福德可以再見如來一面，沒想到如來伸出雙足，那他當然很感動又傷心。沒想到這時候看見如來雙足有汙漬，然後他就轉向阿難：「為什麼你們沒有好好照顧如來，讓如來的腳沾汙了？」然後阿難才報告說：「因為要入殮的時候，大家都來供養如來，各種供養都很豐盛。可是其中一個老女人，她很貧苦，沒有財物可以買香、買花供養，所以她瞻仰如來的時候非常傷心說：『有機會值遇如來，竟沒因緣可以供養！失掉大福德；因為這是三界中最尊聖的福田，竟然自己沒有因緣可以在最後的時刻作供養！』所以傷心起來、掉下淚來，鼻涕也跟著流下來，因此沾汙了如來之足。」那阿難說：「就是因為這個緣故，這個痕跡就擦不掉了，就這樣留下來。」迦葉聽阿難報告完了，也沒辦法發脾氣；好像就是對阿難怪責吧，因爲他覺得：「你們沒有照顧好，這是你們的過失！」責備了阿難，這就是那個故事。

因爲這個我是二十年前讀的，現在記憶模糊了，如果是自己親身體驗的，那當然就不會忘記了。譬如說，如來涅槃後，我跪在地上伸手去摸 如來的左臉頰，沒想到 如來就張開左眼，又看了我一下。那時眞的沒辦法，任誰都不可能辦到的，因爲都已經入涅槃了，可是竟然可以再張開一隻眼來看人一下！所以我夢見那個場景的時候，那是哭到抽搐；一直抽搐、痛哭，抽搐地痛哭，然後被我同修搖醒了：「你在哭啥？」啊！當時心情很惡劣就什麼都不講，被搖醒時的第一念是「妳爲何要搖醒我」，沒醒來時至少還可以跟 如來同在一起，然後我三天不講話。但是我記得：「如來是又張開左眼看我！」是哪一個眼睛，我很清楚，因爲體驗了。但是大迦葉的故事是讀來的，總是用記的，讀了二十年早就忘了。那這個故事今天就重新作一個訂正。好，今天要從二十五頁的第二段開始。

經文：【迦葉白佛言：「世尊！此義云何？」佛告迦葉：「譬如從乳出酪，

酪出生酥，生酥出熟酥，熟酥出醍醐。凡夫邪見如初生乳，乳血共雜；受三歸者，猶如純乳；隨信行等及初發心菩薩，住解行地，猶如成酪；七種學人及七地住菩薩，猶如生酥；意生身阿羅漢、辟支佛、得自在力，及九住、十住菩薩猶如熟酥；如來、應供、等正覺猶如醍醐。〕

先請問一下，有沒有國文老師？請問這個是讀作「洛」還是「ㄌㄠˋ」？好像都有人讀，我記得好像兩個都通，我隨自己的習慣就講說「ㄌㄠˋ」了。

語譯：【摩訶迦葉稟白佛陀說：「世尊！這個道理究竟是怎麼說呢？」佛陀告訴摩訶迦葉：「譬如從牛乳去製作，可以產生出乳酪，以乳酪再加以製作，可以產出生酥；這個生酥再加以製作，可以產生熟酥；熟酥再加以精製以後，會產生醍醐。凡夫們的邪見，猶如從乳牛上剛出生的牛奶，這是乳與血共雜而有。已經接受三歸依戒的人，就猶如純乳一樣；隨信行等以及初發心的菩薩，住於解行地中，猶如已經成爲乳酪；七種學人以及七地住的菩薩，猶如生酥；意生身的阿羅漢、辟支佛、得自在力的菩薩，以及九住地、十住地的菩薩，猶如熟酥；如來、應供、等正覺猶如醍醐。」】

講義：摩訶迦葉稟白 佛陀說：「這道理究竟是怎麼回事？」也就是說，

上一段經文中，如來說：「聲聞涅槃、緣覺涅槃，不同於證得一切種智者的大乘般涅槃。」那麼證得一切種智的人，還沒有成佛之前就是諸地菩薩的所證，叫作道種智。有依著道種智繼續進修，最後成佛而圓滿了才叫作一切種智，這才是最究竟的。摩訶迦葉就是請問這個道理。現在 佛陀先講了一個譬喻：譬如從剛剛擠壓出來的牛奶可以出生乳酪，從乳酪繼續製造可以再出生生酥，生酥再加工後可以出生爲熟酥，然後熟酥再製作成醍醐。那要問諸位：「你們有沒有吃過醍醐？」我也沒有吃過，就是沒吃過才要問諸位。現在不曉得還有沒有誰能夠製作醍醐？

剛擠出來的乳它還有一種腥羶味，因爲是由母體的血液在乳房中產生的，所以說是「乳血共雜」。那你如果把它放一放，讓它開始變成有一點凝結了，那種腥羶味就不見了，此時叫作乳酪；所以你如果上賣場，你跟老闆說：「我要買一瓶『優ㄌㄠˋ乳』。」對方可能說：「你到底在講什麼？」那你講「優ㄌㄨㄛˋ乳」他就聽懂了，他就指點你去拿。也就是說它會稍微凝結，那凝結是因爲有一些乳酸菌產生作用，作用之後它開始凝結。經由乳酸菌的運作過程作用完了，那個腥羶味就不見了，那叫作乳酪。那麼這個酪再繼續精煉以後，就變成生酥，就變固體的了，就不是像酪好像果凍一樣凝結，但還是半液體。如果是變成生酥了，那就是固體的。從生酥再精煉變成熟酥，熟酥在臺灣、大陸應該都吃得到，這不是問題；但是熟酥再精煉變成醍醐，這我就沒吃過了！不過世間醍醐沒吃過，沒關係！佛法的醍醐有吃上，法味具足，這就夠了；因爲佛法這個醍醐，只要吃上那麼一點點，比得上世間一座大醍醐山哪。

現在回來經文說。如來講了這些個層次，就說：「凡夫的邪見猶如剛擠壓出來的牛奶。」爲什麼這樣說呢？這得解釋一下。有的人也許想，「這話講得有點誇大了吧？」特別是那些各大道場的堂頭和尚，以及那些大法師們，他們一定不服氣：「怎麼可以說我是邪見？」但明明就是邪見哪！比如說，臺灣佛教界地位最高的，最被推崇的叫作印順導師；但他講的法具足邪見，我們指說他的邪見已經夠多了，今天不再講。那他之下的諸大法師們呢？或者是說，推崇他的各大山頭的住持或堂頭和尚，莫不如是。所以幫人家印證開悟了以後，結果印證者以及被印證者，同樣都落在意識境界中；那你說這是不是邪見哪？是邪見！那是未證言證、未得謂得；但他們都自認是阿羅漢，結果都不離識陰的境界！

那麼最近內地出了一件大事，對不對？那中國佛教界最高的民間官位是什麼？中國佛教協會會長，簡稱「中佛協」的會長，那叫作佛官釋學誠，他學《廣論》學得起勁啊！可是《廣論》前面三士道講錯了且就不談它，到後面的〈止觀〉，他想：「**好歹我得弄懂吧！**」可能去見過達賴，終於把它弄懂了，才知道那都是用隱語（也就是暗語）在講雙身法的境界。既然懂了這個，他當然要再繼續從《密宗道次第廣論》去下手了。下手之後，他應該私下裡也去見過某個喇嘛，得了灌頂，他才敢這樣作。

很多人剛看到兩位比丘尼舉證出來的九十幾頁 A4 具體資料，大家都說這是汙衊、僞造的資料。但是人家寄給我，我一看就說：「**這沒什麼奇怪啊！他是有所本的。他根據的就是《菩提道次第廣論》後半部的〈止觀〉，要不然就是根據《密宗道次第廣論》所說的四灌等〈無上瑜伽〉。他根據那個內容在調教他座下的女弟子，這有什麼過失？他沒過失啊！**」過失是在宗喀巴身上！過失是在達賴身上！他只是一個糊塗蟲、可憐蟲，被誤導了。他如果知道修了那個雙身法以後死了要下地獄，他還敢修啊？不管他看見哪個女弟子長得美若天仙，想到要下地獄，腳底不涼了嗎？還敢去修它？還敢調教女弟子嗎？不敢哪！

所以要怪罪始作俑者宗喀巴，但宗喀巴也是被前人誤導的啊；始作俑者是蓮花生、阿底峽，可是那兩個糊塗蟲也是被誤導的；追究到最後要追究到天竺去，就是所謂的「坦特羅佛教」，現在翻譯作「譚崔佛教」，要歸罪到那裡去。但是以前在天竺推廣「譚崔佛教」的那些密宗的祖師們也不能怪誰，他們要怪自己有欲貪及知見偏斜。他們不可以怪說：「**我們就是誤信了印度教性力派的那個說法。**」他們沒道理、沒有理由可以怪罪人家！因為人家是印度教，他們是佛教；佛教徒要學人家的東西當作佛法，那是他們自己的問題啊！所以未來下無間地獄受苦的時候，都不能抱怨誰。那你說，這樣一千多年前開始流傳，是先到西藏又到現在漢地，又來到臺灣；但是臺灣我們正覺作得好，把他們抑制了，所以現在臺灣社會都知道：那密宗叫作垃圾教，大陸要唸作ㄌㄚ ㄐㄧ教！所以他們在臺灣的發展，基本上已經到頂了。

但是在大陸，這喇嘛教是合法的！天下最大的邪教竟然是合法的？無怪乎漢地的這些僧人們，會一窩蜂地去學，達賴就永遠都是宗教領袖。但是我很體諒他們，他們一窩蜂去學，是因爲走投無路！想要投入禪宗，結果蕭平實說：「得要證如來藏才叫開悟，否則都是悟錯了！然而想要實證如來藏，得要有足夠的條件。」那他們這條路走不通，因爲蕭平實遵照 如來的付囑，謹守密意，對於條件不具足的人，絕對不會輕洩「如來密因」。沒奈何！不然，學學南傳佛法解脫道吧！這蕭平實又說：「南洋沒有阿羅漢，連初果人都沒有，學他們的法沒有辦法證果。」糟了！這條路又不通了，那該怎麼辦？總不能像淨空那樣，把佛珠下面又掛個十字架吧？淨空是亂搞一場，他書法還寫基督教的《玫瑰經》呢，裱起來掛在牆上！那個佛頭珠的下面還掛一個十字架，他是這樣的作爲，沒有僧格！

那麼中國佛教界最後只有剩下密宗一條路了。他們聽說藏傳佛教可以即「生」成佛，也可以即「身」成佛。哇！這太棒了！研究的結果說：「哇！這出家人可以享受在家法，又可以即身成佛。」但佛法裡面不可以這樣，出家人不能享受在家法，在家人不能享受出家法！我這一世現在家相，因爲我要破密宗，現這個在家身相最好！那我就不能受供養，因爲那是出家法。很簡單！我就奉行不渝，所以我自己賺錢自己花，不花別人的錢；連孩子賺的錢，我也不花他們的，他們賺錢自己用。那麼在家人不能擁有出家法，就是不受供養。

那麼出家人也是一樣的道理，不可以擁有在家法。「在家法」就是有配偶、有子女、可以賺錢，出家人不應該有這些法！這要堅持到底，必須涇渭分明，不許含糊的！結果呢，他們看到密宗的法就說：「哇！太棒了！出家人可以擁有在家法。」而且，你在家人討老婆只會有一位吧？有幾個人能擁有三妻、四妾的？除非大企業家，弄幾個不能公開的金屋藏嬌。好呀！那他們學《廣論》的〈止觀〉或者《密宗道次第廣論》的法，那整個道場就像一個王國，他在裡面當國王，座下所有的比丘尼都是他的明妃。他一想：「這個太棒了！不幹白不幹。」於是走上這一條路了，這就是沒智慧啊！

那他們自認為懂佛法，也有很多佛法上的知見，認為自己很行。如果不認為自己很行，怎麼可能敢去當中佛協的會長？要當上這個佛官，要有很多money花出去才當得上，咱們就不講多少錢。海南佛學會議之後，被拉下來的那位會長，他自己澄清是多少錢呢？他公開宣稱說自己沒有供養那麼多錢就當上的！結果變成「此地無銀三百兩」，一週就被拉下來了。然而那是個利益集團，官民糾葛不清，咱們且不談它。那你說，現在大陸的那些大法師們，可以說各寺廟百分之九十以上都在學密宗了。那他們走這條路的時候，認爲自己很行，甚至於私底下都自認成佛了。在以前的臺灣也是這樣啊！以前的臺灣佛教界很多山頭，他們爲了彰顯自己的崇高，都說：「**我們道場是顯密雙修**。」表示他們也有密法，認爲密法是最高的，顯教的法不值一提！還有一個很有名的道場說他們叫作「禪、淨、密三修」。可是這些年他們都不談密宗了，因爲談到密宗，就好像臉上沾了狗屎一樣不光彩，不敢講了。

可是大陸現在因爲我們「**正法**」在那邊是被各省佛協運作官方封鎖的，資訊不能流通，應該叫作訊息不流通，所以大陸很多人還以學密來彰顯自己。那麼諸位看看，那些都是很有名氣的大法師，每隔幾年就會出現一件性侵的醜聞。但釋永信爲什麼敢召妓？他一個出家人，竟敢召妓！爲什麼？因爲他有所本。所以喇嘛教的喇嘛來臺灣時，因爲現在臺灣要找女弟子雙修不容易，民眾大部分都知道那是邪教，所以他老兄跑去哪裡？跑去華西街召妓女，結果被警察臨檢捉到了。

所以這一些人都說懂佛法，可是眞懂嗎？不懂啊！那就好像生乳，就是剛剛搾出來的乳一樣，還有腥羶味，喝起來不太順口。所以有的人不敢喝鮮奶，你拿乳酪給他時，他可以一湯匙又一湯匙，一會兒吃光了，因爲沒有那個腥羶味。所以 如來說：「**那一些凡夫都叫作邪見。**」他們講出來的法，諸位一旦聽聞，喔！你這個耳根就變厲害了，這等於是六根互通的境界，你會聽到覺得好腥、好羶喔！好像舌根、鼻根聞到的一樣，所以叫作有慧力了，不只是慧根。所以凡夫所擁有的佛法知見，其實大多數是邪見；除非他們一開始學佛時，所跟隨的就是眞正的善知識，打從一開始所建立起來的都是「正見」；否則你看那些大法師們，有的人少小出家，十八歲圓頂之後再去受具足戒，一直到現在七老八十了，結果講出來的還是邪見；這很正常啦！因爲他們都是凡夫；可是他們當時不知道自己是凡夫，都以爲自己已經成佛了。

那麼 如來有一個說法：「**他們好像初生之乳，乳血共雜。**」在中國人的觀念之中，或者說一般臺灣人也是一樣，不孝的人如果打父親呢？雙方口角而打了父親，人家當然會罵；可是如果打了母親呢？那就是千夫所指！爲什麼？不只是十月懷胎很辛苦，而且乳哺長養。他打從一出生開始吸了母奶，那就是無比的恩德；爲什麼呢？因爲母乳是怎麼形成的？（眾答：母血。）

對啊！就是不斷的有血液供應到這裡去轉化成母奶的，只是換個方式讓這孩子來吸呀！那其實都是經由母親的血液變成的。所以每一個人喝母奶，眞要罵人的話說：「你這個吸血鬼！」不就是吸血鬼嗎？吸媽媽的血啊！所以母恩特別大。那佛法中的看法也是一樣，認爲母恩遠比父恩要大。那爲什麼說剛出生的乳會有腥羶味？因爲「乳血共雜」。

如果再把它靜置一下，不要把它密封，那個腥羶味漸漸地就不見了，那叫作「純乳」；也就是說它已經轉化了，腥羶味不見了。那「純乳」就譬喻已經領受三歸戒的人，正受三歸之後，不再歸依外道天神，對於種種的邪見，也要經由佛法的善於聽聞、熏習、修學而轉化掉，都變成正見，這個才叫作「純乳」。那一般的凡夫，不管他們是大法師、小法師、居士都一樣，全都是邪見。

接下來，「隨信行等」。「隨信行」就是十信位菩薩，已經開始對三寶起信，正式在修行了。「隨信行」之後，繼續修到加行位，這個時候叫作「解行地」。那如果到了這個時候繼續修行，破參了叫作「勝解行」；還沒破參之前，六住位中廣修六度萬行，畢竟還隔著一層皮，只能稱爲「解行地」。如果經由加行，證眞如了，對佛法的總相得了勝解，有勝解時依然還在解行地（一直到十迴向滿心位都叫作「勝解行地」）；就像有人把純乳再加以攪動之後靜置不動，轉成乳酪了，所以這時「猶如成酪」，已經是成熟的乳酪了。純乳是即將要變成酪，但還沒有變，所以它還是可以流動的；但如果變成了乳酪，它就開始凝結了，那叫作乳酪。這表示說：從十信位的初信開始修，全都叫作「隨信行」，可是從初住位開始就進入「解行地」，因爲對佛法眞的有正確的理解了，因爲已經開始正式修學菩薩六度；但是有個前提，這是依於正知正見來修學菩薩六度，這個時候就是成酪的階段了。

那麼再進而修學，說七種學人法隨法行等；這個部分講聲聞、緣覺、菩薩的修行內容。但是修學的時候，《菩薩瓔珞本業經》有講，剛開始只是習種性，然後是性種性、道種性、聖種性、等覺性、妙覺性，再加上加行位的部分，說這個部分是要有所實證的人，這樣加起來總共是七種學人。那麼這七種學人爲什麼要叫作「學人」？在二乘法中，只要還沒有到達究竟位，也就是阿羅漢或者辟支佛位，就叫作「有學位」。有學位要不要叫作學人？當然要叫作學人。可是在大乘法中，還沒有成佛以前，全都是大乘法中的「學人」；那麼這樣說，這七種學人是包括七地住的菩薩在內。七地住菩薩不是已經進入聖種性了嗎？從初地開始就是聖種性了，那爲什麼說他們依舊叫作生酥？我跟諸位提示一下：七地之前的所有菩薩，他們的第八識叫作什麼？叫作阿賴耶識！阿賴耶這個名詞還沒有辦法捨棄掉，因爲還有習氣種子隨眠，所以這也叫作學人，全部都是學人。

但爲什麼這個時候還叫作學人？因爲解脫道還沒有究竟，佛菩提道更未究竟。在大乘法中，我們常常說：「阿羅漢迴心大乘，進了大乘，最多不過就是六住滿心位，不超過六住滿心位；連十住位、十行位、十迴向位都不算。」這樣看來，顯然阿羅漢的證境並不高。但爲什麼要證得阿羅漢果才能入地的初地乃至七地菩薩，竟然都還只是生酥？這是個問題。這就是說，依佛菩提來講，只要你入地前起惑潤生了，這第八識都還只能叫作阿賴耶識；那就不是無餘涅槃，那就是生酥。雖然一大無量數劫前，你是證得阿羅漢果，然後證悟，次第修學才進入初地的；從初地又進修無生法忍，現在來到第七地了，結果你依舊叫作生酥，因爲你的第八識仍然叫作阿賴耶識，還沒有稱爲異熟識。所以解脫道與佛菩提道互相涉入的情況，必須先要了知。

那麼到了七地滿心，這已經是「色陰盡、受陰盡、想陰盡」的境界了，這不是阿羅漢們之所能知。不說六地、七地，單說三地滿心「色陰盡」，在沒有月亮的暗夜中，烏雲遍布，然後又關在沒有燈的暗室裡面，內外俱暗，但是他照樣可以讀經，作事情都很順利，這才是色陰盡的境界；那阿羅漢們能知嗎？不知道！如果是六地的「受陰盡」、七地的「想陰盡」境界，更不能知。可是這七地菩薩因爲還在「起惑潤生」階段，留有最後一分思惑可以繼續受生行菩薩道，所以出三界的境界就不究竟；即使他終於七地滿心了，還沒有邁入第八地之前，都還是生酥，所以第八識都仍然名爲阿賴耶識。

那什麼才叫作熟酥？得要是有意生身的阿羅漢。換句話說，慧解脫還不算數，俱解脫也不算數，得要三明六通的大解脫才叫作熟酥，這是意生身阿羅漢，或者意生身的辟支佛，因爲辟支佛也不是每一個人都有意生身。

接著「**得自在力**」是指什麼人？是第八地以上的菩薩。他爲什麼能「**得自在力**」？因爲他於相、於土自在，可以自在變化，這是「**得自在力**」的菩薩。接著「**及九住**」，九住就是九住地；《十地經》另有一個譯本，譯作《十住經》，這個「住」就是講「地」的意思。九住地的菩薩有四無礙辯，而且已經有了第八地「得自在力」的功德了；再加上第十住地法雲地，於一切法通達自在，說法如雲如雨，這就是十地菩薩；這一些人都叫作熟酥，因爲距離佛地不遠了，只有三個階位；雖然說不遠、只有三個階位，可是這三個階位要修一大阿僧祇劫，等於成佛之道的三分之一，所以叫作熟酥。只有如來、應供、等正覺才是醍醐，因爲從生乳、純乳、乳酪、生酥、熟酥來到醍醐的階段，已經是究竟位的醍醐再也不可製作了，它是究竟位了，所以如來、應供、等正覺猶如醍醐。現在 世尊這個譬喻和階位的說明講完了，迦葉怎麼請問 如來的呢？

經文：【迦葉白佛言：「世尊！如來云何說有三乘？」佛告迦葉：「譬如導師勇猛雄傑，將諸親屬及餘人眾，從其所住欲至他方；經由曠野嶮難惡道，作是思惟：『此眾疲乏，將恐退還。』爲令諸人得止息故，於其前路化作大城，遙以指示，語諸大眾：『前有大城，當速至彼。』諸眾悉見，漸近彼城，各相謂言：『是我息處。』即共入城休息快樂，樂於中住，不欲前進。爾時導師作是思惟：『此諸大眾得此小樂便以爲足，羸劣休懈無前進意。』爾時導師即滅化城。彼諸大眾見城滅已，白導師言：『此為何等？為幻為夢？為眞實耶？』導師聞已，即告大眾：『向者大城為止息故，我化作耳。更有餘城，今所應往，宜速至彼快樂安隱。』大眾答言：『唯然受教，何緣樂此鄙陋小處？當共前進安樂大城。』導師告言：『善哉當行。』即共前進。復告大眾：『所往大城先相已現，汝當觀察，彼前大城極甚豐樂。』以漸前行見彼大城，爾時導師告諸大眾：『諸仁當知，此是大城。』時諸大眾遙見大城安隱豐樂，心得歡喜，各共相視，生希有心：『此城為實？為復虛妄？』導師答言：『此城眞實，一切奇特，安隱豐樂。』即告彼眾：『入此大城，此則第一究竟大城，過此處已，更無餘城。』彼諸大眾俱入城已，生希有心，心得歡喜，歎彼導師：『善哉善哉！眞實大智，大悲方便，哀愍我等。』」】

語譯：【摩訶迦葉稟白佛陀說：「世尊！如來為什麼說佛法有三乘？」佛陀告訴摩訶迦葉：「譬如有一位導師很勇猛，是英雄豪傑，率領著許多親屬及其他大眾人等，從他們所住的處所要去至別的地方；經由曠野險難以及惡道，導師這時作這樣的思惟：『這些大眾已經疲累渴乏了，繼續再走下去，恐怕都會想要退還。』為了令這些大眾可以暫時停止而安歇的緣故，於是在道路的前方，化現出一個大城來，遙遙地指出來讓大家看見，就告訴大眾說：『前面有大城，我們應當快速去到大城裡。』大眾全部都看見了，就漸漸地走近了那個大城，各自互相言語說：『這是我們休息的處所了。』於是就共同進入大城中，休息而覺得很快樂；然後就因爲快樂的緣故，就捨不得離開，不想再前進了。在那個時候，導師又這樣子想：『這一些大眾們得到這樣的一個小小的快樂，便覺得已經滿足了；因此心性就不再雄猛，下劣而希望在這裡休息，心生懈怠而沒有再往前進發的想法了。』那個時候，導師就把化城消滅了。

那一些大眾們看見城已經消滅以後，就稟白導師說：『這到底是怎麼回事？是幻化的呢？還是我們大家在作夢？或者是眞實的呢？』導師聽聞了以後，就告訴大眾：『在此之前的大城是爲了讓大家止息的緣故，我才變化造作出來的。還有其他的另外一個大城，才是我們現在應該前往的地方，應該趕快去到那個地方，那是快樂安隱的處所。』大眾回答說：『就像是您所說的這樣吧！我們大家都接受您的教導，何必再繼續攀緣於這個粗鄙陋劣的小地方呢？應當共同前進那個安樂的大城。』導師就說：『很好啊！應當走了。』

然後就共同前進了。接著又告訴大眾說：『我們所要前往的那個大城，其實已經有一些徵兆出現了，你們應當要詳細觀察，那個前面的大城，非常的豐富安樂啊。』由於漸漸往前行進的緣故，就看見了那個大城。那時導師告訴大眾們：『諸位仁者應當知道，這就是我說的大城。』當時所有的大眾遙遙看見了那個大城很安隱而豐富快樂，心中都非常地歡喜；互相瞻視而生起了稀有之心說：『這個城到底是眞的呢？或者同樣也是虛妄的？』導師就答覆說：『這個城是眞實的，一切事物都很奇特，非常安隱無憂而且豐富快樂。』就告訴那一些眾人：『進入這個大城之後，這就是最極第一的究竟大城；過了這個地方以後，再也沒有別的大城了。』那一些大眾們一起入城了以後，就出生了稀有之心，心中非常地歡喜，讚歎那位導師：『眞是太好了！太好了！眞實而有大智慧，又有大悲心施設了各種方便，這正是哀愍我等諸人啊。』〔二〕

講義：我們講過《法華經》了，這段經文諸位就比較容易瞭解。也就是說《般若經》說完了，那麼開始進入第三轉法輪時期，當然世尊要說明有三乘菩提。以前兩岸的佛教界都不談三乘菩提，因爲他們都被誤導了，都說四阿含諸經就是佛菩提，阿羅漢道就是佛菩提道。但是四阿含諸經的法義具足修行成就以後，就只是阿羅漢和辟支佛，頂多加上實證第八識，就沒有悟後起修的法了。可是他們成爲阿羅漢、辟支佛以後，爲什麼都還不叫作佛？爲什麼都沒有十號的功德？當年兩岸佛教界都不探討這個問題。

直到我們出來弘法，我說：「**阿羅漢、辟支佛還沒有成佛。**」那我這麼說，人家不接受。我弘揚第八識如來藏，人家也不接受，還罵我們說：「**你弘揚的是外道神我，因爲如來藏就是外道神我。**」所以罵我們邪魔外道。後來我們不得不開始作法義辨正，出書來證明：二乘聖人仍然不是佛。我們也提出證明：二乘聖人沒有證得般若，因爲二乘聖人不必證眞如，他們都沒有證得第八識。接著又提出來：禪宗開悟了，就是五十二個階位裡面的第七住位。好多人更不能接受，就罵我：「**你蕭平實是明揚禪宗，暗貶禪宗！**」說我貶抑禪宗。可是我們一一證明，從實證的現量和聖教量來說，禪宗的開悟只是第七住位。最後我乾脆寫《阿含正義》，把《阿含經》裡面明說的經文，三乘部眾的那些名詞都提出來說：「**《阿含經》都講有聲聞乘、有緣覺乘、有菩薩乘，有三乘部眾；既然是有三乘不同的部眾，表示佛菩提道中就是有三**

乘，不可能只有一乘。如果要講一乘，那就是『唯一佛乘』，把小乘、中乘、大乘都含攝進大乘法中來。」

因爲我們講的都是兩岸佛教界沒講過的法，本來大家各個頭上都有一個很大的光環，叫作開悟聖者，結果蕭平實出來弘法以後，全都褪色了、黯淡了；是可忍，孰不可忍！結果他們儘管罵，我儘管出書。到最後證明，原來釋迦老爸跟我一樣是他們所罵的邪魔外道；這下他們不敢再罵了，因爲釋迦老爸說的就是這個第八識妙法啊。所以爲了誘引怯劣遠行辛苦的人，要施設解脫道、緣覺道。如果不作這樣的施設，一開始就講佛菩提，大家聽到成佛之道三大阿僧祇劫，腳底都涼了。就好像我們弘法，我們書裡面列出來，你進了同修會有三個階段要學。那你現在走到哪一個階段？有次第，你自己可以來比對：我現在走到哪裡？接下來，我要踏出的這一步是什麼？

不單單這個，即使是作無相念佛的功夫，我也施設了十個階段。爲什麼要這樣施設？本來我沒有這十個階段呀！我就這樣直接走過來，哪有這十個階段？可是要讓大家可以實地檢驗：這無相念佛十個階段，第一個階段我會了，現在處在第一個階段；再練習、練習，練習到後來說：「欸！我進入第二個階段了！」這樣按部就班學習就覺得很踏實，心裡再也不慌了。等到無相念佛修成功了，接著要轉爲「看話頭」，這又是一個階段。然後看到書裡面講，知道說：「喔！我現在是會看話頭，原來是在這個階段。」一步一步都知道現在在哪裡，接下來要走到哪裡去。

所以，如來也是一樣的道理，不能一開始就講三大阿僧祇劫。完全沒有實證的人，你跟他說三大阿僧祇劫，他心裡面大概想：「誰信你？因爲這三大阿僧祇劫，且不說三大阿僧祇劫，下輩子我都不知道遇不遇得到你？你跟我講三大阿僧祇劫後的事！起碼讓我這一世先證個什麼，證明你說的是眞實吧！」當然要這樣。所以 如來先施設聲聞菩提，讓大家聽聞、實證，果然可以斷三縛結，也可以斷五下分結、五上分結，並且自知自作證。所以很多人見了 如來，那些人以前本來都是外道；如來的那些弟子們來求見 如來而聽聞說法，如來以十力的證量，一看就知道他們有緣、無緣。如是有緣的人，直接就爲他說法，說完了得法眼淨、斷三縛結了，當下請求 如來准許出家；如來准了，他自己一個人去思惟，依著「斷三縛結」的智慧去思惟。思惟到半夜裡，也許到天亮，就來跟 如來稟告：「我生已盡，梵行已立，所作已辨，不受後有。」自知自作證。

他知道自己可以不受後有了，死後再也不會有中陰身了，如來接著再講因緣法，他就會信；再講佛菩提，他更會信。你如果沒有先給他證得聲聞道，直接講因緣法，他是不相信的。怎麼說呢？譬如說，想要修學十二因緣之前，先要修十因緣法；但是修十因緣法的時候，有一個部分是無法實證的，那你要他怎麼信？譬如說，你從「老、病、死」往上追溯到「生、有」，再一直追溯到「名色」時，這時緣於第十支了；這第十支是「**名色緣識**」，而那個「識」現在不可證，除非你將來當了菩薩，努力修學才能證。就說由於那個「識」出生了「名色」，那「名」之中就有七轉識了，包括這個五色根，這樣合為「名色」；而名色是由那個「識」所生的，你的名色不可能無中生有，就是由於你自己有一個第八「識」，那個「識」出生了這個名色，而那個識現在不可證。那如果沒有讓他先證阿羅漢果，你跟他說：「**這個『識』你現在不可證。**」他不信！憑什麼要信你？

因此得要施設聲聞道，先讓他在解脫道上可以實證了，然後為他講因緣法時他才聽得進去。這時信了，然後再依著「流轉法」往下觀察，來一一現觀證實，果然是如此流轉；再反過來追溯，果然是要那個「識」才能生這個五蘊身心，否則他不會信受的。那麼因緣法可以實證了以後，他接著再來修菩薩道，如來再來宣講般若。《般若經》中主要是講什麼？講眞如的境界，所以說：「**眞如雖生一切法，而眞如不生。**」這個眞如就是第八識如來藏，說眞如雖然出生了一切法，可是眞如自己是從來無生的；無始劫來沒有出生過，祂是本來就在的。「**眞如雖生一切法，而眞如不生。**」這一句聖教很重要。要把它牢牢刻在你的腦袋瓜裡面，印在你的如來藏裡面，盡未來際要受持好；等到有一天證悟了，你來檢查一下，這個眞如果然要叫作「**眞如**」。於是 如來也會同時再作教外別傳，幫弟子們親證眞如。

這眞如其實就是如來藏，因爲如來藏第八識眞實而如如；唯此第八識爲眞如，無有二、三。這時就會聯想到因緣法，十因緣講的「**名色緣識**」：原來眞如就是那個第八「識」。因爲物不能生心，「識」就是心；只有「心」才能生覺知心，以及出生有色根，因爲第八識心有大種性自性，所以只有「心」才能出生這個色陰，物不能出生我這個覺知心。所以悟了就想：「**喔！原來名色之所從來就是那個『識』，那個『名色緣識』的『識』就是《般若經》**

講的『眞如』。」所以《般若經》裡面 如來又講非心心、不念心、無心相心，還有無住心，都是講這個第八識。這時菩薩們從聲聞道、緣覺道走過來，現在成爲菩薩又證悟了，才回想起來：「我以前當阿羅漢、當緣覺辟支佛時，我是還沒有證這個『識』的。」這就很篤定了。

要是沒有走過這條路來的人，根本不知道這條路上有什麼風光啊！他就亂解、亂說。所以我們剛出來弘法，說開悟明心就是證第八識時，佛教界不太相信。很多大法師們甚至還在罵：「正覺那個新興宗教，你等著瞧！撐不過二十年的！」結果現在幾個年頭了？我從民國七十九年（西元一九九〇年）就開始弘法，快三十年了！正覺同修會成立也有快二十年了吧？超過了喔？所以這個是「老」字號的佛教了！不可能是新興宗教，他們都失望了！現在臺灣佛教界，如果有個徒弟到方丈室裡來求：「師父！我想求開悟，您也指點、指點我吧。」師父說：「附耳過來！」拉著耳朵跟他講：「你去正覺，別說我講的！」就變成這樣。這表示什麼？我們有理證，也有實證後的現量，而這個理證其實就是現量。

但是我們這個現量引述了聖教量，再從這個現量和聖教量來作一些比量的說法，沒有人敢說什麼。所以，一定要有三乘菩提具足，才是眞佛法。那他們沒有走過這一條路，就不敢和我們辯論。我走過這條路，我可以把這條路上每一個地方的岔路、所有的風光告訴大家，所以引導大家實證後，可以有更多親教師出面告訴他們。但他們沒走過，要如何跟我們正覺對話？因此以前臺灣佛教界有個道場說：「這蕭老師沒辦法跟我們對話。」我還眞的承認。

但我的「承認」，不是他所說的意思啊！因爲，這麼深妙的法，如何三言兩語就跟他們講清楚？很難爲他們解說清楚！若是眞要跟他們講的話，必須先從次法開始談起：「施論、戒論、生天之論、欲爲不淨、上漏爲患、出要爲上。」因爲他們連三界境界都弄不清楚，我要如何跟他們講這麼深妙的法？次法都講完了，然後才能跟他們講聲聞道，然後講緣覺道，最後才能跟他們講第八識眞如。在我們正覺弘法之前，沒有一個道場在講「眞如」。很奇怪！明明都是大乘佛教，而且號稱是禪宗呢，竟然都不講眞如！因爲他們自己也沒聽過眞如。

所以這有一個過程，得要一一親自經歷。當你親自走過每一個階段，你知道那些次第、內涵，然後就可以打開他們的疑惑了。以前有些小法師們總是喜歡亂質疑：「欸！阿羅漢也有證得眞如啊！你們正覺怎麼說阿羅漢沒證眞如？」咱們就舉證，從理上來說，也從聖教上來談，全都證明阿羅漢不用證眞如，所以阿羅漢不是佛；因爲成佛得要當菩薩，當菩薩時就得要證眞如，證眞如以後才能次第進修入地，入地再修十度波羅蜜才能成佛。阿羅漢還沒有證眞如，如果眞的迴入大乘以後，頂多是在三賢位的六住位裡面，離佛地還遠著呢！不要說世俗話講的那一句「難望其項背」，告訴你：「連影子都瞧不到！」那距離太遠了！

所以三乘菩提是一定要有的施設，沒有這三乘的施設，眾生無法次第走上來。當年 如來示現在人間，那些示現爲外道的弟子們一一找回來的時候，他們其實是往世很多劫就跟隨著 如來在修學了，不是這一世才開始修學的。老實講：「一世就想要入地，門兒都沒有！」不說門，連窗戶都沒有！爬都沒得爬。那現在外面有些法師還在那兒斤斤計較，小鼻子、小眼睛的；我們有一位親教師講得好，他說：「你們各大山頭都還在看這一世，我們正覺看的卻是此後九千多年的事；我們還看到彌勒尊佛時候的事，現在就已經在計畫了。你們還在講這一世很多芝麻蒜末的事情。」是啊！就是這樣。

所以我這一世教導你們：不是明心就完了，還要見性，接著還要把這個三賢位的「非安立諦三品心」完成；在將來九千年後，諸位得要先證阿羅漢，然後去兜率天宮繼續進修。將來 彌勒佛來人間，龍華三會度九十六億、九十四億、九十二億人成阿羅漢的時候，你們是要來幫忙的，你們不是那時要被度的人。那時候需要多少弟子四眾來幫忙！彌勒佛如何能應對那麼多人呢？這就是我們的一個計畫，也是我對諸位的期待。

所以，別老是在世間法上小鼻子、小眼睛！心量放大看遠處，別看眼前一世的事情；不然哪天見到了，我要罵你：「眼光如豆！」只看到一顆黃豆那麼遠。即使是蠶豆、大豆好了，還有什麼豆？應該是皇帝豆最長了，那也依然目光短淺！對不？所以我們要看很遠，心量要放大！不要老是在小事情上斤斤計較。所以，這些過程你得要親自經歷，每一個人都得經歷。你如果確定要走「成佛之道」這條路，每一階段都逃不掉，你每一步都要確實踩過；否則你將來成佛了，結果成佛的內容沒有很清楚，萬一有一個初地菩薩一問，結果兩手一攤：「我也不知！」那時怎麼辦？能有這樣的佛嗎？所以你得要親自一一走過。

如果我沒有親自走過來的話，佛教界那一些人雜七雜八的問題非常多，這樣質疑下來，哪能應付啊？所以 如來一定要有這個施設。當你依著 如來的施設次第走過來，你就很清楚知道：「阿羅漢不是佛，阿羅漢不是緣覺。」阿羅漢進修因緣法，終於成爲緣覺了，自己很清楚的，他自己絕對知道說：「阿羅漢不是緣覺。」想到迴小向大，跟隨 如來修學般若，如來一面講般若，平常就會以教外別傳的方式給機鋒；悟了以後說：「啊！果然，這就是眞如！」這時候就會知道：「緣覺果然不懂眞如，阿羅漢更不懂！」這時你很清楚，拍胸脯講大話都沒問題。如果怕人家聽不見，再拿個大聲公：「阿羅漢沒有證眞如！阿羅漢來到我這裡開不了口！」都可以大聲公講出去沒問題，因爲事實如此，而你親自經過了，你已經看清楚了，果然如此！

到這個階段，你不得不佩服 如來的方便施設。所以我們出來弘法以來，遇見的質疑太多了！那些問題多得不得了！一個人質疑一項，就有非常多的問題。那我們一一解答，從來不用猶豫、思索，直接就可以答覆。這樣答了以後，果然臺灣佛教界對正覺另眼相看。現在如果有哪個法師敢罵正覺是邪魔外道，只要他罵了，保證他當晚一定要去 佛前懺悔。也就是當眾罵給人家看，然後晚上趕快去 佛前懺悔，他們也怕那個惡業的果報！因爲「謗三寶」是犯重戒，不得了啊！

這就是說，剛開始宣講大乘法，摩訶迦葉也沒有眞的理解爲什麼要施設三乘，但是這個「施設三乘」的道理很重要；如果沒有這樣施設，你要度弟子，保證門前草深一丈。歇後語是什麼？沒有人來行走。因爲草可以長到一丈高，表示都沒有人來踩踏。所以先要讓大家證聲聞菩提，證聲聞菩提之後，再告訴他因緣法；證緣覺菩提之後，再告訴他菩薩道；這時發覺：「解脫道是可證的，所以聲聞菩提、緣覺菩提我都證了。接下來，佛講眞如；而今眞如我也證了！看來，如來沒有妄語。」所以 如來講的三大阿僧祇劫佛菩提道確實可信。

那我們正覺走到今天，明確告訴大家：「從凡夫位進到三地心的內容都是眞的。」因爲你可以體驗祂，可以體驗就不是假的了；如果不能體驗的，那叫作思想，不是佛法。所以臺灣的六識論的法師們，每年舉辦印順導師佛學思想、印順思想研討會，那眞的叫作思想，命名太準確了！但我們不辨思想研討會，我們這個是佛法的實證，不需要研討！要作的就是好好地聞、思、修，然後在加行位參禪、實證；實證之後，該修的一步一步走上去。這是現量所以不叫作思想，而且不是師父我一個人才能證，你們都不行。如果弟子眾的心性不是惡劣的，那就應該師父能證，弟子眾也能證；如果只有一個人能證，那很有可能就是思想，但用它來籠罩大眾。

所以玄學爲什麼叫作玄學？因爲不可求證，永遠都弄不清楚，言人人殊，一個人講一個樣兒；套一句俗話：「**公說公有理，婆說婆有理，不說也有理**。」因爲只是思想。但如果是現量的，因爲佛法都是現量，三乘菩提全部是現量；那如果是現量，就表示：我能證，我就能幫你也實證；那你實證了以後，不是只有你來證明我，我還可以再繼續幫別人、繼續來證明我說的這個是現量，而不是想像。這才是佛法。

所以，哲學永遠都要臣服於佛法，因爲哲學界所探討的也是宇宙萬物、宇宙有情的根源，但它們永遠都是思想。可是哲學界到了現代，反而比那些六識論的大法師們更高明，因爲他們思惟到最後有一個結論出來，不可推翻：「**假必依實。**」一定是先有一個常住不壞的眞實法，這個法常住不壞，由這個「本住法」才能出生那一些虛假的、生滅變異的法。哲學界反而有這個智慧，這種世間智慧遠勝過佛門中六識論的大法師們。那六識論者的代表就是釋印順，釋印順說：「**一切法都是從細意識出生的。**」然而能生諸法的細意識要如何證？釋印順沒有傳給任何人！他自己也沒有實證，表示它只是思想。

然而這個細意識，我把它拆穿了，很簡單！他講的細意識就是直覺，因爲他說：「**禪宗開悟就是悟那個直覺。**」但直覺怎麼會是細意識？直覺只是意識心的心所法，連意識都談不上！所以你們看他是不是邪見？他眞的是邪見哪！因此 如來說「**凡夫邪見**」，眞的沒有差錯！釋印順是受三歸而且受了三壇大戒之後，住如來家、穿如來衣、食如來食，結果都在破如來法！他就不信有三乘菩提，主張說：「**那大乘法都是後代的佛弟子對如來的永恆懷念而創造出來的。**」可是我們從實證的現量來看時，大乘佛法所說的遠勝過二乘菩提諸法，而且沒有牴觸、沒有違背，卻是更深妙、更廣大。結果，依照他的邏輯來看，顯然後代的佛弟子智慧比 如來好很多了？那他就是謗佛！

所以我不斷地嘮叨他，嘮叨了十幾年了，他不敢回應我一句話。他很聰明，知道回應了就越糟。所以三乘菩提的施設絕對必要，如果沒有三乘菩提的施設，一開始就講佛菩提，要三大阿僧祇劫辛苦修行，其誰能信啊？今天講到這裡。

《大法鼓經》上週講到二十五頁第三段的第一行，迦葉白佛言：「世尊！如來云何說有三乘？」接下來，今天要從「佛告迦葉」四個字開始。當然，我們上週也大略說明：爲何必須要有三乘菩提。不能一開始就直接講唯一佛乘，今天就不重複了。

迦葉提問之後，如來作了開示：「譬如導師勇猛雄傑，將諸親屬及餘人眾，從其所住欲至他方；經由曠野嶮難惡道，作是思惟：『此眾疲乏，將恐退還。』爲令諸人得止息故，於其前路化作大城，遙以指示，語諸大眾：『前有大城，當速至彼。』」這個就是如來的方便施設。說起來，我這一世弘法沒有好好依著　如來這個方便施設來教導、來傳授，所以前後就有三次的法難，這應該也是不可避免的；因爲沒有先要求他們學好次法，次法之後應該要學的二乘菩提，我也沒教；當初是一開始，每一個人都先悟了再說，這叫作不觀根器，這是有過失的！所以三次法難下來我都不氣，如果眞要氣，就氣自己。

但是有時候想回來，當年我如果不是這樣作，那麼證悟的人可能是我弘法六、七年以後才開始有，那麼佛教界信受的速度也就要延後六、七年，正法的勢力就只能延後六、七年才能增長起來，這講起來也叫作一得一失，這個就不去談它。但是我們這個狀況是因爲 如來已經先把三乘菩提傳了，所以這一路來，雖然從篳路藍縷走到跌跌撞撞，然後被咬了幾口，如今也算是站穩了腳跟。

但是，如果世間還沒有佛法，是 如來示現在人間，大眾第一次聽到佛法；這時就必然要先施設二乘菩提，以二乘菩提幫助大家實證了，確定解脫生死是眞實的，不是虛妄想，也不是錯誤地自以爲出生死，此時大眾對 如來才會有絕對的信心。到這個時候再傳授「般若」妙義，大家證悟了，確實檢驗：一切諸法莫不從這個第八識眞如出生。可以現觀之後，再繼續來演說成佛之道三大阿僧祇劫的位次以及內容，大眾就能信受了。否則一開始就說：「**佛道可成，只是需要三大阿僧祇劫。**」那會有什麼人能信呢？所以必須先施設二乘菩提。就好像有一位導師帶領大眾要去另一個地方，這些大眾自己沒有能力，而這個帶領的人他本身很清楚這個道路和過程；那麼他一定得要是勇猛而雄傑，才能夠率領這些親屬以及其餘的眾人經過曠野險難和惡道；但是他不能一開始就直接帶領大眾到目的地，因爲太遙遠。

很多人作事情作到一半就退卻了，但是也有許多人走了九十步以後，剩下的十步走不下去了，寧可退回來。所以有一句話說：「行百里者半九十。」有沒有聽過？對啊！本來預定要行走一百里，很多人都在走，希望能到達，但是多數人都是走到九十里後就退回來了；因爲他們還不知道後面那十里到底還要走多久，以爲可能還要走很久，所以走到九十里地時等於才走一半而已。所以他們雖然已經走到九十里地時，其實只等於走了一半的路程，因爲還沒有到達時，依舊是沒有成功，或者是沒有成績。

這就是說，他們不知道那條路有多遠？過程如何？他們沒有具足了知；所以有很多的人，走了九十里就折返了；就差那十里，終究沒有成功，好可惜！那麼身爲導師要將領眾人到遙遠的地方，同樣要全部知悉：整個路途有多遠、有哪些岔路和危險，知道如何避開；但是也不能夠因爲自己知道了，然後帶著大眾都不停息，一直走到底；那麼大眾沒辦法完全相信他所說的，所以必須要巧設方便。因此這位導師很聰明，恐怕大家走到很累了，所以就在很累的時候，已經快走不動了，就在更遠一點的地方化作大城，讓大家可以看見。啊！原來大城眞的在那裡！你說再怎麼累也會撐過去，因爲都已經看見了；這樣子一來，菩提路便走完不只一半了，這就是導師的方便。

那麼大眾都看見了，一步挨著一步漸漸走近了，然後進了城。大家都說：「**這眞的是我們可以休息、安歇的地方。導師沒有騙我們！**」就相信那位導師了。一旦進了城，很累呀，當然趕快喝水進食、睡覺休息，然後大城裡面有很多可以享受的，就繼續享受了。這意味著什麼？意味著二乘菩提的修學已經成功，至少可以解脫三界生死了。能解脫三界生死，那一定是有許多法樂可以自娛的。除了這個解脫生死，也知道解脫了生死以後不是斷滅空，所以 如來也幫他們悟了第八識如來藏，現觀無餘涅槃中的本際。這時候心裡面想：「**不錯！實相也懂了，解脫也得了。**」那就覺得很安心。這時大家在解脫道以及般若法城裡面盡情享受，都以爲已經到最究竟的大城了，當然沒有想到會有另外一個更好的大城等著他們。如來也沒有事先告訴他們：「**這**

個是變化所成的。」所以大家只顧著法樂無窮，在那邊享受。

這時導師又這樣子想：『此諸大眾得此小樂便以爲足，羸劣休懈無前進意。』爾時導師即滅化城。」這代表什麼？就是告訴大眾：「即使已經成爲阿羅漢了、即使有般若法樂自娛，這還不是成佛時的究竟涅槃，還早著呢！」因爲這還不是眞正究竟的解脫，這樣說明等於那位導師把化城消滅了。這個城既然是他所化作，當然他有能力把它消滅。當初 如來告訴大眾：「佛道可成，證得二乘解脫之後第一個要再實證的，就是證悟第八識如來藏，生起實相般若。」這個道理都告訴大家了，大眾也可能都是想：「那麼證得涅槃本際的如來藏時應該就是成佛了。」

這時候 如來又說：「這時還沒有成佛！這個看似諸佛如來所證的境界，其實是我所化作。我先告訴大家說：『證得第八識如來藏就是如來的境界。』大家信以爲眞，當然努力求悟。」但是 如來有沒有騙人呢？沒有啊！因爲諸佛如來也是悟這個第八識，這也是 如來的境界，只是有沒有究竟而已。就好像大學的教授告訴學生們說：「你們只要好好念書，念到高中的時候畢業了，那就是我的境界。」這大學教授也沒騙人哪！高中畢業當然也是他的境界，他沒有騙人，只是他沒附帶一句說：「後面還有大學、研究所、博士班以及博士後的修學。」只是他沒有附帶這一些而已，那他當時說：「那高中畢業是我教授的境界。」他沒有騙人，因爲那實際上也是他的境界。

那麼 如來就這樣循循善誘，讓大家往前來到這個地步了，再告訴大家說：「這是我如來的境界，但只是我如來境界中的一部分，不是全部。」如果以現代的漫畫來講，當然大眾就是額頭三條線了。所以「彼諸大眾見城滅已」，當然大家就要問了，「白導師言：『此爲何等？爲幻爲夢？爲眞實耶？』導師聞已，即告大眾：『向者大城爲止息故，我化作耳。更有餘城，今所應往，宜速至彼快樂安隱。』大眾答言：『唯然受教，何緣樂此鄙陋小處？當共前進安樂大城。』導師告言：『善哉當行。』即共前進。」

這時大家看著本來是佛的境界，現在沒了！而 如來又說：「另外還有一個大城，那才是究竟的。」既然 如來都帶我們走到這個地步來，沒有騙我們，所以其言可信，而且有法樂自娛，所以就聽受 如來的教導繼續往前進；已經到這個地步了，總不會侷限在那個不圓滿的智慧境界和解脫境界裡吧？一定不會啊！因爲 如來都說了：「還有更圓滿的、更高廣的解脫，以及佛地的境界等著大家。」既然　如來這麼講了，想一想：「啊！都已經走到這個地步了，那就繼續往前走吧！」當然會這樣想。

不說當年那些阿羅漢菩薩們，單說今天諸位，你們就願意繼續走完三大阿僧祇劫。你們有沒有人說：「我不要走到那麼遠！我走到初地就好。」有沒有？沒有啊！所以你們答得很爽快，眞的沒有，確實是沒有！我也相信沒有人這樣想，因爲這是眞實可以到達的。也就是說：這個聲聞菩提、緣覺菩提修完了是一個階段，接著佛菩提的般若實證那是另一個階段。到這個階段呢，如來當然會有許多法義上、以及現量上的事情可以爲大家說明，證明大家現在所到的境界還沒有到達佛地。所以　如來才需要講「三不護、四無所畏、七覺支、十八不共法、十力」等等法，也才需要講「諸佛如來的十號」，這樣大家都可以檢驗：自己現在的境界是否與佛地一樣？都可以自我檢驗，那就相信　如來的話了，因此大家都願意繼續往前走。

但是繼續往前走，不能只是這樣，而是應該跟他們指點一下，讓他們更有信心，所以這位導師「復告大眾：『所往大城先相已現，汝當觀察，彼前大城極甚豐樂。』以漸前行見彼大城，爾時導師告諸大眾：『諸仁當知，此是大城。』」所以這有一個過程，不是化城一滅，馬上就讓他們到達那個大城。如果這樣，那就不必先化作那個大城了。所以滅了化城以後，叫大家往前走，也要讓大家邁步之前先去領受看看：前面那個大城是不是快到了？要讓大家領受，所以告訴大家說：「所往大城先相已現。」就好像 如來告訴大家：「現在這個三賢位的法修完了，入地了，那麼這一條路有多遠、這個路上有些什麼風光，全都告訴大家。大家看了，果然是如此！」這就是講十地之道，把那個過程說給大家，然後再說了佛地有些什麼功德。

這就好像說：你開了一間飲食店，人來人往，你要吊他們胃口，他們才會進來你這店裡進餐，所以你得要弄一些香味讓它飄出去；那飄出去，人就一定來嗎？也不一定！也許他們一時還找不到。那你就要貼個招牌，讓人家容易找到。這就是你開飯館想要生意鼎盛時先要作的事情，這叫作「先相」。就好像說：「這佛地的境界是這麼好，功德這麼棒，大家趕快來呀！」可是如果都看不到、都聽不到、嗅不到呢？那大家會想：「搞不好，接下來要走的路，比以前走的那一段還要遠。」那腳都瘦了、腿都軟了，所以先要給他們一點「先相」，讓他們稍微可以領會到：「原來如來的境界是這麼好！原來如來的境界是這樣的究竟！」先讓他們可以確認這一點，這就是「先相」。

「所往大城先相已現。」如來一定告訴大家：諸佛如來有些什麼功德，那大家聽了，一定會馬上觀察：「欸！我們家釋迦如來有沒有這個功德？」一定會馬上觀察了。觀察的結果：果然如此！而我們根本作不到，但是如來可以作到，表示我們將來也可以作到；這就是如來給大家的「先相」，現在大家都看見了。如果有的人聽了還笨笨的，不會去觀察，如來就付囑他：「汝當觀察，彼前大城極甚豐樂。」意思是告訴他：「你們應當觀察我釋迦牟尼佛，我是不是有這一些功德？如果有，你們就應該像我這樣得到這麼多的功德。」於是大家再笨的人也會跟著觀察了，看一看，果然如此！於是就開始前進了，繼續進修，這些弟子們有的九地、八地、七地、六地、五地、四地不等，大家就繼續往前走了。

這時就是「以漸前行見彼大城」。這時就是次第前進，到了那個大城了，如來就把佛地境界顯現給大家。這位導師就告訴大家：「諸仁當知，此是大城。」這就是顯現 如來的境界給大家看。「時諸大眾遙見大城安隱豐樂，心得歡喜，各共相視，生希有心：『此城爲實？爲復虛妄？』」這表示此時該入地的入地了，該進入二地、三地、五地、七地、八地不等，也都進入了。這時心得歡喜，可是心中又不免懷疑，因爲前面認定過一次所謂的大城，這一回這個大城到底是眞的、還是假的？搞不好 如來到時候又說這個城也是假的，那怎麼辦？所以大家就得要討論、討論，互相竊竊私語；但是都覺得很稀有說：「**這個大城究竟是眞的呢？或者是假的？**」這時候導師又出來安慰眾生，安慰所有的佛弟子：「**這個城是眞實的！一切法都很奇特，而且絕對安隱、無量地豐樂啊。**」

「**即告彼眾：『入此大城，此則第一究竟大城。』**」這意思是什麼？就是說，佛地的境界是眞實境界，不是虛妄的境界；絕對不是那些六識論的人誤會了以後講的「一切法空，緣起性空」，絕對不是這樣，而是眞實法。二乘菩提會令人墮於「空」中，無法脫離，因爲他們怕苦，所以想要滅除有生之法；但是大乘菩提是眞實法，不是虛妄法，所以是眞實的，不是要滅除的。既然是眞實的，那一定就是奇特的了，所以這個法是安隱豐樂。

早期我們講經說法，說了十幾年，不斷地強調：「**大乘法證悟了以後才算腳跟著地，每一步都是腳踏實地。**」在大乘法的證悟之前，三乘菩提修學的過程當中，永遠都覺得虛幻不實，永遠都沒把握；雖然說佛法學了很久，但是心中都不踏實，覺得沒信心，到底何時可以親證？完全沒有頭緒，所以腳底下浮浮的，走路不踏實，也就是學佛的過程中都不切實穩健。但有一天證悟了，那就安下心來，因爲如實可證。從那個時候開始，每一步都踏踏實實的，絕不虛幻，這就是大乘法的殊勝處。所以我們弘法前十來年，一直都在強調這一點，因爲你可以腳踏實地，所謂的開悟再也不是想像的，所謂的解脫再也不是想像的，因此整個心就安下來。

那麼悟了之後，智慧開始觸類旁通；有時爲那一些還沒有悟的人解除疑惑時，往往自己都覺得：爲什麼我能夠這樣講？很奇怪，從來沒想到自己能這樣講，因爲那時候觸類旁通，七通八達；不似未悟以前，遇到禪宗公案時都叫作「七花八裂」，所以這眞的很奇特。因爲奇特，所以心中非常安隱，一點都不慌亂，而且發覺其中的深妙法越來越多地浮現出來了，所以眞的叫作「豐樂」。那麼這位導師跟大眾說這個大城的「安隱豐樂」等事以後，就跟大家講，安大家的心：儘管入城就是！「**即告彼眾：『入此大城，此則第一究竟大城，過此處已，更無餘城。』**」所以讓大家知道：佛地的境界就是這樣，到了佛地境界，再也沒有更高的境界了，最多就是到這裡，這就是究竟的境界。要讓大家知道，也讓大家安隱下來，說：「你們大家都要好好修行，要到達佛地的境界。」這就是勸導大家說：「入此大城，此則第一究竟大城。」就不必再走遠路了。

第二個部分也是要安大家的心，因為有的人會想：「保不定我修行到達現在說的這個佛地以後呢，將來又說這不是佛地境界，還有更高的佛地境界。那我怎麼辦？」所以要告訴他們：「過此處已，更無餘城。」最究竟的大城就是這裡，再過去就沒有了。那麼，「彼諸大眾俱入城已，生希有心，心得歡喜，歎彼導師：『善哉！善哉！真實大智，大悲方便，哀愍我等。』」這就是說，讓大家進了大城，隨著他的能力能夠受用到哪裡，就受用到哪裡。

所以你們看那十大弟子，有的到九地了，有的是八地、七地不等，就是讓大家入城之後，各自受用而生起希有心。已經得大受用、起希有心了，當然要讚歎那位導師，所以弟子們都會讚歎　如來，就是這個道理。因為要憑一己之力到達那個境界，根本不可能！得要　如來將導。如果是自己摸索，十百千倍的時光與辛勞也到不了的！所以心存感恩，當然得要讚歎　如來呀。

那不懂的人就會說風涼話，所以世間人有兩句話說：「天下名山僧佔多，世上好話佛說盡。」那就是不懂法的人。懂的人，想方設法讚歎了十百千萬年以後，還覺得不夠，還要想方設法，再想想看有什麼可以讚歎的，繼續再讚歎 如來，這才是眞懂佛法的人。因爲如果他覺得：「如來就只是那樣，跟我差不多。」這表示他不會再進步了，就永遠原地踏步，永遠到不了 如來的境界。如果他繼續去尋找 如來還有什麼功德是自己作不到的，那麼後面終於又會再找到，又來讚歎；他常常去尋找 如來的功德，然後不斷地去讚歎，就表示他是心嚮往之，那就會繼續努力，這樣成佛才會快速了。

而且他努力讚佛，眾生看在眼裡，是不是有樣學樣？所以有一句俗話講得好：「龍生龍，鳳生鳳，老鼠的兒子會打洞。」對不對？對啊！龍生的當然是龍，鳳生的就是鳳，那老鼠的兒子當然也是老鼠。那老鼠一天到晚鑽洞，兒子跟著學，這是一定的道理。他每天讚佛，對佛的境界一定是所知甚多；耳濡目染，他的弟子們也會跟著他讚佛；將來他成佛了，他的弟子們就讚他如何成佛，也是讚佛；這樣大家就可以前進得更快，所以這是有好處的。

因此「讚歎如來」也是一個修行方法，可是要讚歎 如來並不容易。如果現在叫你出來讚歎，你大概就只會把那個〈讚佛偈〉唸一唸吧？其實如來有許多功德可以讚歎，單是一個十號功德就要讚歎上老半天，所以這時候有了安隱豐樂。導師也說明：「這個大城過了，再也沒有別的大城了。」那麼這一句話將來不能更改的了，因爲他說的是：「再也沒有別的大城了。」那如果將來再有一個呢？就是信用破產了！所以這話是不會更改的，大家當然都相信這話不可能更改，因爲已經說再也沒有別的大城了，這當然就是最究竟的。那麼看到這大城裡面這樣的安樂豐盛、這樣的安隱，當然大家要讚歎導師：「善哉！善哉！眞實大智，大悲方便，哀愍我等。」

你看，就這十二個字，其實包含了許多的恩德在內。如果不是眞實的大智慧，無法帶領大家到這個地步。如果有「眞實大智」，但沒有「大悲方便」，也沒有耐心跟著大家磨，磨到今天到達這個大城，這背後就是一個「哀愍」之心。請諸位設想一下：如果有個人可以生欲界天享福，而他不去，特地留在這裡陪你，你對他是不是該感恩？是啊！人家可以捨你而去呢，他到欲界天去，多快樂！但他不去，爲了陪你。如果再往上推，有人可以到色界天去，甚至於到四禪天去，而他不去，陪著諸位在人間，你們是不是要覺得感恩呢？

（眾答：是。）對喔！因爲色界天沒有煩惱，那是快活的日子。再進一步說，如果有人可以出三界，但他不出，留下來在人間陪你；如果有人可以成佛了，而他發大心說：「**地獄未空，誓不成佛。**」那你該不該感恩他？（眾答：該。）當然啦！

可是再進一步，如果人家已經成佛了，爲了咱們，特地再來示現一次成佛，拉拔我們；而且兩千五百多年前，不說汽車，連腳踏車都沒有，都是用十一號公車，用走路的，這樣走兩百多公里，去尋找五比丘；汽車時速五十公里，跑上大約五個鐘頭才能到鹿野苑，差不多有兩百五十公里。從菩提迦耶走到鹿野苑，得要走上十天、五天吧？爲了弟子，人天至尊可以這樣一路往前行。然後度了弟子眾等，又繼續爲大眾說法，留下三藏十二部經。這三乘十二分教我們學不完，是這麼豐盛！特別是你悟了以後，可以入這個「大城」去看；大城就是《大藏經》。每一部經你去讀時，啊！這麼豐盛！到處都是很豐盛，等著你去取。這樣的 如來，不說打著燈籠天下難找，就給你三明六通到處飛，也不容易找得到，當然得要讚歎啊！所以讚佛永遠不嫌多。

那麼話說回來，「天下名山僧佔多」，本來就該如此。天下名山，那些凡夫俗子佔了幹什麼？他們能利益誰？據爲己有還蓋起高牆，裡面養了惡狗，不許人家靠近。對吧？那能利益誰？但佛教的這一些勝義僧寶有佛法來利益眾生，即使是個凡夫僧，至少也可以依文解義吧？更何況古來中國大好河山，佔據那一些名山的僧寶有實證的人多的是。不像元朝之後，被中國皇帝搞壞了，要不然，到處都有實證的僧寶弘法的。那這樣子，由這一些佛門僧人佔據了各個天下的名山，又有什麼過失？所以同樣的道理，僧寶佔盡中華一切大好河山沒有過失，名山儘管上去開山立基都沒問題；更何況這一些僧寶的師父 釋迦牟尼佛，那當然更沒問題。

可是他們不懂！其實，菩薩可以當轉輪聖王尚且不當，繼續當菩薩修行，最後才成佛；那麼如果把天下都送給 如來，也不爲過；因爲 如來以前當菩薩時可以當轉輪聖王，全都捨棄了。轉輪聖王中的金輪王，擁有四大天下，都可以捨了出家學佛，所以就算把整個中國的名山都佔盡了，這些幾乎佔盡名山的僧寶用各種的好話來讚佛，又有什麼過失？所以不懂的人亂講一氣，結果是造下了謗佛、謗勝義僧的大惡業，但他們還不知道呢！

所以讚歎這位導師，說他「**眞實大智，大悲方便，哀愍我等。**」這是如實語，那我們用這三句來讚歎 如來也可以呀！但這只是第一小段，後面還要有無量無數的段落、字句繼續讚歎 如來。老實說，眞要讚歎 如來啊，天下只有妙覺菩薩最會讚歎，因爲他所知道的 如來功德最多；依此類推，到第七住位爲止。六住位以下，只能憑想像來讚歎 如來，那功德就差了。但是也不要說：「啊！這功德這麼差，那我還沒有悟，我就不要讚歎了。」不行，更要讚歎！因爲功德差，就要讚歎更多。可是想要讚歎更多，得多聞熏習，讓自己的福德增長更大一點；功德增長更大一點，這樣來讚歎，那福德與功德就跟著增大，這是個大家應該懂的道理。這就是 如來的大悲方便。「大悲」就是不放捨任何一個有緣的眾生，但有一絲善念，如來遇到了就想方設法救他，這才叫作「大悲」。所以從來不捨棄任何一人，這是我們要學的。

就好像有一個典故說，有一個大惡人下墮地獄，但是他有一念善心，所以 如來垂下萬丈的蜘蛛絲要救他。他如果不再起吝惜之心，就可以得救，可以離開地獄。只是他自己惡心又起，不想讓人家分享，那絲斷了，他又跌回地獄去。就這麼一念，果然就斷了！所以你看 如來有多麼慈悲。甚至譬如說，有個老女人跟 如來無緣，所以 如來想盡辦法要度她，但就是無緣可度。甚至於遠遠看見 如來要來爲她說法，趕快把門關起來；如來就化現到屋子裡面，她又趕快把眼睛蒙起來，因爲無緣哪！可是 如來還是想著要度她，所以派了羅睺羅去，就把她度了。所以說 如來眞的是很大的悲心，但是光有大悲也沒有用，還要有方便善巧，所以 如來觀察那老女人的因緣：「**喔！緣在羅睺羅。**」所以派羅睺羅去度她，這不就度成功了？

所以要有眞實的智慧以外，還要有大悲心，也還要有方便善巧；不然的話，提婆達多從山頂上推下石頭來，砸了 佛陀的腳趾；若是一般人大概會說：「**氣死我了！不度眾生了，回去了。走了！**」對不對？對啦，就這樣。但 如來沒有一點點的瞋，因爲習氣種子隨眠全都斷盡了；即使提婆達多下了地獄，如來還派弟子去看他，還想辦法讓他懂得懺悔，這也是大悲方便。所以瞭解 如來越多的人，對讚佛的那些言語、詩歌等永遠都不會厭煩，永遠都會珍惜。那麼這一段經文講的，我們就應當要學起來。接下來，如來又怎麼開示的呢？

經文：【「迦葉當知，彼初化城，謂聲聞、緣覺乘清淨智慧，空、無相、

無作解脫之智；眞實大城是如來解脫，是故如來開示三乘，現二涅槃，又說一乘。」佛告迦葉：「若有說言無『此經』者，非我弟子，我非彼師。」】

語譯：【世尊又開示說：「迦葉你應當知道，那個第一次出現的化城，說的就是聲聞、緣覺乘的清淨智慧，所證的是空、無相、無作的解脫智慧；後來的眞實大城則是如來的解脫境界，由於這個緣故，如來開示有三乘菩提，也示現聲聞、緣覺等兩種涅槃，又爲大眾宣說一乘之法。」佛陀又告訴摩訶迦葉：「如果有人說沒有『此經』的話，這不是我的弟子，我不承認是他的師父。」】

講義：如來重新宣示了：「首先化現出來的大城，講的就是二乘的清淨智慧。」這二乘涅槃是因爲修定或是修福德而成就的嗎？或者是因爲有了二乘菩提的智慧而證得的呢？這要先去端詳一下。也許有人已經想到我爲什麼這麼講了。因爲有個比丘尼說：「只要每天快快樂樂地布施，這樣子一直作下去都是快樂地布施，那就是『歡喜地』。」她說的這個歡喜地是只要快樂以及布施兩個法。快樂跟布施就是兩個法，她認爲不需要斷我見，也不需要開悟證如來藏，更不需要有無生法忍；只要快樂地布施，那就是初地菩薩。

依照這個標準修行，到最後就像她那樣，就是「宇宙大覺者」成佛了，不必斷我見、不必證如來藏，見性也不需要！

所以我們要說明，二乘菩提的解脫是因爲有智慧來作觀行，現見蘊處界的虛妄以及緣覺乘的觀修因緣法，同樣都有智慧確認「**名色一定從識生**」，不是無中生有。也就是說，一切有情都不是無因生，也不是根、塵相觸共生，也不是由上帝、大梵天他生，而是有一個自己的第八「識」；每一個人都有這樣的一個識，這個「識」出生了色陰十一個法，也出生了我們七轉識。要確認這一點，然後再把十因緣順觀、逆觀，然後再來觀察十二因緣法的順觀、逆觀，來證明：因爲那個「無明」沒有滅除的緣故，所以「識」才會出生「名色」而輪轉生死。這也是智慧啊！但這不是修定來的，也不是修福德而成功的。

其實《六祖壇經》早就說分明了：修福修得再多，也只是得到福，不能得解脫，也不能得智慧。這道理六祖一千多年前講了，但末法時代這一些大法師們難道都沒讀過嗎？他們各個都自稱成佛了，這道理總該懂吧！修福、修定都只是作爲證得智慧的資糧而已，要有這個資糧，修智慧才能成功。結果他們把那個資糧當作是果，其實不然，那資糧只是工具，是助道之法。

也有出家人被人家稱爲禪師，他們也自居爲禪師，結果呢，他們把對治法當作實證之法，所以教人家說數息可以開悟。我沒有見過誰數息數到開悟的，但是我也可以教數息，一定能教他開悟，前提是他必須先修學、熏習「般若波羅蜜」，然後我再教他數息。我不教他默數，我教他每天要出聲：「一、二、三……」我教他這麼數，最後會開悟。然而前提不能忽略：當先聞「般若波羅蜜」，否則數到驢年來了，也沒奈何！這就是說，二乘菩提的實證也是靠「智慧」。修福、修定、修學次法都只是助道資糧，那並不是二乘解脫的根本；而是幫助你獲得根本的助道之法，所以聲聞有清淨智慧，緣覺也有清淨智慧。

那麼這些「清淨智慧」應該怎麼修？應該如何觀行？我們在《阿含正義》也講過了，這裡不重述。但是他們的清淨智慧之所以名爲「清淨」，是因爲與世俗道相違背，所以說：「俗之所珍，道之所賤。」跟世俗道是違背的，才能夠眞的清淨，如果是跟世俗道一樣，怎麼會清淨呢？世俗道都注重在我以及我所上面，而這個二乘菩提的「清淨智慧」完全不同於世間道；所以世間道如果告訴你說：「我們要把握自我，要當自己。」那就是違背二乘菩提，會使我見與我執益發增長，不得解脫；因爲那是不清淨的，會使人流轉生死。如果違背了世間道，就是告訴你：「遠離我所、滅除我見、斷盡我執。」這跟世間道全然相違背，但這個才是清淨的。

所以「聲聞、緣覺乘清淨智慧」不同於世俗法，如果有人講解脫道時，講的內容跟世俗法相近，或者說簡直就是世俗法，表示那是不清淨的法，就不是聲聞、緣覺乘清淨智慧了。那麼聲聞人、緣覺人他們修行有成，被尊稱爲世間「應供」，一定有他們的功德，那就是沒有繫縛，不被世間法所繫縛；不被世間法所繫縛的時候，一定會顯現出來他們有解脫繫縛的「智慧」，這個智慧叫作「三三昧」——有三個決定不疑之法，叫作空、無相、無作。那麼這個「空、無相、無作」三昧，現見蘊處界無常故空，空故無我；無常故苦，苦故非我，因此而得「空三昧」。而這個是智慧，並不是禪定。但如果從廣義的禪定（也就是靜慮）來講，這是眞實的靜慮，比禪定那個靜慮更好；因爲「禪定」的靜慮不能解脫生死，而這個靜慮可以解脫生死，所以叫作三昧。

三昧就是讓人心定於一處而不動搖，所以又名正定。三昧就是正定，那麼三三昧中的第一個就是「空」，所以我、我所空、三界世間空，這是第一個所證的空三昧。第二個三昧是「無相」，空了還會有相嗎？空了當然無相；目前所存在的「相」只是一個暫時而有的現象，不斷地在變化更易中，最後一定歸於消滅，滅了就「無相」。既然空、既然無相，何必再努力勤求去作各種辛苦之事呢？就沒有必要多有所作了。例如我們會裡很多人當年爲了求悟，甚至把職業給辭了，專心參禪。悟了之後到增上班上課時說：「欸，太妙了！這個法眞好！」一面享受法樂，一面再去找另一個職業；再續前緣，也有人再回到原來的公司去，那老闆很奇怪說：「你當初辭了，現在又回來，到底怎麼回事？」「當初我急著要求開悟。」老闆講：「嗄？眞的還可以開悟喔？」就這樣，於是這老闆跟著會有信心：「我公司職員都能悟了，我當老闆還不行嗎？」那他也許會進來，這不一定的。

所以爲了這個「法」，對世間法都不再求了，更何況是證悟了以後，原來有這個工作就繼續作吧，原來有這個營生就繼續賺錢吧，但不會想要賺更多，不會想要累積更多，因爲最後「空」，空了就無相，什麼都沒了。也許有人懷疑：「眞的這樣嗎？」不然你等等看，八十年後、一百年後，你看看還有沒有？都沒了！帶不走的！最後呢？就像人家講的：「萬般帶不走，只有業隨身。」最後只有「業」。現在要希望帶走的是善業、淨業，不要帶走惡業；但如果造了就得帶了，也逃不掉，所以惡業都不要造。那如果悟後想方設法去賺錢，那是淨業還是染業啊？（眾答：染業。）是染業，那就不要帶去後世了；不要帶的最好方法就是不要造，所以那些事情都別作了，這就是「無作」。因爲已經看清楚了，所以再也不去造作那些事；那麼隨順著日子，該賺的賺，不該賺的不賺，即使該賺的也不想去賺更多；就這樣子好好在道業上前進，於世間法中不生起強烈的作意，這個叫作「無作」。這個「空、無相、無作」是三個三昧，所以叫作三三昧，這三三昧就是解脫的智慧。

如來說明了之後，接著再來講佛菩提的智慧：「眞實大城是如來解脫，是故如來開示三乘，現二涅槃，又說一乘。」眞實的而不是虛妄的這個大城，是如來解脫；二乘法只是 如來化作，眞正的解脫是如來地，那才是究竟的、圓滿的解脫；二乘解脫只能使人脫離分段生死而已，還沒有究竟的解脫。

這時可能有人心中有些疑惑，那我們先談現象上的，再從法義上來談。

譬如摩訶迦葉是個俱解脫的聖者，可是那個大樹緊那羅王從天宮來，奏樂供養 如來時，結果他聽著、聽著，不知不覺就手舞足蹈起來，這表示他對於那個音樂還沒有得解脫。也就是說：凡夫所奏的音樂對他不起作用，但是這大王來奏樂供佛，他被影響了；而那些大菩薩們，大家就靜靜地聽著，就只是供佛，不會動心；可是他不但動心了，而且手舞足蹈，這表示菩薩們的證量是有所不同的；因爲習氣種子隨眠有沒有斷盡，在這裡就分明顯示出來了。

又譬如說這些阿羅漢們，假使突然有個大變動，比如說大地震，或者說突然掉下一條蛇在他腿上，他們都會很快速地反應；包括阿闍世王歸依三寶之前，放了醉象要殺害 如來；那醉象後腿被象鉤狠狠地鉤了以後，奔向 如來時，身邊那些阿羅漢各個逃的逃，有神通的飛上天去，只有個阿難尊者跟在 佛後面，動也不動。但 如來一點都不驚慌，除了習氣種子隨眠斷盡以外，還有大威德力。那阿難眞的夠格成爲所有弟子中第一位成佛的人，因爲他跟隨 如來太久了，都不曉得是追隨多少劫了，對 如來很有信心，所以根本就不驚慌。那你看，所有人都有很大的反應，但 如來一樣慢條斯理，該怎麼樣就怎麼樣，一點驚慌都沒有。

所以，假使有人自稱成佛了，弄個寶匣，裡面裝一條無毒的蛇，送上前去就說：「供養如來！」他一看是寶盒：「欸，這好東西！」你就說：「請世尊打開觀賞一下。」才一打開看到了，嚇得馬上就丟了！對吧？那是什麼佛？（眾答：假佛。）假佛喔？假佛對了，講文雅一點時，要叫作名字即佛。所以如來的解脫跟二乘的解脫是不同的。如來不被諸毒所侵，所以你寶盒裡面裝著什麼去供養 如來，其實祂早就知道了，但是祂會故意翻開，那蛇也會乖乖待在裡面，不會跑出來咬人。因為 如來的一切三毒和習氣種子隨眠全部斷盡了，毒蛇不會對 如來起惡心；就算 如來把牠抓了，牠也乖乖地待在如來手上，只會這樣。如來一點都不會驚慌，所以 如來解脫跟二乘解脫是截然不同的。那這個說起來絡絡長，咱們不再談它，稍微舉例就好。

我們再從法義上來講，菩薩走完三賢位的第一大阿僧祇劫，入地後開始要修的不但是諸地的無生法忍，並且還要斷除三界愛的習氣種子，直到七地滿心才斷盡隨眠，那這樣就是究竟的解脫嗎？還不行！因為還有變易生死。這變易生死就是說，還有許多的無漏有為法種繼續在轉變、生滅，這部分必須繼續修學；從八地心開始，直到成佛的時候才算全部斷盡。這變易生死隨眠斷盡時，如來藏所含藏的一切種子都不再變易了，這時候的第八識叫作「常、樂、我、淨」，名爲無垢識，這時六根互通。有沒有想過六根互通有多麼勝妙？不說六根互通，單說三地滿心色陰盡就好了：月黑風高時，電燈關了，暗室裡面照樣看得清楚分明。如果是六根互通呢，那就是沒有限制，六識的知覺性要怎麼運用都可以，所以眼也可以聽、耳也可以見……等。

這還不算數啦！妙覺位以下的菩薩們，只有意識能夠跟五別境具足相應，前五識還沒有辦法具足相應，只是跟五別境的多分、少分相應而已；如果是意根呢？只能跟五別境的「慧」裡面的小小分相應；如果是第八識如來藏呢？完全不跟五別境相應。可是如來地不是這樣，一一「識」都能跟五遍行、五別境相應；不但如此，一一心所法也都跟五別境、五遍行相應。這境界你能想像嗎？我也沒辦法想像；說老實話，不但我，妙覺菩薩也無法想像。那就是說：諸佛如來把變易生死斷盡了，會有這些功德，四智圓明就不在話下。這表示：分段生死斷盡了，變易生死也斷盡了，這才叫作「眞實大城」，再過去就沒有大城了。

那麼有時候，有的菩薩會想：「如來的境界到底怎麼回事？」很好奇，

央求著　如來說明。如來說：「你們不用問，因爲你們聽不懂！」連妙覺菩薩也聽不懂，當然心裡面便半信半疑，好說歹說，央求　如來講一講。如來就說：「諸佛如來有十地境界。」十地不是說像菩薩這樣初地到十地，這個「十地」叫作十種的「境界」。那李洪志不懂，就說如來分爲幾等，他都是亂講！講的只是凡夫的愚癡知見。那是說如來有十種境界，然後每一種境界有十個層次。如來就把第一種境界說了兩種，大家聽了都朦朦朧朧，完全聽不懂！所以最後只好請求　如來別講了，因爲這些都聽不懂；連妙覺菩薩都聽不懂了，那其他菩薩能聽什麼？這才叫作「眞實大城」。

過了這個眞實大城，再也沒有任何大城了！老實說，過了這個大城，連個小村莊都沒有；所以，「眞實大城」就是如來解脫。如來特地來到人間辛苦一場，如來疼愛所有的弟子，沒有一個弟子不疼愛；即使是像善星比丘那樣的惡比丘，如來也是很耐心爲他開示。既然疼愛一切弟子，就不可能只把二乘解脫教給弟子們，一定要把最好的佛菩提教給弟子們。所以　如來遠行之前，像那個大富長者一樣，先把「寶珠」別在弟子的衣服裡面，才會遠行。這就是說，如來已經把「三乘菩提」之道具足演說完畢，都在《大藏經》裡面了；那麼大家如果有緣就實證了，然後依著那顆寶珠就繼續進修。那顆寶珠叫什麼？（眾答：如來藏）叫如來藏！所以 如來的解脫才是究竟的解脫，在成佛之前都還不究竟。

如來因爲疼愛弟子，所以要把「眞實大城」，也就是 如來的究竟解脫教給大家，讓大家以後逐步修證，次第進修，最後可以成佛。所以 如來不會只教給弟子們二乘菩提；但是弟子們剛開始不知道，所以 如來講了般若，當然也要告訴大家有三乘菩提，不是只有二乘解脫，因此 如來開示三乘。那麼三乘菩提具足了，才叫作唯一佛乘；如果有所欠缺，都不能算是唯一佛乘。

因爲我們正覺弘法比較晚，那些大山頭很早就開始弘法了，所以他們網路上的訊息很多。那麼後來我想一想：「上網搜尋佛法時，我們的資料太少了，而且只要一搜尋，各大道場的資料都排在我們前面，那我們會被點閱的機會太少了，想要救度的人就不會多。」所以後來我們的電視錄影弘法，我想了一招別人沒用過的詞兒，叫作「三乘菩提」。因爲他們不敢講三乘菩提，只有我們敢講；哪怕他們要仿冒，也仿冒不來呀！我們就這樣，然後漸漸貼上去，只要一搜尋「三乘菩提」就是正覺的；就這樣，終於比較多的人認識眞正的佛法。所以臺灣佛教界的知見水平才會這麼快速提升上來。

所以 如來開示「三乘」這是很重要的事，也必須要依著次第，從二乘菩提開始，然後再講到大乘菩提。但是 如來一定要顯現具足兩種涅槃：就是大乘涅槃以及二乘涅槃。如果單單有二乘涅槃，沒有大乘涅槃，那不能成其爲 如來；一定要另外有涅槃，是二乘聖者之所不證不知，而且是諸大菩薩之所不曾具足親證，這樣才算是具足大乘涅槃。

那麼二乘涅槃諸位當然都知道，就是聲聞、緣覺所證的有餘涅槃、無餘涅槃；可是大乘涅槃呢，就是本來自性清淨涅槃，簡稱爲「性淨涅槃」，以及佛地所證的無住處涅槃。那麼因爲菩薩親證本來自性清淨涅槃，並非二乘聖人之所能知，所以菩薩從第七住位開始，直到妙覺位爲止，都同樣是這個本來自性清淨涅槃；只是入地時，增加了有餘、無餘涅槃而不取證。到了七地滿心時，滅盡了煩惱障所攝的習氣種子隨眠時，也一樣不取證有餘、無餘涅槃，而以刹那刹那入滅盡定的功德，來彰顯七地菩薩隨時可以示現涅槃的解脫證量，但依舊不取證二乘解脫，仍然依著本來自性清淨涅槃繼續前進；

而這個涅槃，非二乘聖人之所能知，這是實話。

剛開始，我們把這個涅槃講出來，當年臺灣佛教界很不服氣；但是隨著我越講越多，書不斷整理出來以後，現在不服氣也得服氣，因爲事實是這樣。我們也說明，二乘的涅槃其實是依本來自性清淨涅槃而施設，也把道理說明了很多，這樣來證明 如來「現二涅槃」。所以現在那些六識論者不再說阿羅漢即是佛了，因爲連第七住位菩薩的性淨涅槃都不懂了，還能是佛嗎？

我們也說了：南洋假使眞的有阿羅漢來到正覺講堂，也開不了口，因爲他們沒有證得本來自性清淨涅槃。那他們不服也得服，因爲一者南洋沒有阿羅漢，二者假使眞的有，來了也聽不懂，這才顯示說阿羅漢根本不是佛。因爲菩薩證得本來自性清淨涅槃以後，可以了知二乘涅槃，並且把那一些人所不能證的二乘涅槃應該如何實證都講出來，而他們依舊不能證，但菩薩可以實證。可是菩薩另外有個本來自性清淨涅槃，卻是他們二乘聖人永遠所不能知，所以說「凡愚不解」——凡夫跟二乘聖人等愚人，都不能理解這個本來性淨涅槃。這表示：阿羅漢根本不是佛。

所以現在沒有人再敢主張「阿羅漢是佛」，但是可以主張「佛也是阿羅漢」。因爲你如果是個大學教授，可以說：「**我是大學生、我是研究生、我是高中生。**」乃至於說「**我是小學生**」，都可以，因爲教授也上過小學，當然也是小學生。所以 如來開示三乘，這是眞實法，不是虛妄的施設，確實有三乘差別。那麼 如來也示現二乘涅槃以及大乘涅槃，特別是最後一個「無住處涅槃」，簡單地說就是「**不住生死亦不住涅槃**」，既不住於涅槃中，卻又不住於生死，那當然是超過「分段生死」以及「變易生死」的境界。那些二乘聖人懂得什麼叫「變易生死」嗎？不懂啊！所以 如來這一些開示，菩薩們一一親證了來證明：果然如此！就沒有誰再敢講話了，敢講話的人一定是凡夫。

然後，最後要說到三乘佛教以及十方三世的一切佛教時，那都要收圓了。在全部收攝圓滿之前，得先講《無量義經》，說這一法含有無量義。「這一法」到底是什麼？（眾答：如來藏。）就是如來藏，諸位都知道。然後這一法含攝無量法，而把《無量義經》說完了，全部佛法收攝回來圓滿了，這叫作收圓，也就是講《法華經》。所以不是一貫道講的什麼三期收圓，什麼青陽期、什麼紅陽期，亂扯一通！這樣來證明，其實三乘本來是只有唯一佛乘，但是爲了利樂眾生，特別是五濁惡世的眾生，得要這樣施設。可是 如來說：「十方佛世界中，有的佛不講三乘菩提，直接就是講『一佛乘』。」那都是屬於淨土世界，不是像娑婆世界這樣的淨穢土。這不是在大乘經才這麼講的，而是阿含部的經中就有這麼講了。顯然那些集結阿含諸經的阿羅漢們聽聞過 如來宣講大乘法，這是很具體的證據。所以最後收攝圓滿時，就說唯一佛乘。

如來這樣開示完了，接著作一個結論，顯然這個結論是很重要的。佛告迦葉：「若有說言無『此經』者，非我弟子，我非彼師。」「如果有人說沒有『此經』（也就是說：沒有這個大法如來藏），他就不是我的弟子，我也不承認是他的師父。」就像我們正覺同修會裡一樣，只要誰敢說：「沒有如來藏可證。」我一定把他趕出去，我不收這個徒弟。收了他沒用！因爲將來不能長成大樹，他永遠只是一根小草，我要他幹嘛？讓他去跟那一些凡夫大師們繼續混都還好一點，我不願聽他毀謗正法。

假使有人告訴我說：「這一悟就是成佛了！不用再修行。」我也要一棒把他打出去！我不承認是他的老師，他也別說是我的徒弟，因爲這種人不成材。表示說，他就是個增上慢人，才會這樣說，也表示他悟得不眞。那麼 如來作這個宣示，意在何處？是在告訴大家：「只要誰否定如來藏，他就不是三寶弟子，他不是佛弟子！」不管他有沒有燙了戒疤，手上有沒有燙了菩薩戒疤都一樣，都不是佛弟子。如來說：「那不是我的弟子。」強求要來禮佛，稱爲本師，如來也拒絕，因爲 如來說：「我非彼師。」不願承認是他的老師或師父，當下拒絕！

那麼這樣，諸位來想想看：「那一些六識論者是不是佛弟子？」（眾答：不是。）諸位答得爽快，果然不是！因爲他們都已經謗法了，謗法的人就是謗佛，因爲 如來沒講的，他們說那是 如來講的；而 如來親口講的，他們說那不是 如來講的。這樣既謗法、也謗佛，像這樣的人，如來怎麼可能願意當他們的師父呢？這就表示，那些人即使身穿僧衣，也住在寺院裡，然而全都不是佛弟子，如來也不承認是他們的老師。

這樣，很嚴重了吧？你們大家點頭，可是他們連想都沒想過是這麼嚴重的事。所以我們還得要把 如來的各部經典盡量演說，因爲如果你沒有演說，他們不會注意到。這部經，難道他們都沒有讀過嗎？他們有很多人讀過，即使依文解義，都應該懂得檢討，可是他們有檢討過嗎？都沒有！如果依文解義的話應該怎麼說？「如果有人說：『沒有這一部《大法鼓經》』的話，他就不是我釋迦牟尼的弟子，我釋迦牟尼不是他的老師。」但那些六識論者是怎麼主張的？他們說「大乘非佛說」，那就是說：「這部經典我不承認是如來說的；這部經典不存在，是後人創造的。」然而 如來說：「如果是這樣，他就不是我的弟子，我也不承認是他的師父。」依文解義，結果還是一樣：那些六識論者不是 如來的弟子！如來不承認、不接受他們認定的本師是 釋迦牟尼佛。「不是本師！」這話很嚴重！可是他們從來沒有警覺。

但我們把它充分地解釋出來，等於針砭；如果用針把他們扎了，不夠痛，就用那個尖銳的石頭再把他們刺一刺，這總夠痛了吧？這才可能警覺他們：「捨壽前記得懺悔，才能保住人身。」我們要爲當來下生 彌勒尊佛多拉一些人。不能老想著：「到時候他成佛了，他方世界的菩薩都會來呀。」那我們老冀望著他方世界的菩薩會來，這裡的學佛人就不救嗎？不能這樣啊！就好像世俗人不能老想著別人口袋裡的錢，然後人家來家裡偷錢，就說：「啊！那沒關係、沒關係，讓他偷，反正人家的錢會給我很多。」不能這樣想啊！

所以家裡的也要照顧到。同樣的道理，我們這裡的人也要盡量救，到時候，他方世界的菩薩要來就來，多多益善！這就是我們應該有的正確心態。今天講到這裡。

《大法鼓經》上週我們剛好整段講完了，今天要從二十六頁的最後一段開始。

經文：【迦葉白佛言：「世尊！諸摩訶衍經多說空義。」佛告迦葉：「一切空經是有餘說，唯有『此經』是無上說，非有餘說。復次，迦葉！如波斯匿王常十一月設大施會，先食餓鬼、孤獨、貧乞，次施沙門及婆羅門，甘膳眾味隨其所欲。諸佛世尊亦復如是，隨順眾生種種欲樂，而為演說種種經法。若有眾生懈怠犯戒，不勤修習，捨如來藏常住妙典，好樂修學種種空經，或隨句字說，或增異句字。所以者何？彼如是言：『一切佛經皆說無我。』而彼不知空、無我義，彼無慧人趣向滅盡。然空、無我說，亦是佛語，所以者何？無量塵垢諸煩惱藏常、空、涅槃，如是涅槃句是一切句；彼常住安樂，是佛所得大般涅槃句。」】

語譯：【摩訶迦葉稟白佛陀說：「世尊！很多部的大乘經典裡面，大多是解說空的義理。」佛陀告訴摩訶迦葉：「一切空的經典是有餘之說，只有這部『此經』是無上說，並不是有餘說。不但如此，迦葉！猶如波斯匿王每年都於十一月施設大施的會場，這個聚會中，總是先布施食物給餓鬼、孤獨者以及貧窮的乞人，然後布施給出家人和在家修行人等。那些飲食都是甘醇而且具備了應該有的各種味道，隨著大家的所欲而飲食。諸佛世尊也就像是這樣子，隨順於眾生心中種種所希望的、所愛樂的，而爲大眾演說種種的經典法義。如果有眾生懈怠而毀犯禁戒，不能精勤修學熏習，捨棄了如來藏常住的勝妙經典，愛好以及樂於修學種種『空』的經典，他們或者隨著一句一字來說明，或者增加、或者改變其中的句子或文字。爲何這麼說呢？他們這樣講：『一切佛經全部都是在講無我。』而他們不知道空和無我的眞實義，他們那一些沒有智慧的人，心裡面想的是趣向於滅盡一切法的境界。但是空、無我的說法，也是佛所說的言語，爲何這麼說呢？因爲無量塵垢之中，而潛藏在如來藏裡面成爲煩惱障，這其實是常住的，也是空而且是不生不死的涅槃；像這樣涅槃的言語，就是一切法的言語；這樣安住的涅槃是常住而且安

隱快樂的，這就是佛所得到的大般涅槃的言語。」】

講義：這一段經文所說的內容，活脫脫是二十世紀下半以及二十一世紀初的佛教界寫照，並且都可以實例舉證。如果要依照釋印順的說法，這部經典應該是二十一世紀末才創造出來的，是因爲二十世紀出現的那些現象，然後才記錄下來說是兩千五百年前講的。他們的邏輯就是這樣，他們完全不信佛陀是有天眼通可以預記未來的，所以他們對 如來的預言都不承認。如來預先所作的授記，他們認爲那是後人看見那個現象出現了，然後編造經典寫進去；這就是他們的想法。然而 如來有授記的能力，具載於四大部的阿含諸經中，他們卻是完全不信的，那你們說：他們的善根在哪裡？現在這一段經文正好就是他們那些人的寫照，他們就是爲 如來的授記來作證明的人，證明 如來兩千五百年前的授記完全如實。如果他們下一輩子還在人間，到二十一世紀末他們就會重新再這麼講一遍，但是沒機會給他們講了，因爲他們把三乘菩提的根給刨了，來世還能在人間嗎？我這不是詛咒，而是事實。

我故意講出來，一定得罪人。那些被我得罪的人，將來讀到整理出來的書本是這麼講，一定是椎心刺痛，一定很痛苦！但我正要他們痛苦，因爲如果不痛苦，他們都不會警覺，會繼續在謗法、謗佛的狀態延續下去，而且會把那些惡行繼續造作。如果椎心刺痛以後，他們有一天一定會來探究，想要推翻而證明蕭平實講的不對！如何不對？他們就必須要去探究。探究的結果，又不得不承認蕭平實說的正確，然後也許就會改了。改了，就是我最歡喜的時節，因爲又有一批人不用下墮三塗；這樣，將來 彌勒尊佛「龍華三會」就不會少了那些人，因爲 釋迦老爸有授記：「凡是釋迦如來的遺法弟子，受持八關戒齋的人，將來都可以在『龍華三會』證阿羅漢果。」那我們就別讓他們下墮，好歹要把他們拉回來。現在我們就來講解這一段道理。

摩訶迦葉向 如來稟白說：「世尊啊！我看很多大乘經典，大部分都在講『空』的道理。」確實，不管你把哪部大乘經典請出來，特別是二轉法輪的「般若」系列經典，哪一部不講空？請出來一看，都是在講空。但是 如來告訴摩訶迦葉：「一切空的經典，那是有餘說。」什麼叫作「有餘說」呢？也就是說，那不是主要的意涵，如來要說的主要內容是「常住法」；依這個常住法來說到一切法空，這才是了義說，才是無上說，才是究竟說啊。所以阿含諸經即使只講二乘菩提，說蘊處界一切心所法等全部都「空」，因爲都是在講蘊處界等法的緣生緣滅；即使那樣的經典，也有提到第八識「**如來藏**」；那樣的經典中也有提到「**三乘部眾**」，很多人都沒注意到《阿含經》有講三乘部眾，並且名稱都有，可見大乘是結集四阿含諸經時便已經存在於佛教界了。

所以他們主張「大乘非佛說」，那就是胡扯！叫作胡人說的。因為聽說釋印順把《阿含經》一直讀、一直翻，翻到那經本的毛邊都起來了，可見他有多精勤在閱讀，難道他沒有讀到「**三乘部眾**」，所謂聲聞眾、緣覺眾、菩薩眾？他一定有讀過，但他故意否定「**大乘**」。我在猜想：他否定大乘一方面是跟隨潮流，因為日本的佛學學術研究是否定大乘的，那他要讓人覺得自己很進步，跟得上時代潮流，所以他也跟著主張「大乘非佛說」，不知道當時的日本學術界是想要脫亞入歐，才否定大乘，以便脫離中國的陰影。因此阿含部有講到三乘部眾，他故意視而不見、讀而不言，所以我說他居心叵測，一點都不為過。雖然《阿含經》那樣的經典說一切法空，屬於一切空經，但是也有提到「**常住的如來藏**」，並不是沒提呀！

所以釋印順覺得那一些說法跟他的想法不同，就乾脆否定說：「**阿含四**

大部不是一次結集完成的。」他故意這樣講。但其實阿含四大部剛好有經藏、有雜藏，然後加上優波離尊者領著大眾結集的律藏，是第一次的五百結集當時就完成的；這事實在《阿含經》中也有記載著，說當時結集出來以後，每一阿含寫下來都有六十疋素還寫不完，是用素絹小字寫下來，總共就有二百四十疋。讀作「批」還是「痞」啊？共有二百四十疋的素絹。「絹」就是質地比較細的那一種布，適合寫比較細的字。六十疋有多大的分量？諸位想想看哪。你們去布莊看看，一疋布大概這麼寬，這麼長，這叫作一疋，捲起來大概這麼厚，這樣才是一疋！「疋」字知道嗎？這樣寫。

那二百四十疋的素絹寫下來的分量多少？今天印起來，剛好就是四大部《阿含經》呢。而這個事實是在《阿含經》中就有記載的，不是在大乘經中講的。所以你們看釋印順那個人，他明明讀過，卻故意反說，不曉得他是什麼心態。剃了頭、出了家、住在寺院裡、穿著僧服，然後說「大乘非佛說」！《阿含經》具體記載著，他都當作沒看見！然而他把《阿含經》讀到都起毛邊了，能說他沒讀到嗎？所以我說他「居心叵測」。

他這個作法，卻又另外給了密宗一個支持；因爲他認定「意識」是常住的，那就同時支持了密宗：既然意識常住，那他們密宗的「樂空雙運」就可以成就，道理就講得通了。所以我說他眞的居心叵測：明裡貶抑喇嘛教，暗地裡支持喇嘛教，所以他的徒眾現在也是這樣作，都跟喇嘛們私下往來。不像我們，我們不接待喇嘛，除非他特地來文聲明：「**我要去你們那裡參訪，我們是沒有修雙身法，不同意修雙身法。**」那我們才能夠接待他。他們還得要先聲明：承認有如來藏，否則我們拒絕接待。

一般喇嘛們要來參訪，抱歉！不接待。因爲 如來有交代過：「**身爲佛弟子，不應該與破法者合流同污，應該滅擯。**」我們清淨的地方，讓他們踏進來，每走一步都叫作竊盜，因爲這是「如來之地」，前面《佛藏經》中 世尊都已講過了。所以我說釋印順他們的想法很奇怪，但是他們會那麼奇怪不爲無因，背後一定有原因，原因就是：「**這第七識與第八識太深奧，這些經典沒法子懂；既然我都當上了大師，那我不懂的，直接就把它推翻掉，天下太平！**」果然也給他太平了五、六十年，直到出了個蕭平實，他就不太平了！

以前他在兩岸佛教界都太平，沒有人敢找他的碴。可是時局清平時，菩薩一定要出世弘法；出世弘法時本來也可以相安無事，偏偏佛教界大力攻擊，都說正覺這蕭平實是邪魔外道。本來我還冀望這個法可以交給哪個大師繼承，由他去弘法住持，我就歸隱田園了。沒想到不但沒有人願意接，而且還要暗地裡對徒眾毀謗說：「這是邪魔外道，大家都不可以讀他的書。」唉！後來我想：「既然與人爲善而不可得，那你們要逼我上梁山，我就來當『惡人』。」好人當不成，但我總要當人，這時就當惡人了。人有兩種，好人與惡人。對不對？對啊，所以我就當上了「惡人」。這一當，自然就是不歸路，我很清楚這是不歸路，那就這樣走上去了。

反而他們是吃硬不吃軟，人家好漢出來講話都是：「老子吃軟不吃硬！」但他們吃硬不吃軟，軟的沒有用了就改用硬的！剛開始弘法的前五年我都是讚歎，對諸方大師我都是讚歎，但沒有用！那我就來硬的吧！因爲軟的他們不吃，他們的意思就是說：「我要吃硬的！」那就給他們吃硬的，反而天下太平。所以他們的行爲一定有原因，爲什麼要否定大乘？那背後的原因就是：「第七識、第八識的妙法，妙得太過頭。」對他們來講，就是妙得太過頭了，所以他們無法瞭解，更別提實證了，最好的對付辦法就是直接否定大乘。

他們只能瞭解到意識這裡，過了意識境界，他們就無法瞭解了！但對我們來講，大乘法妙得恰到好處，因爲這個「法」可以讓我們觸類旁通；一旦實證了，次第進修，最後就是七通八達，連「法住法位，法爾如是」也能現觀。因此我們就瞭解：「**一切空**」講的是現象界的事，「**常住法**」講的是實相法界如來藏的事；而「**此經**」如來藏是「**常住法**」，但是含攝一切「空」的法，非常圓融、非常圓滿。所以我出來弘法，就只這個第八識如來藏的實證啊！但我可以通密宗，他們喇嘛教自己都弄不懂的，我比他們更懂；我也可以通禪宗，可以通律宗，可以通三論宗，還可以通淨土法門，也可以通唯識增上慧學，還可以通南傳所謂阿羅漢們不懂的《阿含正義》。你看多棒！就同樣「**此經如來藏**」，眞的叫作觸類旁通，接觸到什麼就通什麼。但我有人教嗎？沒有啊！

然而說長遠一點，當然有人教啦！跟著　釋迦老爸學那麼多劫了，但這一世沒有人教我，卻是都從自己證得的「**此經**」如來藏出發，可以七通八達。所以說「**此經**」才是「**了義說**」，才是「**究竟說**」，這樣的勝妙法當然是無上說。沒有什麼法可以勝過「**此經**」，因爲一切諸法之所從來，正是「**此經**」，那麼要問諸位：「『此經』是什麼？」（眾答：如來藏。）對！就是如來藏。一切佛法都以第八識如來藏爲主，所以演說其他諸法的經叫作「有餘說」。如來那麼辛苦示現在人間，要把勝妙法傳給弟子眾，當然不會是很吝嗇地只傳二乘小法。但是一時之間要把這個勝妙法「此經」如來藏傳給大眾，大眾也承受不起，當然必須施設方便，先讓大眾瞭解二乘菩提，經由二乘菩提的親證與現觀，觀察到五蘊、六入、十二處、十八界全部虛妄，得出三界了，然後再來教大家實證「此經」第八識，這才不會退轉。

但是我早期沒有教大家先學二乘菩提，一來就是先證如來藏；如來藏親證了，馬上就要眼見佛性，比開超音速飛機還要快；可惜當年活下來的同修不多，大多是因爲早產而死亡！所以那個時候一來就是開悟，就親證如來藏；證了如來藏，緊接著馬上就是眼見佛性，半年之中全部解決。可惜那不是七月、八月的早產，而是懷胎三個月就早產了，所以救下來的不多。但是從另一方面來設想：如果當年我是先要求大家要斷了三縛結之後，然後再來幫他們證悟明心；或者假使陳義更高一點，要求大家至少先修得初禪再證三果，然後再來開悟明心，那我想現在不說桃園、臺中、新竹等講堂，單說臺北，大概這九樓講堂都坐不滿，哪來的六個講堂。因爲大家都會怕：「我去到那邊要證三果，那很難呢！」如果要等大家證三果以後再來明心，那我什麼時候可以講《瑜伽師地論》？眞會變成剛剛講的那樣，就是這週二講經，連九樓都坐不滿，何況還有其他五個講堂？所以有時候想起來，唉！因緣就是這樣吧！因爲我不是少小就開始弘法，我是四十八歲退休，開始專心參禪，然後五十來歲才開始弘法的，想要復興佛教也只好這樣作了。

那我們弘法之後，就把它講清楚：二乘菩提觀行之所緣，都是現象界的法，就是五陰、十八界等現象界中的生滅法；但是大乘般若開始講的就是「常住法」，是宇宙萬有的理體第八識如來藏，屬於實相法界而非現象法界；是以這個第八識「此經」妙法，來函蓋實相法界和現象法界，這樣來講般若，所以二乘菩提是「有餘說」。

因此《勝鬘經》中，勝鬘夫人也告訴我們說：「二乘涅槃是如來方便說。因爲那涅槃不究竟，還有三界愛的『習氣種子隨眠』未斷，也還有所知障的過無量無邊塵沙數的『上煩惱』未斷，所以那個涅槃是方便施設。」這是如來大悲，先讓大家證得出三界的果報，有信心，不再害怕輪迴生死；有能力可以出三界了，無妨再迴心大乘，證般若、修般若，然後「入地」次第進修。這是 如來的大悲與方便。但是前面所講的二乘菩提畢竟不是究竟法，它是「有餘說」。

「有餘」是什麼？譬如說，你一餐假使很能吃，三碗量好了。對年輕人而言三碗不算多，然而對我這個老人來講就太多了！我現在一餐，用小碗的只吃一碗，大一點的碗都不敢用。你們想想，我這樣矮個子，小小個兒，吃飯最多的時候一餐吃幾碗呢？嗄？你倒記住了！但我高中時打拳，一餐吃六碗（大眾笑…），現在想想，都不知道以前胃是怎麼撐的？六碗才剛好。有一段期間寄宿在大哥家裡，我大哥說：「小弟啊！你也留些飯給我餵的鴨子吃吧！」（大眾笑…）我笑說：「人都不夠吃了呢！」我們那個年代是這樣，公務員也養鴨。那我看看，這樣不是辦法，後來我還是回故鄉舊家住。

那時一餐吃六碗，所以讀高中了，帶個很大的鋁製大便當，還不夠！第二節下課了，就跑去福利社要買兩塊大餅。那時候是這樣的，但現在不行了。打個比方說，如果你現在要幹粗活，一餐至少要三大碗的量，你們女眾大概就是一大碗的量。那就講一碗好了，比如說：你一餐的量是一碗，結果你買回來的，因為現在人口簡單，一個人乾脆買了盒餐回來，不用動到鍋碗瓢盆；但是那盒餐裡面裝的飯超過一碗，對你的食量而言就是有餘。這有餘的部分，你是強行要把它吃下去？或者把它擺著，或者丟掉也好，對吧？一定是這樣，你不會硬撐而撐到胃痛。所以「有餘」的部分就是「可有可無」。也許你看見一條癩痢狗餓壞了，就布施給牠了，因為你留下也好，不留下也無所謂，因為這是有餘，是多餘的。

那麼　如來的意思是什麼？是說這一些「一切空經」都是可有可無的，主要還是傳給大家常住的大乘法，要讓大家親證法界的實相，這才是　如來特地來人間那麼辛苦的目的，所以才說二乘菩提是可有可無的，是有餘說。我們在《法華經》也講過，有的佛世界只有唯一佛乘，沒有三乘菩提；是把二乘菩提解脫之法放在原來大乘菩提裡面應該有的地方，就以大乘菩提函蓋了二乘菩提來說的，不特別分析出來。

有許多很長壽的淨土世界是這樣在說佛法的，所以只有一乘，沒有二乘、三乘；但是五濁惡世的百歲人間就必須這樣分析為三乘菩提，分在三個時期來演說。這種五濁惡世，假使人壽漸增，將來到了八萬四千歲時，彌勒尊佛還是一樣會施設爲三乘菩提，所以 彌勒尊佛初轉法輪叫作「龍華三會」。在龍華樹下這三會的說法，度的都是阿羅漢，那就是聲聞菩提，屬於二乘菩提的部分；龍華三會隨後當然就會講因緣法，然後緊接著就講大乘法。如果是純一清淨的淨土世界人壽很長遠，那不施設三乘菩提的，直接就是講佛菩提；什麼時候該證阿羅漢？就是快入地之前。以這樣來看的話，二乘菩提講一切空，那就是「有餘說」；從一佛乘的立場來看，是可有可無的。那這樣看來，《阿含正義》好像可以廢掉了？也不行！因爲這裡是五濁惡世，雖然是「有餘說」，卻必須要講；一定要先講二乘菩提，讓大家先證得解脫果，心性轉變清淨了，然後再來講大乘常住的無上法。

現在 佛陀直接告訴摩訶迦葉：「**一切空經是有餘說，唯有『此經』是無上說，非有餘說。**」就講了：「**只有這一部『如來藏經』是無上說**」，還特地回頭來叮嚀一下：「**不是有餘說。**」同樣的道理，另外一部經我也很想講，叫作《無上依經》。所謂諸法的無上依、三寶的無上依、世出世間法的無上依就是「**此經**」第八識。那麼爲什麼「**此經**」是「**無上說**」？簡單地講一下，因爲是宇宙萬有之所從來，一切法皆從「**此經**」出。我們把經文改一下，因爲現在人喜歡講宇宙萬有，那我們就說：「宇宙萬有皆從『此經』出。」所以祂是萬法的根本，就是「無上說」。

如來就先舉個例子作譬喻：「猶如波斯匿王，他每一年的十一月都會施設大布施的聚會，布施的時候當然先施餓鬼。」餓鬼以香爲食，那時眞是大享受了。因爲餓鬼通常連一口濃痰都不容易得，這回有香，香不必搶，再有力氣，也不能把一切食物的香全部都搶了去，這時大部分餓鬼都可以得到食物。對他們而言，聞香之後色身充沛，當然就歡喜，所以「先食餓鬼、孤獨、貧乞」。施過餓鬼以後就布施給「孤獨、貧乞」。「食」就是以食物布施，這「食」字不讀作「時」，應讀作「寺」。好，「先食餓鬼、孤獨、貧乞」，爲什麼不是「先食孤獨、貧乞，再食餓鬼」？因爲孤獨、貧乞吃了，餓鬼就沒得吃了，所以先布施給餓鬼，因爲餓鬼聞聞那些食物的香氣就夠了。

有的人抱怨說：「我學了菩薩道的六度萬行，說首先要布施，可是我很窮，沒有錢財布施啊。」我聽了不認同，就說：「你每天不是有三餐嗎？」我說：「你有三餐也可以布施啊！」他一時會不過意來，說：「我三餐都布施了，那我不就要餓死了嗎？」我說：「不會的，你可以先布施給如來。當你煮好了，進食之前，提早個半個鐘頭，上香供養如來，如來又不吃了你的食物。」他說：「這樣也是布施喔？」我說：「對啊！這也是布施，而且這是布施給勝上福田。」這是報恩田，也是功德田，而且是無上恩、無上功德。又問他：「那你每年到了農曆春節過年，買不買新衣啊？」他說：「我總得買啊！因為都穿了一、兩年，快破了。」我說：「那你買新衣時也可以先布施。」他這回懂了：「哦！這也可以供佛喔？」我說：「可以！那就是布施了。」

可是有個問題，如果供了佛以後，佛真的把它吃了，他還供不供？他大概不供了，因為臺灣南部有一句話說：「先顧肚子，再顧佛祖。」有沒有？臺灣話說時是押韻的。也就是說，要先布施給法界有情；那旁生，牠們另有謀生處，這布施大會不能讓牠們來亂。所以先布施給餓鬼，過個一、二十分鐘之後，餓鬼也飽了，他們聞香也飽了，然後就給孤獨的人、貧窮的乞人。這些布施完了，另外再有一批食物，再來布施給沙門、婆羅門。「沙門」，古時候在天竺是怎麼定義的？也許諸位想：「沙門一定是剃頭、出家、著染衣。」但如來在世時不是這樣定義的。如來都說：「證初果乃至四果，都叫作沙門果。」「沙門果」就是出家果——出三界家宅。但是這沙門果不分你出家或在家的身相，不管你出家人或在家人，只要證得沙門果就叫作「沙門」，因爲它叫作沙門果。並沒有說：「你是在家人，所證的初果不叫沙門果，叫作在家果。」沒有！全都叫作沙門果。那菩薩的五十二個階位，就不管你什麼沙門果、不沙門果了！那叫作「菩薩果」。所以「沙門果」泛指四向、四果，加上緣覺的果位。

這時候說的「次施沙門」，就是講出家的人，不管他有沒有證果，或者說他已經證果了，但不管他的色身是示現什麼形相。那婆羅門是許多在家修行的人，不是佛法中的修行人。你們有沒有聽過 如來說，佛弟子是叫作婆羅門的？有沒有？所以這婆羅門是指「外道法中的在家修行人」。沙門、婆羅門的布施，用的是「甘膳眾味隨其所欲」；但是對於孤獨、貧乞者布施數量要大、要充分，不能讓後到者空手而歸。但是布施給沙門、婆羅門的時候，爲了尊敬修行人的緣故要用「甘膳眾味」，不隨便；因爲古天竺對於修行人很尊重，他們這個習俗可能現在都還在，我不知道。二十幾年前，我們去朝禮聖地時，看到外道修行人；一般印度人都還算恭敬他們，所以要「甘膳眾味」。那爲什麼叫作「隨其所欲」？因爲有的人不能吃甘，有的人不能吃鹹，有的人不能吃酸，所以要有眾味，種種的不同；隨著他們所想要的，自己可以受用。這就是波斯匿王的每年十一月布施的聚會。

世尊說：「諸佛世尊也像是這樣子，隨順眾生的種種欲樂。」換句話說，要看眾生喜歡什麼法？有的眾生不喜歡解脫，聽到解脫他就畏懼害怕，恐懼墮入斷滅空；因為眞正解脫是「不受後有」，他們聽了會害怕，那就施設人天善法。所以想要世世保住人身，那就爲他說「五戒」之法……。

（未完，詳後第五輯續講。）

佛菩提二主要道次第概要表——二道並修，以外無別佛法

佛菩提道——大菩提道

十信位修集信心——一劫乃至一萬劫

資糧位

初住位修集布施功德（以財施爲主）。
二住位修集持戒功德。
三住位修集忍辱功德。
四住位修集精進功德。
五住位修集禪定功德。
六住位修集般若功德（熏習般若中觀及斷我見，加行位也）。

外門廣修六度萬行

見道位

七住位明心般若正觀現前，親證本來自性清淨涅槃。
八住位起於一切法現觀般若中道。漸除性障。
十住位眼見佛性，世界如幻觀成就。

一至十行位，於廣行六度萬行中，依般若中道慧，現觀陰處界猶如陽焰，至第十行滿心位，陽焰觀成就。

一至十迴向位熏習一切種智；修除性障，唯留最後一分思惑不斷。第十迴向滿心位成就菩薩道如夢觀。

內門廣修六度萬行

遠波羅蜜多

初地：第十迴向位滿心時，成就道種智一分（八識心王一一親證後，領受五法、三自性、七種第一義、七種性自性、二種無我法）復由勇發十無盡願，成通達位菩薩。復又永伏性障而不具斷，能證慧解脫而不取證，由大願故留惑潤生。此地主修法施波羅蜜多及百法明門。證「猶如鏡像」現觀，故滿初地心。

二地：初地功德滿足以後，再成就道種智一分而入二地；主修戒波羅蜜多及一切種智。滿心位成就「猶如光影」現觀，戒行自然清淨。

解脫道：二乘菩提

斷三縛結，成初果解脫
→ 薄貪瞋癡，成二果解脫
→ 斷五下分結，成三果解脫

入地前的四加行令煩惱障現行悉斷，成四果解脫，留惑潤生。分段生死已斷，煩惱障習氣種子開始斷除，兼斷無始無明上煩惱。

近波羅蜜多　　大波羅蜜多　　圓滿波羅蜜多

修道位

心、五神通。能成就俱解脫果而不取證，留惑潤生。滿心位成就「猶如谷響」現觀及無漏妙定意生身。

四地：由三地再證道種智一分故入四地。主修精進波羅蜜多，於此土及他方世界廣度有緣，無有疲倦。進修一切種智，滿心位成就「如水中月」現觀。

五地：由四地再證道種智一分故入五地。主修禪定波羅蜜多及一切種智，斷除下乘涅槃貪。滿心位成就「變化所成」現觀。

六地：由五地再證道種智一分故入六地。此地主修般若波羅蜜多——依道種智現觀十二因緣一一有支及意生身化身，皆自心眞如變化所現，「非有似有」，成就細相觀，不由加行而自然證得滅盡定，成俱解脫大乘無學。

七地：由六地「非有似有」現觀，再證道種智一分故入七地。此地主修一切種智及方便波羅蜜多，由重觀十二有支一一支中之流轉門及還滅門一切細相，成就方便善巧，念念隨入滅盡定。滿心位證得「如犍闥婆城」現觀。

八地：由七地極細相觀成就故再證道種智一分而入八地。此地主修一切種智及願波羅蜜多。至滿心位純無相觀任運恆起，故於相土自在，滿心位復證「如實覺知諸法相意生身」故。

九地：由八地再證道種智一分故入九地。主修力波羅蜜多及一切種智，成就四無礙，滿心位證得「種類俱生無行作意生身」。

十地：由九地再證道種智一分故入此地。此地主修一切種智——智波羅蜜多。滿心位起大法智雲，及現起大法智雲所含藏種種功德，成受職菩薩。

究竟位

等覺：由十地道種智成就故入此地。此地應修一切種智，圓滿等覺地無生法忍；於百劫中修集極廣大福德，以之圓滿三十二大人相及無量隨形好。

妙覺：示現受生人間已斷盡煩惱障一切習氣種子，並斷盡所知障一切隨眠，永斷變易生死無明，成就大般涅槃，四智圓明。人間捨壽後，報身常住色究竟天利樂十方地上菩薩；以諸化身利樂有情，永無盡期，成就究竟佛道。

圓滿成就究竟佛果

七地滿心斷除故意保留之最後一分思惑時，煩惱障所攝色、受、想三陰有漏習氣種子全部斷盡。

煩惱障所攝行、識二陰無漏習氣種子任運漸斷，所知障所攝上煩惱任運漸斷。

斷盡變易生死成就大般涅槃

佛子蕭平實　謹製
（二〇〇九、〇二　修訂）
（二〇一二、〇二　增補）

佛教正覺同修會〈修學佛道次第表〉

第一階段

＊以憶佛及拜佛方式修習動中定力。
＊學第一義佛法及禪法知見。
＊無相拜佛功夫成就。
＊具備一念相續功夫─動靜中皆能看話頭。
＊努力培植福德資糧，勤修三福淨業。

第二階段

＊參話頭，參公案。
＊開悟明心，一片悟境。
＊鍛鍊功夫求見佛性。
＊眼見佛性〈餘五根亦如是〉親見世界如幻，成就如幻觀。
＊學習禪門差別智。
＊深入第一義經典。
＊修除性障及隨分修學禪定。
＊修證十行位陽焰觀。

第三階段

＊學一切種智真實正理─楞伽經、解深密經、成唯識論…。
＊參究末後句。
＊解悟末後句。
＊透牢關─親自體驗所悟末後句境界，親見實相，無得無失。
＊救護一切眾生迴向正道。護持了義正法，修證十迴向位如夢觀。
＊發十無盡願，修習百法明門，親證猶如鏡像現觀。
＊修除五蓋，發起禪定。持一切善法戒。親證猶如光影現觀。
＊進修四禪八定、四無量心、五神通。進修大乘種智，求證猶如谷響現觀。

佛教正覺同修會 共修現況 及 招生公告 2023/03/28

一、共修現況：（請在共修時間來電，以免無人接聽。）

台北正覺講堂 103 台北市承德路三段 277 號九樓 捷運淡水線圓山站旁
Tel..**總機** 02-25957295（晚上）（**分機：九樓**辦公室 10、11；知客櫃檯 12、13。 **十樓**知客櫃檯 15、16；書局櫃檯 14。**五樓**辦公室 18；知客櫃檯 19。**二樓**辦公室 20；知客櫃檯 21。）
Fax..25954493

第一講堂 台北市承德路三段 277 號九樓

禪淨班：週一晚班、週三晚班、週四晚班、週五晚班、週六下午班、週六上午班（共修期間二年半，全程免費。皆須報名建立學籍後始可參加共修，欲報名者詳見本公告末頁。）

增上班：成唯識論釋：單週六晚班。雙週六晚班（重播班）。17.50～20.50。平實導師講解，2022 年 2 月末開講，預定六年內講完，僅限已明心之會員參加。

禪門差別智：每月第一週日全天 平實導師主講（事冗暫停）。

解深密經詳解：本經從六度波羅蜜多談到八識心王，再詳論大乘見道所證眞如，然後論及悟後進修的相見道位所觀七眞如，以及入地後的十地所修，乃至成佛時的四智圓明一切種智境界，皆是可修可證之法，流傳至今依舊可證，顯示佛法眞是義學而非玄談或思想，都是淺深次第皆所論及之第一義諦妙義。已於 2021 年三月下旬起開講，由平實導師詳解。每逢週二晚上開講，第一至第七講堂都可同時聽聞，歡迎菩薩種性學人，攜眷共同參與此殊勝法會現場聞法，不限制聽講資格。本會學員憑上課證進入第一至第四、第七講堂聽講，會外學人請以身分證件換證進入聽講（此爲大樓管理處安全管理規定之要求，敬請諒解）；第五及第六講堂（B1、B2）對外開放，不需出示任何證件，請由大樓側門直接進入。

第二講堂 台北市承德路三段 267 號十樓。

禪淨班：週一晚班。

進階班：週三晚班、週四晚班、週五晚班、週六早班、週六下午班。禪淨班結業後轉入共修。

增上班：成唯識論釋：單週六晚班，影音同步傳播。雙週六晚班（重播班）

解深密經詳解：平實導師講解。每週二 18.50~20.50 影像音聲即時傳輸。

第三講堂 台北市承德路三段 277 號五樓。

禪淨班：週六下午班。

增上班：成唯識論釋：單週六晚班，影音同步傳播。雙週六晚班（重播班）

進階班：週一晚班、週三晚班、週四晚班、週五晚班。

解深密經詳解：平實導師講解。每週二 18.50~20.50 影像音聲即時傳輸。

第四講堂　台北市承德路三段 267 號二樓。

進階班：週一晚班、週三晚班、週四晚班（禪淨班結業後轉入共修）。

解深密經詳解：平實導師講解。每週二 18.50~20.50 影像音聲即時傳輸。

第五、第六講堂

念佛班　每週日晚上，第六講堂共修（B2），一切求生極樂世界的三寶弟子皆可參加，不限制共修資格。

進階班：週一晚班、週三晚班、週四晚班。

解深密經詳解：平實導師講解。每週二 18.50~20.50 影像音聲即時傳輸。第五、第六講堂為**開放式講堂**，不需以身分證件換證即可進入聽講，台北市承德路三段 267 號地下一樓、地下二樓。每逢週二晚上講經時段開放給會外人士自由聽經，請由大樓側面梯階逕行進入聽講。

聽講者請尊重講者的著作權及肖像權，請勿錄音錄影，以免違法；若有錄音錄影被查獲者，將依法處理。

第七講堂　台北市承德路三段 267 號六樓。

解深密經詳解：平實導師講解。每週二 18.50~20.50 影像音聲即時傳輸。

正覺祖師堂　大溪區美華里信義路 650 巷坑底 5 之 6 號（台 3 號省道 34 公里處　妙法寺對面斜坡道進入）電話 03-3886110　傳眞 03-3881692　本堂供奉　克勤圓悟大師，專供會員每年四月、十月各三次精進禪三共修，兼作本會出家菩薩掛單常住之用。開放參訪日期請參見本會公告。教內共修團體或道場，得另申請其餘時間作團體參訪，務請事先與常住確定日期，以便安排常住菩薩接引導覽，亦免妨礙常住菩薩之日常作息及修行。

桃園正覺講堂（第一、第二講堂）：桃園市介壽路 286、288 號 10 樓（陽明運動公園對面）電話：03-3749363（請於共修時聯繫，或與台北聯繫）

禪淨班：週一晚班（1）、週一晚班（2）、週三晚班、週四晚班、週五晚班。

進階班：週四晚班、週五晚班、週六上午班。

增上班：成唯識論釋。雙週六晚班（增上重播班）。

解深密經詳解：平實導師講解。每週二晚上，以台北正覺講堂所錄DVD放映；歡迎會外學人共同聽講，不需出示身分證件。

新竹正覺講堂 新竹市東光路 55 號二樓之一　電話 03-5724297（晚上）

第一講堂：

禪淨班：週五晚班。

進階班：週三晚班、週四晚班、週六上午班。由禪淨班結業後轉入共修

增上班：成唯識論釋。單週六晚班。雙週六晚班（重播班）。

解深密經詳解：平實導師講解。每週二晚上，以台北正覺講堂所錄 DVD 放映。歡迎會外學人共同聽講，不需出示身分證件。

第二講堂：

禪淨班：週一晚班、週三晚班、週四晚班、週六上午班。

解深密經詳解：每週二晚上與第一講堂同步播放講經 DVD。

第三、第四講堂：裝修完畢，已經啓用。

台中正覺講堂　04-23816090（晚上）

第一講堂　台中市南屯區五權西路二段 666 號 13 樓之四（國泰世華銀行樓上。鄰近縣市經第一高速公路前來者，由五權西路交流道可以快速到達，大樓旁有停車場，對面有素食館）。

禪淨班：週四晚班、週五晚班。

進階班：週一晚班、週三晚班、週六上午班（由禪淨班結業後轉入共修）。

增上班：成唯識論釋。單週六晚班。雙週六晚班（重播班）。

解深密經詳解：平實導師講解。每週二晚上，以台北正覺講堂所錄 DVD 放映。歡迎會外學人共同聽講，不需出示身分證件。

第二講堂　台中市南屯區五權西路二段 666 號 4 樓。

禪淨班：週一晚班、週三晚班。

第三講堂台中市南屯區五權西路二段 666 號 4 樓。

禪淨班：週一晚班。

第四講堂台中市南屯區五權西路二段 666 號 4 樓。

進階班：週一晚班、週四晚班、週六上午班，由禪淨班結業後轉入共修

解深密經詳解：每週二晚上與第一講堂同步播放講經 DVD。

嘉義正覺講堂 嘉義市友愛路 288 號八樓之一　電話：05–2318228

第一講堂：

禪淨班：週四晚班、週五晚班、週六上午班。

進階班：週一晚班、週三晚班（由禪淨班結業後轉入共修）。

增上班：成唯識論釋。單週六晚班。雙週六晚班（重播班）。

解深密經詳解：平實導師講解。每週二晚上，以台北正覺講堂所錄 DVD 放映。歡迎會外學人共同聽講，不需出示身分證件。

第二講堂　嘉義市友愛路 288 號八樓之二。

第三講堂　嘉義市友愛路 288 號四樓之七。

禪淨班：週一晚班、週三晚班。

台南正覺講堂

第一講堂　台南市西門路四段 15 號 4 樓。06-2820541（晚上）

禪淨班：週一晚班、週三晚班、週四晚班、週五晚班、週六下午班。

增上班：**成唯識論釋**。單週六晚班。雙週六晚班（重播班）。

解深密經詳解：平實導師講解。每週二晚上，以台北正覺講堂所錄 DVD 放映。歡迎會外學人共同聽講，不需出示身分證件。

第二講堂　台南市西門路四段 15 號 3 樓。

解深密經詳解：每週二晚上與第一講堂同步播放講經 DVD。

第三講堂　台南市西門路四段 15 號 3 樓。

進階班：週一晚班、週三晚班、週四晚班、週五晚班（由禪淨班結業後轉入共修）。

解深密經詳解：每週二晚上與第一講堂同步播放講經 DVD。

高雄正覺講堂　高雄市新興區中正三路 45 號五樓 07-2234248（晚上）

第一講堂（五樓）：

禪淨班：週一晚班、週三晚班、週四晚班、週五晚班、週六上午班。

增上班：**成唯識論釋**。單週六晚班。雙週六晚班（重播班）。

解深密經詳解：平實導師講解。每週二晚上，以台北正覺講堂所錄 DVD 放映。歡迎會外學人共同聽講，不需出示身分證件。

第二講堂（四樓）：

進階班：週三晚班、週四晚班、週六上午班（由禪淨班結業後轉入共修）。

解深密經詳解：每週二晚上與第一講堂同步播放講經 DVD。

第三講堂（三樓）：

進階班：週四晚班（由禪淨班結業後轉入共修）。

香港正覺講堂

香港新界葵涌打磚坪街 93 號維京科技商業中心A 座 18 樓。

電話：(852) 23262231

英文地址：18/F, Tower A, Viking Technology & Business Centre, 93 Ta Chuen Ping Street, Kwai Chung, N.T., Hong Kong.

禪淨班：單週六下午班、雙週六下午班、單週日上午班、單週日下午班、雙週日上午班

進階班：雙週六、日上午班（由禪淨班結業後轉入共修）。

增上班：每月第一雙週日下午及晚上班，以台北增上班課程錄成 DVD 放映之。

增上重播班：每月第二雙週日下午及晚上班，以台北增上班課程錄成 DVD 放映之。

不退轉法輪經詳解：平實導師講解。每週六、日 19:00～21:00，以台北正覺講堂所錄 DVD 放映；歡迎會外學人共同聽講，不需出示身分證件。

二、招生公告　**本會台北講堂及全省各講堂、香港講堂，每逢四月、十月下旬開新班，每週共修一次**（每次二小時。開課日起三個月內仍可插班）；**各班共修期間皆爲二年半，全程免費，欲參加者請向本會函索報名表**（各共修處皆於共修時間方有人執事，非共修時間請勿電詢或前來洽詢、請書），**或直接從本會官方網站** (http://www.enlighten.org.tw/newsflash/class)**或成佛之道網站下載報名表**。共修期滿時，若經報名禪三審核通過者，可參加四天三夜之禪三精進共修，有機會明心、取證如來藏，發起般若實相智慧，成爲實義菩薩，脫離凡夫菩薩位。

三、新春禮佛祈福　農曆**年假**期間停止共修：自農曆新年前七天起停止共修與弘法，正月 8 日起回復共修、弘法事務。新春期間正月初一～初七 9.00～17.00 開放台北講堂、正月初一~初三開放新竹、台中、嘉義、台南、高雄講堂，以及大溪禪三道場（正覺祖師堂），方便會員供佛、祈福及會外人士請書。

密宗四大派修雙身法，是外道性力派的邪法；又以生滅的識陰作為常住法，是常見外道，是假的藏傳佛教。

西藏覺囊巴以他空見弘揚第八識如來藏勝法，才是真藏傳佛教

佛教正覺同修會　弘法行事表　2022/04/25

1、**禪淨班**　以無相念佛及拜佛方式修習動中定力，實證一心不亂功夫。傳授解脫道正理及第一義諦佛法，以及參禪知見。共修期間：二年六個月。每逢四月、十月開新班，詳見招生公告表。

2、**進階班**　禪淨班畢業後得轉入此班，進修更深入的佛法，期能證悟明心。各地講堂各有多班，繼續深入佛法、增長定力，悟後得轉入增上班修學道種智，期能證得無生法忍。

3、**增上班 成唯識論**詳解　詳解八識心王的唯識性、唯識相、唯識位，分說八識心王及其心所各別的自性、所依、所緣、相應心所、行相、功用等，並闡述緣生諸法的四緣：因緣、等無間緣、所緣緣、增上緣等四緣，並論及十因五果等。論中闡釋**佛法實證及成就的根本法即是第八識，由第八識成就三界世間及出世間的一切染淨諸法，方有成佛之道可修、可證、可成就，名爲圓成實性**。然後詳解末法時代學人極易混淆的見道位所函蓋的眞見道、相見道、通達位等內容，指正末法時代高慢心一類學人，於見道位前後不斷所墮的同一邪謬處。末後開示修道位的十地之中，各地所應斷的二愚及所應證的一智，乃至佛位的四智圓明及具足四種涅槃等一切種智之眞實正理。由平實導師講述，每逢一、三、五週之週末晚上開示，每逢二、四週之週末爲重播班，供作後悟之菩薩補聞所未聽聞之法。增上班課程僅限已明心之會員參加。未來每逢講完十分之一內容時，便予出書流通；總共十輯，敬請期待。（註：《瑜伽師地論》從 2003 年二月開講，至 2022 年 2 月 19 日已經圓滿，爲期 18 年整。）

4、**解深密經**詳解　本經所說妙法極爲甚深難解，非唯論及佛法中心主旨的八識心王及般若實證之標的，亦論及眞見道之後轉入相見道位中應該修學之法，即是七眞如之觀行內涵，然後始可入地。亦論及見道之後，如何與解脫及佛菩提智相應，兼論十地進修之道，末論如來法身及四智圓明的一切種智境界。如是眞見道、相見道、諸地修行之義，傳至今時仍然可證，顯示佛法眞是義學而非玄談或思想，有實證之標的與內容，非學術界諸思惟研究者之所能到，乃是離言絕句之第八識第一義諦妙義。重講本經之目的，在於令諸已悟之人明解大乘佛法之成佛次第，以及悟後進修一切種智之內涵，確實證知三種自性性，並得據此證解七眞如、十眞如等正理，成就三無性的境界。已於 2021 年三月下旬起每逢週二的晚上公開宣講，由平實導師詳解。不限制聽講資格。

5、**精進禪三**　主三和尚：平實導師。於四天三夜中，以克勤圓悟大師及大慧宗杲之禪風，施設機鋒與小參、公案密意之開示，幫助會員剋期取證，親證不生不滅之眞實心——人人本有之如來藏。每年四月、十月各舉辦三個梯次；平實導師主持。僅限本會會員參加禪淨班共修期滿，報名審核通過者，方可參加。並選擇會中定力、慧力、福德三條件皆已具足之已明心會員，給以指引，令得眼見自己無形無相之佛性遍佈山河大地，眞實而無障礙，得以肉眼現觀世界身心悉皆如幻，具足成就如幻觀，圓滿十住菩薩之證境。

6、**阿含經**詳解　選擇重要之阿含部經典，依無餘涅槃之實際而加以詳解，令大眾得以現觀諸法緣起性空，亦復不墮斷滅見中，顯示經中所隱說之涅槃實際—如來藏—確實已於四阿含中隱說；令大眾得以聞後觀行，確實斷除我見乃至我執，證得**見到**眞現觀，乃至**身證**……等眞現觀；已得大乘或二乘見道者，亦可由此聞熏及聞後之觀行，除斷我所之貪著，成就慧解脫果。由平實導師詳解。不限制聽講資格。

7、**精選如來藏系經典**詳解　精選如來藏系經典一部，詳細解說，以此完全印證會員所悟如來藏之眞實，得入不退轉住。另行擇期詳細解說之，由平實導師講解。僅限已明心之會員參加。

8、**禪門差別智**　藉禪宗公案之微細淆訛難知難解之處，加以宣說及剖析，以增進明心、見性之功德，啓發差別智，建立擇法眼。每月第一週日全天，由平實導師開示，僅限破參明心後，復又眼見佛性者參加(事冗暫停)。

9、**枯木禪**　先講智者大師的《小止觀》，後說《釋禪波羅蜜》，詳解四禪八定之修證理論與實修方法，細述一般學人修定之邪見與岔路，及對禪定證境之誤會，消除枉用功夫、浪費生命之現象。已悟般若者，可以藉此而實修初禪，進入大乘通教及聲聞教的三果心解脫境界，配合應有的大福德及後得無分別智、十無盡願，即可進入初地心中。親教師：平實導師。未來緣熟時將於正覺寺開講。不限制聽講資格。

註：本會例行年假，自 2004 年起，改爲每年農曆新年前七天開始停息弘法事務及共修課程，農曆正月 8 日回復所有共修及弘法事務。新春期間（每日 9.00~17.00）開放台北講堂，方便會員禮佛祈福及會外人士請書。大溪區的正覺祖師堂，開放參訪時間，詳見〈正覺電子報〉或成佛之道網站。本表得因時節因緣需要而隨時修改之，不另作通知。

佛教正覺同修會　贈閱書籍 目錄　2021/8/30

1.**無相念佛**　平實導師著　回郵 36 元
2.**念佛三昧修學次第**　平實導師述著　回郵 52 元
3.**正法眼藏—護法集**　平實導師述著　回郵 76 元
4.**真假開悟簡易辨正法&佛子之省思**　平實導師著　回郵 26 元
5.**生命實相之辨正**　平實導師著　回郵 31 元
6.**如何契入念佛法門**（附：印順法師否定極樂世界）平實導師著　回郵 26 元
7.**平實書箋**—答元覽居士書　平實導師著　回郵 52 元
8.**三乘唯識**—如來藏系經律彙編　平實導師編　回郵 80 元
（精裝本　長 27 cm　寬 21 cm　高 7.5 cm　重 2.8 公斤）
9.**三時繫念全集**—修正本　回郵掛號 52 元（長 26.5 cm×寬 19 cm）
10.**明心與初地**　平實導師述　回郵 31 元
11.**邪見與佛法**　平實導師述著　回郵 36 元
12.**甘露法雨**　平實導師述　回郵 36 元
13.**我與無我**　平實導師述　回郵 36 元
14.**學佛之心態**—修正錯誤之學佛心態始能與正法相應　孫正德老師著　回郵52元
附錄：平實導師著**《略說八、九識並存…等之過失》**
15.**大乘無我觀**—《悟前與悟後》別說　平實導師述著　回郵 36 元
16.**佛教之危機**—中國台灣地區現代佛教之真相（附錄：公案拈提六則）
平實導師著　回郵 52 元
17.**燈 影**—燈下黑（覆「求教後學」來函等）　平實導師著　回郵 76 元
18.**護法與毀法**—覆上平居士與徐恒志居士網站毀法二文
張正圜老師著　回郵 76 元
19.**淨土聖道**—兼評**選擇本願念佛**　正德老師著　**由正覺同修會購贈**　回郵 52 元
20.**辨唯識性相**—對「紫蓮心海《辯唯識性相》書中否定阿賴耶識」之回應
正覺同修會 台南共修處法義組 著　回郵 52 元
21.**假如來藏**—對法蓮法師《如來藏與阿賴耶識》書中否定阿賴耶識之回應
正覺同修會 台南共修處法義組 著　回郵 76 元
22.**入不二門**—公案拈提集錦 第一輯（於平實導師公案拈提諸書中選錄約二十則，
合輯爲一冊流通之）平實導師著　回郵 52 元
23.**真假邪說**—西藏密宗索達吉喇嘛《破除邪說論》真是邪說
釋正安法師著　上、下冊回郵各 52 元
24.**真假開悟**—真如、如來藏、阿賴耶識間之關係　平實導師述著　回郵 76 元
25.**真假禪和**—辨正釋傳聖之謗法謬說　孫正德老師著　回郵 76 元

26.**眼見佛性**—駁慧廣法師眼見佛性的含義文中謬說
游正光老師著　回郵 52 元
27.**普門自在**—公案拈提集錦 第二輯（於平實導師公案拈提諸書中選錄約二十則，合輯爲一冊流通之）平實導師著　回郵 52 元
28.**印順法師的悲哀**—以現代禪的質疑為線索　恒毓博士著　回郵 52 元
29.**識蘊真義**—現觀識蘊內涵、取證初果、親斷三縛結之具體行門。
—依《成唯識論》及《唯識述記》正義，略顯安慧《大乘廣五蘊論》之邪謬
平實導師著　回郵 76 元
30.**正覺電子報** 各期紙版本　免附回郵　每次最多函索三期或三本。
（已無存書之較早各期，不另增印贈閱）
31.**現代人應有的宗教觀**　蔡正禮老師 著　回郵 31 元
32.**遠惑趣道**—正覺電子報般若信箱問答錄　第一輯　回郵 52 元
33.**遠惑趣道**—正覺電子報般若信箱問答錄　第二輯　回郵 52 元
34.**確保您的權益**—器官捐贈應注意自我保護　游正光老師 著　回郵 31 元
35.**正覺教團電視弘法三乘菩提 DVD 光碟（一）**
由正覺教團多位親教師共同講述錄製 DVD 8 片，MP3 一片，共 9 片。有二大講題：一爲「三乘菩提之意涵」，二爲「學佛的正知見」。內容精闢，深入淺出，精彩絕倫，幫助大眾快速建立三乘法道的正知見，免被外道邪見所誤導。有志修學三乘佛法之學人不可不看。（製作工本費 100 元，回郵 52 元）
36.**正覺教團電視弘法 DVD 專輯（二）**
總有二大講題：一爲「三乘菩提之念佛法門」，一爲「學佛正知見（第二篇）」，由正覺教團多位親教師輪番講述，內容詳細闡述如何修學念佛法門、實證念佛三昧，以及學佛應具有的正確知見，可以幫助發願往生西方極樂淨土之學人，得以把握往生，更可令學人快速建立三乘法道的正知見，免於被外道邪見所誤導。有志修學三乘佛法之學人不可不看。（一套 17 片，工本費 160 元。回郵 76 元）
37.**喇嘛性世界**—揭開假藏傳佛教譚崔瑜伽的面紗　張善思 等人合著
由正覺同修會購贈　回郵 52 元
38.**假藏傳佛教的神話**—性、謊言、喇嘛教　張正玄教授編著
由正覺同修會購贈　回郵 52 元
39.**隨　緣**—理隨緣與事隨緣　平實導師述　回郵 52 元。
40.**學佛的覺醒**　正枝居士 著　回郵 52 元
41.**導師之真實義**　蔡正禮老師 著　回郵 31 元
42.**淺談達賴喇嘛之雙身法**—兼論解讀「密續」之達文西密碼
吳明芷居士 著　回郵 31 元
43.**魔界轉世**　張正玄居士 著　回郵 31 元
44.**一貫道與開悟**　蔡正禮老師 著　回郵 31 元
45.**博愛**—愛盡天下女人　正覺教育基金會 編印　回郵 36 元

46.**意識虛妄經教彙編**—實證解脫道的關鍵經文　正覺同修會編印　回郵36元

47.**邪箭囈語**—破斥藏密外道多識仁波切《破魔金剛箭雨論》之邪說

陸正元老師著　上、下冊回郵各52元

48.**真假沙門**—依 佛聖教闡釋佛教僧寶之定義

蔡正禮老師著　俟正覺電子報連載後結集出版

49.**真假禪宗**—藉評論釋性廣《印順導師對變質禪法之批判及對禪宗之肯定》以顯示真假禪宗

附論一：凡夫知見 無助於佛法之信解行證

附論二：世間與出世間一切法皆從如來藏實際而生而顯

余正偉老師著　俟正覺電子報連載後結集出版　回郵未定

★ 上列贈書之郵資，係台灣本島地區郵資，大陸、港、澳地區及外國地區，請另計酌增（大陸、港、澳、國外地區之郵票不許通用）。尚未出版之書，請勿先寄來郵資，以免增加作業煩擾。

★ 本目錄若有變動，唯於後印之書籍及「成佛之道」網站上修正公佈之，不另行個別通知。

函索書籍請寄：佛教正覺同修會　103 台北市承德路 3 段 277 號 9 樓

台灣地區函索書籍者請附寄郵票，無時間購買郵票者可以等值現金抵用，但不接受郵政劃撥、支票、匯票。大陸地區得以人民幣計算，國外地區請以美元計算（請勿寄來當地郵票，在台灣地區不能使用）。欲以掛號寄遞者，請另附掛號郵資。

親自索閱：正覺同修會各共修處。　★請於共修時間前往取書，餘時無人在道場，請勿前往索取；共修時間與地點，詳見書末正覺同修會共修現況表（以近期之共修現況表爲準）。

註：正智出版社發售之局版書，請向各大書局購閱。若書局之書架上已經售出而無陳列者，請向書局櫃台指定洽購；若書局不便代購者，請於正覺同修會共修時間前往各共修處請購，正智出版社已派人於共修時間送書前往各共修處流通。 郵政劃撥購書及 大陸地區 購書，請詳別頁正智出版社發售書籍目錄最後頁之說明。

成佛之道 網站：http://www.a202.idv.tw　正覺同修會已出版之結緣書籍，多已登載於 成佛之道 網站，若住外國、或住處遙遠，不便取得正覺同修會贈閱書籍者，可以從本網站閱讀及下載。

＊＊**假藏傳佛教修雙身法，非佛教**＊＊

正智出版社 籌募弘法基金發售書籍目錄　2023/05/18

1.**宗門正眼**—公案拈提 第一輯 重拈　平實導師著　500 元
因重寫內容大幅度增加故，字體必須改小，並增爲 576 頁 主文 546 頁。比初版更精彩、更有內容。初版《禪門摩尼寶聚》之讀者，可寄回本公司免費調換新版書。免附回郵，亦無截止期限。（2007 年起，每冊附贈本公司精製公案拈提〈超意境〉CD 一片。市售價格 280 元，多購多贈。）

2.**禪淨圓融**　平實導師著　200 元（第一版舊書可換新版書。）

3.**真實如來藏**　平實導師著　400 元

4.**禪—悟前與悟後**　平實導師著　上、下冊，每冊 250 元

5.**宗門法眼**—公案拈提 第二輯　平實導師著　500 元
（2007 年起，每冊附贈本公司精製公案拈提〈超意境〉CD 一片）

6.**楞伽經詳解**　平實導師著　全套共 10 輯　每輯 250 元

7.**宗門道眼**—公案拈提 第三輯　平實導師著　500 元
（2007 年起，每冊附贈本公司精製公案拈提〈超意境〉CD 一片）

8.**宗門血脈**—公案拈提 第四輯　平實導師著　500 元
（2007 年起，每冊附贈本公司精製公案拈提〈超意境〉CD 一片）

9.**宗通與說通**—成佛之道 平實導師著 主文 381 頁 全書 400 頁售價 300 元

10.**宗門正道**—公案拈提 第五輯　平實導師著　500 元
（2007 年起，每冊附贈本公司精製公案拈提〈超意境〉CD 一片）

11.**狂密與真密 一～四輯**　平實導師著　西藏密宗是人間最邪淫的宗教，本質不是佛教，只是披著佛教外衣的印度教性力派流毒的喇嘛教。此書中將西藏密宗密傳之男女雙身合修樂空雙運所有祕密與修法，毫無保留完全公開，並將全部喇嘛們所不知道的部分也一併公開。內容比大辣出版社喧騰一時的《西藏慾經》更詳細。並且函蓋藏密的所有祕密及其錯誤的中觀見、如來藏見……等，藏密的所有法義都在書中詳述、分析、辨正。每輯主文三百餘頁　每輯全書約 400 頁　售價每輯 300 元

12.**宗門正義**—公案拈提 第六輯　平實導師著　500 元
（2007 年起，每冊附贈本公司精製公案拈提〈超意境〉CD 一片）

13.**心經密意**—心經與解脫道、佛菩提道、祖師公案之關係與密意　平實導師述　300 元

14.**宗門密意**—公案拈提 第七輯　平實導師著　500 元
（2007 年起，每冊附贈本公司精製公案拈提〈超意境〉CD 一片）

15.**淨土聖道**—兼評「選擇本願念佛」　正德老師著　200 元

16.**起信論講記**　平實導師述著　共六輯　每輯三百餘頁　售價各 250 元

17.**優婆塞戒經講記**　平實導師述著 共八輯 每輯三百餘頁 售價各250元

18.**真假活佛**—略論附佛外道盧勝彥之邪說（對前岳靈犀網站主張「盧勝彥是證悟者」之修正）　正犀居士（岳靈犀）著　流通價140元

19.**阿含正義**—唯識學探源　平實導師著　共七輯　每輯300元

20.**超意境 CD** 以平實導師公案拈提書中超越意境之頌詞，加上曲風優美的旋律，錄成令人嚮往的超意境歌曲，其中包括正覺發願文及平實導師親自譜成的黃梅調歌曲一首。詞曲雋永，殊堪翫味，可供學禪者吟詠，有助於見道。內附設計精美的彩色小冊，解說每一首詞的背景本事。每片280元。【每購買公案拈提書籍一冊，即贈送一片。】

21.**菩薩底憂鬱 CD** 將菩薩情懷及禪宗公案寫成新詞，並製作成超越意境的優美歌曲。1.主題曲〈菩薩底憂鬱〉，描述地後菩薩能離三界生死而迴向繼續生在人間，但因尚未斷盡習氣種子而有極深沈之憂鬱，非三賢位菩薩及二乘聖者所知，此憂鬱在七地滿心位方才斷盡；本曲之詞中所說義理極深，昔來所未曾見；此曲係以優美的情歌風格寫詞及作曲，聞者得以激發嚮往諸地菩薩境界之大心，詞、曲都非常優美，難得一見；其中勝妙義理之解說，已印在附贈之彩色小冊中。2.以各輯公案拈提中直示禪門入處之頌文，作成各種不同曲風之超意境歌曲，值得玩味、參究；聆聽公案拈提之優美歌曲時，請同時閱讀內附之印刷精美說明小冊，可以領會超越三界的證悟境界；未悟者可以因此引發求悟之意向及疑情，眞發菩提心而邁向求悟之途，乃至因此眞實悟入般若，成眞菩薩。3.正覺總持咒新曲，總持佛法大意；總持咒之義理，已加以解說並印在隨附之小冊中。本CD共有十首歌曲，長達63分鐘。每盒各附贈二張購書優惠券。每片320元。

22.**禪意無限 CD** 平實導師以公案拈提書中偈頌寫成不同風格曲子，與他人所寫不同風格曲子共同錄製出版，幫助參禪人進入禪門超越意識之境界。盒中附贈彩色印製的精美解說小冊，以供聆聽時閱讀，令參禪人得以發起參禪之疑情，即有機會證悟本來面目而發起實相智慧，實證大乘菩提般若，能如實證知般若經中的眞實意。本CD共有十首歌曲，長達69分鐘，每盒各附贈二張購書優惠券。每片320元。

23.**我的菩提路**第一輯　釋悟圓、釋善藏等人合著　售價300元

24.**我的菩提路**第二輯　郭正益等人合著　售價300元

（初版首刷至第四刷，都可以寄來免費更換為第二版，免附郵費）

25.**我的菩提路**第三輯　王美伶等人合著　售價300元

26.**我的菩提路**第四輯　陳晏平等人合著　售價 300 元

27.**我的菩提路**第五輯　林慈慧等人合著　售價 300 元

28.**我的菩提路**第六輯　劉惠莉等人合著　售價 300 元

29.**我的菩提路**第七輯　余正偉等人合著　售價 300 元

30.**鈍鳥與靈龜**—考證後代凡夫對大慧宗杲禪師的無根誹謗。
平實導師著 共 458 頁 售價 350 元

31.**維摩詰經講記** 平實導師述 共六輯 每輯三百餘頁 售價各 250 元

32.**真假外道**—破劉東亮、杜大威、釋證嚴常見外道見　正光老師著　200 元

33.**勝鬘經講記**—兼論印順《勝鬘經講記》對於《勝鬘經》之誤解。
平實導師述　共六輯　每輯三百餘頁　售價 250 元

34.**楞嚴經講記** 平實導師述 共 15 輯，每輯三百餘頁 售價 300 元

35.**明心與眼見佛性**—駁慧廣〈蕭氏「眼見佛性」與「明心」之非〉文中謬說
正光老師著　共 448 頁　售價 300 元

36.**見性與看話頭** 黃正倖老師 著，本書是禪宗參禪的方法論。
內文 375 頁，全書 416 頁，售價 300 元。

37.**達賴真面目**—玩盡天下女人 白正偉老師 等著 中英對照彩色精裝大本 800 元

38.**喇嘛性世界**—揭開假藏傳佛教譚崔瑜伽的面紗　張善思 等人著　200 元

39.**假藏傳佛教的神話**—性、謊言、喇嘛教　正玄教授編著　200 元

40.**金剛經宗通**　平實導師述　共九輯　每輯售價 250 元。

41.**空行母**—性別、身分定位，以及藏傳佛教。
珍妮·坎貝爾著 呂艾倫 中譯 售價 250 元

42.**末代達賴**—性交教主的悲歌　張善思、呂艾倫、辛燕編著 售價 250 元

43.**霧峰無霧**—給哥哥的信　辨正釋印順對佛法的無量誤解
游宗明 老師著　售價 250 元

44.**霧峰無霧**—第二輯—救護佛子向正道　細說釋印順對佛法的各類誤解
游宗明 老師著　售價 250 元

45.**第七意識與第八意識？**—穿越時空「超意識」
平實導師述　每冊 300 元

46.**黯淡的達賴**—失去光彩的諾貝爾和平獎
正覺教育基金會編著　每冊 250 元

47.**童女迦葉考**—論呂凱文〈佛教輪迴思想的論述分析〉之謬。
平實導師 著　定價 180 元

48.**人間佛教**—實證者必定不悖三乘菩提
平實導師 述，定價 400 元

49.**實相經宗通**　平實導師述　共八輯　每輯 250 元

50.**真心告訴您(一)**—達賴喇嘛在幹什麼？

正覺教育基金會編著　售價 250 元

51.**中觀金鑑**—詳述應成派中觀的起源與其破法本質

孫正德老師著　分爲上、中、下三冊，每冊 250 元

52.**藏傳佛教要義**—《狂密與真密》之簡體字版　平實導師 著 上、下冊

僅在大陸流通　每冊 300 元

53.**法華經講義**　平實導師述　共二十五輯　每輯三百餘頁 售價 300 元

54.**西藏「活佛轉世」制度**—附佛、造神、世俗法

許正豐、張正玄老師合著　定價 150 元

55.**廣論三部曲**　郭正益老師著　定價 150 元

56.**真心告訴您(二)**—達賴喇嘛是佛教僧侶嗎？

—補祝達賴喇嘛八十大壽

正覺教育基金會編著　售價 300 元

57.**次法**—實證佛法前應有的條件

張善思居士著　分爲上、下二冊，每冊 250 元

58.**涅槃**—解說四種涅槃之實證及內涵　平實導師著 上、下冊 各 350 元

59.**山法**—西藏關於他空與佛藏之根本論

篤補巴・喜饒堅贊著　傑弗里・霍普金斯英譯

張火慶教授、呂艾倫老師中譯　精裝大本 1200 元

60.**佛藏經講義**　平實導師述　共二十一輯　每輯三百餘頁 售價 300 元。

61.**成唯識論**　大唐 玄奘菩薩所著鉅論。重新正確斷句，並以不同字體及標點符號顯示質疑文，令得易讀。全書 288 頁，精裝大本 400 元。

62.**大法鼓經講義**　平實導師述 2023 年 1 月 30 日開始出版　共六輯 每二個月出版一輯，每輯 300 元

63.**成唯識論釋**—詳解大唐玄奘菩薩所著《成唯識論》，平實導師著述。共十輯每輯內文四百餘頁，12級字編排，於每講完一輯的分量以後即予出版，2023年五月底出版第一輯，以後每七到十個月出版一輯，每輯 400元。

64.**假鋒虛焰金剛乘**—揭示顯密正理，兼破索達吉師徒《般若鋒兮金剛焰》

釋正安法師著 簡體字版 即將出版 售價未定

65.**廣論之平議**—宗喀巴《菩提道次第廣論》之平議　正雄居士著

約二或三輯　俟正覺電子報連載後結集出版　書價未定

66.**不退轉法輪經講義** 平實導師講述　《大法鼓經講義》出版後發行

67.**八識規矩頌**詳解　○○居士 註解　出版日期另訂　書價未定。

68.**中觀正義**—註解平實導師《中論正義頌》。

○○法師（居士）著　出版日期未定　書價未定

69.**中論正義**—釋龍樹菩薩《中論》頌正理。

孫正德老師著　出版日期未定　書價未定

70.**中國佛教史**—依中國佛教正法史實而論。 ○○老師 著　書價未定。

71.**印度佛教史**—法義與考證。依法義史實評論印順《印度佛教思想史、佛教史地考論》之謬說　正偉老師著　出版日期未定　書價未定

72.**阿含經講記**—將選錄四阿含中數部重要經典全經講解之，講後整理出版。

平實導師述　約二輯　每輯300元　出版日期未定

73.**寶積經講記**　平實導師述　每輯三百餘頁 優惠價300元 出版日期未定

74.**解深密經講義**　平實導師述 約四輯　將於重講後整理出版

75.**修習止觀坐禪法要講記**　平實導師述　每輯三百餘頁

將於正覺寺建成後重講、以講記逐輯出版　出版日期未定

76.**無門關**—《無門關》公案拈提　平實導師著　出版日期未定

77.**中觀再論**—兼述印順《中觀今論》謬誤之平議。正光老師著 出版日期未定

78.**輪迴與超度**—佛教超度法會之真義。

○○法師（居士）著　出版日期未定　書價未定

79.**《釋摩訶衍論》平議**—對偽稱龍樹所造《釋摩訶衍論》之平議

○○法師（居士）著　出版日期未定　書價未定

80.**正覺發願文**註解—以真實大願為因 得證菩提

正德老師著　出版日期未定　書價未定

81.**正覺總持咒**—佛法之總持　正圜老師著　出版日期未定　書價未定

82.**三自性**—依四食、五蘊、十二因緣、十八界法，說三性三無性。

作者未定　出版日期未定

83.**道品**—從三自性說大小乘三十七道品　作者未定　出版日期未定

84.**大乘緣起觀**—依四聖諦七真如現觀十二緣起 作者未定　出版日期未定

85.**三德**—論解脫德、法身德、般若德。　作者未定　出版日期未定

86.**真假如來藏**—對印順《如來藏之研究》謬說之平議　作者未定 出版日期未定

87.**大乘道次第**　作者未定　出版日期未定　書價未定

88.**四緣**—依如來藏故有四緣。　作者未定　出版日期未定

89.**空之探究**—印順《空之探究》謬誤之平議　作者未定 出版日期未定

90.**十法義**—論阿含經中十法之正義　作者未定　出版日期未定

91.**外道見**—論述外道六十二見　作者未定　出版日期未定

正智出版社有限公司書籍介紹

禪淨圓融：言淨土諸祖所未曾言，示諸宗祖師所未曾示；禪淨圓融，另闢成佛捷徑，兼顧自力他力，闡釋淨土門之速行易行道，亦同時揭櫫聖教門之速行易行道；令廣大淨土行者得免緩行難證之苦，亦令聖道門行者得以藉著淨土速行道而加快成佛之時劫。乃前無古人之超勝見地，非一般弘揚禪淨法門典籍也，先讀爲快。平實導師著 200元。

宗門正眼——**公案拈提**第一輯：繼承克勤圜悟大師碧巖錄宗旨之禪門鉅作。先則舉示當代大法師之邪說，消弭當代禪門大師鄉愿之心態，摧破當今禪門「世俗禪」之妄談；次則旁通教法，表顯宗門正理；繼以道之次第，消弭古今狂禪；後藉言語及文字機鋒，直示宗門入處。悲智雙運，禪味十足，數百年來難得一睹之禪門鉅著也。平實導師著 500元（原初版書《禪門摩尼寶聚》，改版後補充爲五百餘頁新書，總計多達二十四萬字，內容更精彩，並改名爲《宗門正眼》，讀者原購初版《禪門摩尼寶聚》皆可寄回本公司免費換新，免附回郵，亦無截止期限）（2007年起，凡購買公案拈提第一輯至第七輯，每購一輯皆贈送本公司精製公案拈提〈超意境〉CD一片，市售價格280元，多購多贈）。

禪—悟前與悟後：本書能建立學人悟道之信心與正確知見，圓滿具足而有次第地詳述禪悟之功夫與禪悟之內容，指陳參禪中細微淆訛之處，能使學人明自眞心、見自本性。若未能悟入，亦能以正確知見辨別古今中外一切大師究係眞悟？或屬錯悟？便有能力揀擇，捨名師而選明師，後時必有悟道之緣。一旦悟道，遲者七次人天往返，便出三界，速者一生取辦。學人欲求開悟者，不可不讀。　平實導師著。上、下冊共500元，單冊250元。

眞實如來藏：如來藏眞實存在，乃宇宙萬有之本體，並非印順法師、達賴喇嘛等人所說之「唯有名相、無此心體」。如來藏是涅槃之本際，是一切有智之人竭盡心智、不斷探索而不能得之生命實相；是古今中外許多大師自以爲悟而當面錯過之生命實相。如來藏即是阿賴耶識，乃是一切有情本自具足、不生不滅之眞實心。當代中外大師於此書出版之前所未能言者，作者於本書中盡情流露、詳細闡釋。眞悟者讀之，必能增益悟境、智慧增上；錯悟者讀之，必能檢討自己之錯誤，免犯大妄語業；未悟者讀之，能知參禪之理路，亦能以之檢查一切名師是否眞悟。此書是一切哲學家、宗教家、學佛者及欲昇華心智之人必讀之鉅著。　平實導師著　售價400元。

宗門法眼—**公案拈提**第二輯：列舉實例，闡釋土城廣欽老和尚之悟處；並直示這位不識字的老和尚妙智橫生之根由，繼而剖析禪宗歷代大德之開悟公案，解析當代密宗高僧卡盧仁波切之錯悟證據，並例舉當代顯宗高僧、大居士之錯悟證據（凡健在者，爲免影響其名聞利養，皆隱其名）。藉辨正當代名師之邪見，向廣大佛子指陳禪悟之正道，彰顯宗門法眼。悲勇兼出，強捋虎鬚；慈智雙運，巧探驪龍；摩尼寶珠在手，直示宗門入處，禪味十足；若非大悟徹底，不能爲之。禪門精奇人物，允宜人手一冊，供作參究及悟後印證之圭臬。本書於2008年4月改版，增寫為大約500頁篇幅，以利學人研讀參究時更易悟入宗門正法，以前所購初版首刷及初版二刷舊書，皆可免費換取新書。平實導師著 500元（2007年起，凡購買公案拈提第一輯至第七輯，每購一輯皆贈送本公司精製公案拈提〈超意境〉CD一片，市售價格280元，多購多贈）。

宗門道眼—**公案拈提**第三輯：繼宗門法眼之後，再以金剛之作略、慈悲之胸懷、犀利之筆觸，舉示寒山、拾得、布袋三大士之悟處，消弭當代錯悟者對於寒山大士……等之誤會及誹謗。亦舉出民初以來與虛雲和尚齊名之蜀郡鹽亭袁煥仙夫子——南懷瑾老師之師，其「悟處」何在？並蒐羅許多眞悟祖師之證悟公案，顯示禪宗歷代祖師之睿智，指陳部分祖師、奧修及當代顯密大師之謬悟，作爲殷鑑，幫助禪子建立及修正參禪之方向及知見。假使讀者閱此書已，一時尚未能悟，亦可一面加功用行，一面以此宗門道眼辨別眞假善知識，避開錯誤之印證及歧路，可免大妄語業之長劫慘痛果報。欲修禪宗之禪者，務請細讀。平實導師著 售價500元（2007年起，凡購買公案拈提第一輯至第七輯，每購一輯皆贈送本公司精製公案拈提〈超意境〉CD一片，市售價格280元，多購多贈）。

楞伽經詳解：本經是禪宗見道者印證所悟眞僞之根本經典，亦是禪宗見道者悟後起修之依據經典；故達摩祖師於印證二祖慧可大師之後，將此經典連同佛缽祖衣一併交付二祖，令其依此經典佛示金言、進入修道位，修學一切種智。由此可知此經對於眞悟之人修學佛道，是非常重要之一部經典。此經能破外道邪說，亦破佛門中錯悟名師之謬說，亦破禪宗部分祖師之狂禪：不讀經典、一向主張「一悟即成究竟佛」之謬執。並開示愚夫所行禪、觀察義禪、攀緣如禪、如來禪等差別，令行者對於三乘禪法差異有所分辨；亦糾正禪宗祖師古來對於如來禪之誤解，嗣後可免以訛傳訛之弊。此經亦是法相唯識宗之根本經典，禪者悟後欲修一切種智而入初地者，必須詳讀。平實導師著，全套共十輯，已全部出版完畢，每輯主文約320頁，每冊約352頁，定價250元。

宗門血脈—**公案拈提**第**四**輯：末法怪象—許多修行人自以爲悟，每將無念靈知認作眞實；崇尚二乘法諸師及其徒眾，則將**外於如來藏之緣起性空**—無因論之無常空、斷滅空、一切法空—錯認爲佛所說之般若空性。這兩種現象已於當今海峽兩岸及美加地區顯密大師之中普遍存在；人人自以爲悟，心高氣壯，便敢寫書解釋祖師證悟之公案，大多出於意識思惟所得，言不及義，錯誤百出，因此誤導廣大佛子同陷大妄語之地獄業中而不能自知。彼等書中所說之悟處，其實處處違背第一義經典之聖言量。彼等諸人不論是否身披袈裟，都非佛法宗門血脈，或雖有禪宗法脈之傳承，亦只徒具形式；猶如螟蛉，非眞血脈，未悟得根本眞實故。禪子欲知佛、祖之眞血脈者，請讀此書，便知分曉。平實導師著，主文452頁，全書464頁，定價500元（2007年起，凡購買公案拈提第一輯至第七輯，每購一輯皆贈送本公司精製公案拈提〈超意境〉CD一片，市售價格280元，多購多贈）。

宗通與說通：古今中外，錯誤之人如麻似粟，每以常見外道所說之靈知心，認作眞心；或妄想虛空之勝性能量爲眞如，或錯認物質四大元素藉冥性（靈知心本體）能成就吾人色身及知覺，或認初禪至四禪中之了知心爲不生不滅之涅槃心。此等皆非通宗者之見地。復有錯悟之人一向主張「宗門與教門不相干」，此即尚未通達宗門之人也。其實宗門與教門互通不二，宗門所證者乃是眞如與佛性，教門所說者乃說宗門證悟之眞如佛性，故教門與宗門不二。本書作者以宗教二門互通之見地，細說「宗通與說通」，從初見道至悟後起修之道、細說分明；並將諸宗諸派在整體佛教中之地位與次第，加以明確之教判，學人讀之即可了知佛法之梗概也。欲擇明師學法之前，允宜先讀。平實導師著，主文共381頁，全書392頁，只售成本價300元。

宗門正道—公案拈提第五輯：修學大乘佛法有二果須證解脫果及大菩提果。二乘人不證大菩提果，唯證解脫果；此果之智慧，名爲聲聞菩提、緣覺菩提。大乘佛子所證二果之菩提果爲佛菩提，故名大菩提果，其慧名爲一切種智函蓋二乘解脫果。然此大乘二果修證，須經由禪宗之宗門證悟方能相應。而宗門證悟極難，自古已然；其所以難者，咎在古今佛教界普遍存在三種邪見：1.以修定認作佛法，2.以無因論之緣起性空—否定涅槃本際如來藏以後之一切法空作爲佛法，3.以常見外道邪見（離語言妄念之靈知性）作爲佛法。如是邪見，或因自身正見未立所致，或因邪師之邪教導所致，或因無始劫來虛妄熏習所致。若不破除此三種邪見，永劫不悟宗門眞義、不入大乘正道，唯能外門廣修菩薩行。平實導師於此書中，有極爲詳細之說明，有志佛子欲摧邪見、入於內門修菩薩行者，當閱此書。主文共496頁，全書512頁。售價500元（2007年起，凡購買公案拈提第一輯至第七輯，每購一輯皆贈送本公司精製公案拈提〈超意境〉CD一片，市售價格280元，多購多贈）。

狂密與真密：密教之修學，皆由有相之觀行法門而入，其最終目標仍不離顯教經典所說第一義諦之修證；若離顯教第一義經典、或違背顯教第一義經典，即非佛教。西藏密教之觀行法，如灌頂、觀想、遷識法、寶瓶氣、大聖歡喜雙身修法、喜金剛、無上瑜伽、大樂光明、樂空雙運等，皆是印度教**兩性生生不息思想之轉化，自始至終**皆以**如何能運用交合淫樂之法達到全身受樂**爲其中心思想，純屬欲界五欲的貪愛，不能令

人超出欲界輪迴，更不能令人斷除我見；何況大乘之明心與見性，更無論矣！故密宗之法絕非佛法也。而其明光大手印、大圓滿法教，又皆同以常見外道所說**離語言妄念之無念靈知心**錯認爲佛地之眞如，不能直指不生不滅之眞如。西藏密宗所有法王與徒眾，都尚未開頂門眼，不能辨別眞僞，以**依人不依法、依密續不依經典**故，不肯將其上師喇嘛所說對照第一義經典，純依密續之藏密祖師所說爲準，因此而誇大其證德與證量，動輒謂彼祖師上師爲究竟佛、爲地上菩薩；如今台海兩岸亦有自謂其師證量高於釋迦文佛者，然觀其師所述，猶未見道，仍在觀行即佛階段，尚未到禪宗相似即佛、分證即佛階位，竟敢標榜爲究竟佛及地上法王，誑惑初機學人。凡此怪象皆是狂密，不同於眞密之修行者。近年狂密盛行，密宗行者被誤導者極眾，動輒自謂已證佛地眞如，自視爲究竟佛，陷於大妄語業中而不知自省，反謗顯宗眞修實證者之證量粗淺；或如義雲高與釋性圓…等人，於報紙上公然誹謗眞實證道者爲「騙子、無道人、人妖、癩蛤蟆…」等，造下誹謗大乘勝義僧之大惡業；或以外道法中有爲有作之甘露、魔術……等法，誑騙初機學人，狂言彼外道法爲眞佛法。如是怪象，在西藏密宗及附藏密之外道中，不一而足，舉之不盡，學人宜應愼思明辨，以免上當後又犯毀破菩薩戒之重罪。密宗學人若欲遠離邪知邪見者，請閱此書，即能了知密宗之邪謬，從此遠離邪見與邪修，轉入眞正之佛道。

平實導師著 共四輯 每輯約400頁（主文約340頁）每輯售價300元。

宗門正義—公案拈提第六輯：佛教有六大危機，乃是藏密化、世俗化、膚淺化、學術化、宗門密意失傳、悟後進修諸地之次第混淆；其中尤以宗門密意之失傳，爲當代佛教最大之危機。由宗門密意失傳故，易令世尊本懷普被錯解，易令 世尊正法被轉易爲外道法，以及加以淺化、世俗化，是故宗門密意之廣泛弘傳與具緣佛弟子，極爲重要。然而欲令宗門密意之廣泛弘傳予具緣之佛弟子者，必須同時配合錯誤知見之解析、普令佛弟子知之，然後輔以公案解析之直示入處，方能令具緣之佛弟子悟入。而此二者，皆須以公案拈提之方式爲之，方易成其功、竟其業，是故平實導師續作宗門正義一書，以利學人。全書500餘頁，售價500元（2007年起，凡購買公案拈提第一輯至第七輯，每購一輯皆贈送本公司精製公案拈提〈超意境〉CD一片，市售價格280元，多購多贈）。

心經密意—心經與解脫道、佛菩提道、祖師公案之關係與密意。二乘菩提所證之解脫道，實依第八識心之斷除煩惱障現行而立解脫之名；大乘菩提所證之佛菩提道，實依親證第八識如來藏之涅槃性、清淨自性、及其中道性而立般若之名；禪宗祖師公案所證之眞心，即是此第八識如來藏；是故三乘佛法所修所證之三乘菩提，皆依此如來藏心而立名也。此第八識心，即是《心經》所說之心也。證得此如來藏已，即能漸入大乘佛菩提道，亦可因證知此心而了知二乘無學所不能知之無餘涅槃本際，是故《心經》之密意，與三乘佛菩提之關係極爲密切、不可分割，三乘佛法皆依此心而立名故。今者平實導師以其所證解脫道之無生智及佛菩提之般若種智，將《心經》與解脫道、佛菩提道、祖師公案之關係與密意，以演講之方式，用淺顯之語句和盤托出，發前人所未言，呈三乘菩提之眞義，令人藉此《心經密意》一舉而窺三乘菩提之堂奧，迴異諸方言不及義之說；欲求眞實佛智者、不可不讀！主文317頁，連同跋文及序文…等共384頁，售價300元。

宗門密意—公案拈提第七輯：佛教之世俗化，將導致學人以信仰作爲學佛，則將以感應及世間法之庇祐，作爲學佛之主要目標，不能了知學佛之主要目標爲親證三乘菩提。大乘菩提則以般若實相智慧爲主要修習目標，以二乘菩提解脫道爲附帶修習之標的；是故學習大乘法者，應以禪宗之證悟爲要務，能親入大乘菩提之實相般若智慧中故，般若實相智慧非二乘聖人所能知故。此書則以台灣世俗化佛教之三大法師，說法似是而非之實例，配合眞悟祖師之公案解析，提示證悟般若之關節，令學人易得悟入。平實導師著，全書五百餘頁，售價500元（2007年起，凡購買公案拈提第一輯至第七輯，每購一輯皆贈送本公司精製公案拈提〈超意境〉CD一片，市售價格280元，多購多贈）。

淨土聖道—兼評日本本願念佛：佛法甚深極廣，般若玄微，非諸二乘聖僧所能知之，一切凡夫更無論矣！所謂一切證量皆歸淨土是也！是故大乘法中「聖道之淨土、淨土之聖道」，其義甚深，難可了知；乃至眞悟之人，初心亦難知也。今有正德老師眞實證悟後，復能深探淨土與聖道之緊密關係，憐憫眾生之誤會淨土實義，亦欲利益廣大淨土行人同入聖道，同獲淨土中之聖道門要義，乃振奮心神、書以成文，今得刊行天下。主文279頁，連同序文等共301頁，總有十一萬六千餘字，正德老師著，成本價200元。

起信論講記：詳解大乘起信論**心生滅門**與**心真如門**之真實意旨，消除以往大師與學人對起信論所說**心生滅門**之誤解，由是而得了知真心如來藏之非常非斷中道正理；亦因此一講解，令此論以往隱晦而被誤解之真實義，得以如實顯示，令大乘佛菩提道之正理得以顯揚光大；初機學者亦可藉此正論所顯示之法義，對大乘法理生起正信，從此得以真發菩提心，真入大乘法中修學，世世常修菩薩正行。平實導師演述，共六輯，都已出版，每輯三百餘頁，售價250元。

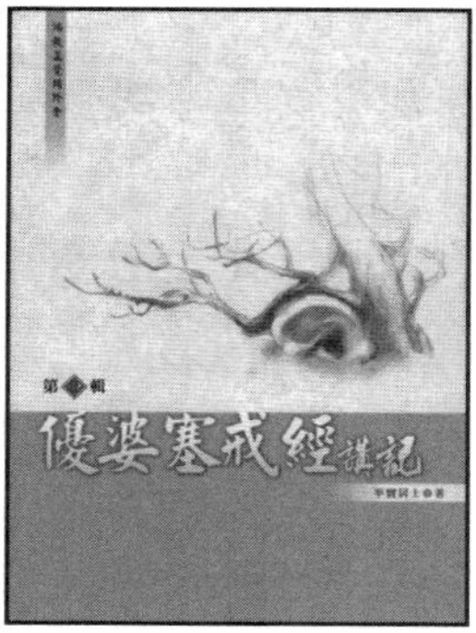

優婆塞戒經講記：本經詳述在家菩薩修學大乘佛法，應如何受持菩薩戒？對人間善行應如何看待？對三寶應如何護持？應如何正確地修集此世後世證法之福德？應如何修集後世「行菩薩道之資糧」？並詳述第一義諦之正義：五蘊非我非異我、自作自受、異作異受、不作不受……等深妙法義，乃是修學大乘佛法、行菩薩行之在家菩薩所應當了知者。出家菩薩今世或未來世登地已，捨報之後多數將如華嚴經中諸大菩薩，以在家菩薩身而修行菩薩行，故亦應以此經所述正理而修之，配合《楞伽經、解深密經、楞嚴經、華嚴經》等道次第正理，方得漸次成就佛道；故此經是一切大乘行者皆應證知之正法。平實導師講述，每輯三百餘頁，售價各250元；共八輯，已全部出版。

真假活佛—略論附佛外道盧勝彥之邪說：人人身中都有眞活佛，永生不滅而有大神用，但眾生都不了知，所以常被身外的西藏密宗假活佛籠罩欺瞞。本來就眞實存在的眞活佛，才是眞正的密宗無上密！諾那活佛因此而說禪宗是大密宗，但藏密的所有活佛都不知道、也不曾實證自身中的眞活佛。本書詳實宣示眞活佛的道理，舉證盧勝彥的「佛法」不是眞佛法，也顯示盧勝彥是假活佛，直接的闡釋第一義佛法見道的眞實正理。眞佛宗的所有上師與學人們，都應該詳細閱讀，包括盧勝彥個人在內。正犀居士著，優惠價140元。

阿含正義—唯識學探源：廣說四大部《阿含經》諸經中隱說之眞正義理，一一舉示佛陀本懷，令阿含時期初轉法輪根本經典之眞義，如實顯現於佛子眼前。並提示末法大師對於阿含眞義誤解之實例，一一比對之，證實唯識增上慧學確於原始佛法之阿含諸經中已隱覆密意而略說之，證實世尊確於原始佛法中已曾密意而說第八識如來藏之總相；亦證實世尊在四阿含中已說此藏識是名色十八界之因、之本—證明如來藏是能生萬法之根本心。佛子可據此修正以往受諸大師（譬如西藏密宗應成派中觀師：印順、昭慧、性廣、大願、達賴、宗喀巴、寂天、月稱、……等人）誤導之邪見，建立正見，轉入正道乃至親證初果而無困難；書中並詳說三果所證的**心解脫**，以及四果**慧解脫**的親證，都是如實可行的具體知見與行門。全書共七輯，已出版完畢。平實導師著，每輯三百餘頁，售價300元。

超意境ＣＤ：以平實導師公案拈提書中超越意境之頌詞，加上曲風優美的旋律，錄成令人嚮往的超意境歌曲，其中包括正覺發願文及平實導師親自譜成的黃梅調歌曲一首。詞曲雋永，殊堪翫味，可供學禪者吟詠，有助於見道。內附設計精美的彩色小冊，解說每一首詞的背景本事。每片280元。【每購買公案拈提書籍一冊，即贈送一片。】

菩薩底憂鬱ＣＤ將菩薩情懷及禪宗公案寫成新詞，並製作成超越意境的優美歌曲。1.主題曲〈菩薩底憂鬱〉，描述地後菩薩能離三界生死而迴向繼續生在人間，但因尚未斷盡習氣種子而有極深沈之憂鬱，非三賢位菩薩及二乘聖者所知，此憂鬱在七地滿心位方才斷盡；本曲之詞中所說義理極深，昔來所未曾見；此曲係以優美的情歌風格寫詞及作曲，聞者得以激發嚮往諸地菩薩境界之大心，詞、曲都非常優美，難得一見；其中勝妙義理之解說，已印在附贈之彩色小冊中。2.以各輯公案拈提中直示禪門入處之頌文，作成各種不同曲風之超意境歌曲，值得玩味、參究；聆聽公案拈提之優美歌曲時，請同時閱讀內附之印刷精美說明小冊，可以領會超越三界的證悟境界；未悟者可以因此引發求悟之意向及疑情，眞發菩提心而邁向求悟之途，乃至因此眞實悟入般若，成眞菩薩。3.正覺總持咒新曲，總持佛法大意；總持咒之義理，已加以解說並印在隨附之小冊中。本CD共有十首歌曲，長達63分鐘，附贈二張購書優惠券。每片320元。

禪意無限CD平實導師以公案拈提書中偈頌寫成不同風格曲子，與他人所寫不同風格曲子共同錄製出版，幫助參禪人進入禪門超越意識之境界。盒中附贈彩色印製的精美解說小冊，以供聆聽時閱讀，令參禪人得以發起參禪之疑情，即有機會證悟本來面目，實證大乘菩提般若。本CD共有十首歌曲，長達69分鐘，每盒各附贈二張購書優惠券。每片320元。

我的菩提路第一輯：凡夫及二乘聖人不能實證的佛菩提證悟，末法時代的今天仍然有人能得實證，由正覺同修會釋悟圓、釋善藏法師等二十餘位實證如來藏者所寫的見道報告，已爲當代學人見證宗門正法之絲縷不絕，證明大乘義學的法脈仍然存在，爲末法時代求悟般若之學人照耀出光明的坦途。由二十餘位大乘見道者所繕，敘述各種不同的學法、見道因緣與過程，參禪求悟者必讀。全書三百餘頁，售價300元。

我的菩提路第二輯：由郭正益老師等人合著，書中詳述彼等諸人歷經各處道場學法，一一修學而加以檢擇之不同過程以後，因閱讀正覺同修會、正智出版社書籍而發起抉擇分，轉入正覺同修會中修學；乃至學法及見道之過程，都一一詳述之。**本書已改版印製重新流通**，讀者原購的初版書，不論是第一刷或第二、三、四刷，都可以寄回換新，免附郵費。

我的菩提路第三輯：由王美伶老師等人合著。自從正覺同修會成立以來，每年夏初、冬初都舉辦精進禪三共修，藉以助益會中同修們得以證悟明心發起般若實相智慧；凡已實證而被平實導師印證者，皆書具見道報告用以證明佛法之眞實可證而非玄學，證明佛法並非純屬思想、理論而無實質，是故每年都能有人證明正覺同修會的「實證佛教」主張並非虛語。特別是眼見佛性一法，自古以來中國禪宗祖師實證者極寡，較之明心開悟的證境更難令人信受；至2017年初，正覺同修會中的證悟明心者已近五百人，然而其中眼見佛性者至今唯十餘人爾，可謂難能可貴，是故明心後欲冀眼見佛性者實屬不易。黃正倖老師是懸絕七年無人見性後的第一人，她於2009年的見性報告刊於本書的第二輯中，爲大眾證明佛性確實可以眼見；其後七年之中求見性者都屬解悟佛性而無人眼見，幸而又經七年後的2016冬初，以及2017夏初的禪三，復有三人眼見佛性，希冀鼓舞四眾佛子求見佛性之大心，今則具載一則於書末，顯示求見佛性之事實經歷，供養現代佛教界欲得見性之四眾弟子。全書四百頁，售價300元，已於2017年6月30日發行。

我的菩提路第四輯：由陳晏平等人著。中國禪宗祖師往往有所謂「見性」之言，所言多屬看見如來藏具有能令人發起成佛之自性，並非《大般涅槃經》中 如來所說之眼見佛性。眼見佛性者，於親見佛性之時，即能於山河大地眼見自己佛性，亦能於他人身上眼見自己佛性及對方之佛性，如是境界無法爲尚未實證者解釋；勉強說之，縱使眞實明心證悟之人聞之，亦只能以自身明心之境界想像之，但不論如何想像多屬非量，能有正確之比量者亦是稀有，故說眼見佛性極爲困難。眼見佛性之人若所見極分明時，在所見佛性之境界下所眼見之山河大地、自己五蘊身心皆是虛幻，自有異於明心者之解脫功德受用，此後永不思證二乘涅槃，必定邁向成佛之道而進入第十住位中，已超第一阿僧祇劫三分有一，可謂之爲超劫精進也。今又有明心之後眼見佛性之人出於人間，將其明心及後來見性之報告，連同其餘證悟明心者之精彩報告一同收錄於此書中，供養眞求佛法實證之四眾佛子。全書380頁，售價300元，已於2018年6月30日發行。

我的菩提路第五輯：林慈慧老師等人著，本輯中所舉學人從相似正法中來到正覺同修會的過程，各人都有不同，發生的因緣亦是各有差別，然而都會指向同一個目標——證實生命實相的源底，確證自己生從何來、死往何去的事實，所以最後都證明佛法眞實而可親證，絕非玄學；本書將彼等諸人的始修及末後證悟之實例，羅列出來以供學人參考。本期亦有一位會裡的老師，是從1995年即開始追隨平實導師修學，1997年明心後持續進修不斷，直到2017年眼見佛性之實例，足可證明《大般涅槃經》中世尊開示眼見佛性之法正眞無訛，第十住位的實證在末法時代的今天仍有可能，如今一併具載於書中以供學人參考，並供養現代佛教界欲得見性之四眾弟子。全書四百頁，售價300元，已於2019年12月31日發行。

我的菩提路第六輯：劉惠莉老師等人著，本輯中舉示劉老師明心多年以後的眼見佛性實錄，供末法時代學人了知明心之異於見性本質，足可證明《大般涅槃經》中世尊開示眼見佛性之法正眞無訛。亦列舉多篇學人從各道場來到正覺學法之不同過程，以及如何發覺邪見之異於正法的所在，最後終能在正覺禪三中悟入的實況，以證明佛教正法仍在末法時代的人間繼續弘揚的事實，鼓舞一切眞實學法的菩薩大眾思之：我等諸人亦可有因緣證悟，絕非空想白思。約四百頁，售價300元，已於2020年6月30日發行。

我的菩提路第七輯：余正偉老師等人著，本輯中舉示余老師明心二十餘年以後的眼見佛性實錄，供末法時代學人了知明心異於見性之本質，並且舉示其見性後與平實導師互相討論眼見佛性之諸多疑訛處；除了證明《大般涅槃經》中 世尊開示眼見佛性之法正眞無訛以外，亦得一解明心後尚未見性者之所未知處，甚爲精彩。此外亦列舉多篇學人從各不同宗教進入正覺學法之不同過程，以及發覺諸方道場邪見之內容與過程，最終得於正覺精進禪三中悟入的實況，足供末法精進學人借鑑，以彼鑑己而生信心，得以投入了義正法中修學及實證。凡此，皆足以證明不唯明心所證之第七住位般若智慧及解脫功德仍可實證，乃至第十住位的實證與當場發起如幻觀之實證，於末法時代的今天皆仍有可能。本書約四百頁，售價300元。

明心與眼見佛性：本書細述明心與眼見佛性之異同，同時顯示了中國禪宗破初參明心與重關眼見佛性二關之間的關聯；書中又藉法義辨正而旁述其他許多勝妙法義，讀後必能遠離佛門長久以來積非成是的錯誤知見，令讀者在佛法的實證上有極大助益。也藉慧廣法師的謬論來教導佛門學人回歸正知正見，遠離古今禪門錯悟者所墮的意識境界，非唯有助於斷我見，也對未來的開悟明心實證第八識如來藏有所助益，是故學禪者都應細讀之。　游正光老師著　共448頁　售價300元。

見性與看話頭：黃正倖老師的《見性與看話頭》於《正覺電子報》連載完畢，今集結出版。書中詳說禪宗看話頭的詳細方法，並細說看話頭與眼見佛性的關係，以及眼見佛性者求見佛性前必須具備的條件。本書是禪宗實修者追求明心開悟時參禪的方法書，也是求見佛性者作功夫時必讀的方法書，內容兼顧眼見佛性的理論與實修之方法，是依實修之體驗配合理論而詳述，條理分明而且極爲詳實、周全、深入。本書內文375頁，全書416頁，售價300元。

鈍鳥與靈龜：鈍鳥及靈龜二物，被宗門證悟者說爲二種人：前者是精修禪定而無智慧者，也是以定爲禪的愚癡禪人；後者是或有禪定、或無禪定的宗門證悟者，凡已證悟者皆是靈龜。但後者被人虛造事實，用以嘲笑大慧宗杲禪師，說他雖是靈龜，卻不免被天童禪師預記「患背」痛苦而亡：「鈍鳥離巢易，靈龜脫殼難。」藉以貶低大慧宗杲的證量。同時將天童禪師實證如來藏的證量，曲解爲意識境界的離念靈知。自從大慧禪師入滅以後，錯悟凡夫對他的不實毀謗就一直存在著，不曾止息，並且捏造的假事實也隨著年月的增加而越來越多，終至編成「鈍鳥與靈龜」的假公案、假故事。本書是考證大慧與天童之間的不朽情誼，顯現這件假公案的虛妄不實；更見大慧宗杲面對惡勢力時的正直不阿，亦顯示大慧對天童禪師的至情深義，將使後人對大慧宗杲的誣謗至此而止，不再有人誤犯毀謗賢聖的惡業。書中亦舉證宗門的所悟確以第八識如來藏爲標的，詳讀之後必可改正以前被錯悟大師誤導的參禪知見，日後必定有助於實證禪宗的開悟境界，得階大乘眞見道位中，即是實證般若之賢聖。全書459頁，售價350元。

維摩詰經講記：本經係 世尊在世時，由等覺菩薩維摩詰居士藉疾病而演說之大乘菩提無上妙義，所說函蓋甚廣，然極簡略，是故今時諸方大師與學人讀之悉皆錯解，何況能知其中隱含之深妙正義，是故普遍無法爲人解說；若強爲人說，則成依文解義而有諸多過失。今由平實導師公開宣講之後，詳實解釋其中密意，令維摩詰菩薩所說大乘不可思議解脫之深妙正法得以正確宣流於人間，利益當代學人及與諸方大師。書中詳實演述大乘佛法深妙不共二乘之智慧境界，顯示諸法之中絕待之實相境界，建立大乘菩薩妙道於永遠不敗不壞之地，以此成就護法偉功，欲冀永利娑婆人天。已經宣講圓滿整理成書流通，以利諸方大師及諸學人。全書共六輯，每輯三百餘頁，售價各250元。

真假外道：本書具體舉證佛門中的常見外道知見實例，並加以教證及理證上的辨正，幫助讀者輕鬆而快速的了知常見外道的錯誤知見，進而遠離佛門內外的常見外道知見，因此即能改正修學方向而快速實證佛法。游正光老師著 。成本價200元。

勝鬘經講記：如來藏爲三乘菩提之所依，若離如來藏心體及其含藏之一切種子，即無三界有情及一切世間法，亦無二乘菩提緣起性空之出世間法；本經詳說無始無明、一念無明皆依如來藏而有之正理，藉著詳解煩惱障與所知障間之關係，令學人深入了知二乘菩提與佛菩提相異之妙理；聞後即可了知佛菩提之特勝處及三乘修道之方向與原理，邁向攝受正法而速成佛道的境界中。平實導師講述，共六輯，每輯三百餘頁，售價各250元。

楞嚴經講記：楞嚴經係密教部之重要經典，亦是顯教中普受重視之經典；經中宣說明心與見性之內涵極爲詳細，將一切法都會歸如來藏及佛性—妙眞如性；亦闡釋五陰區宇及五陰盡的境界，作諸地菩薩自我檢驗證量之依據，旁及佛菩提道修學過程中之種種魔境，以及外道誤會涅槃之狀況，亦兼述明三界世間之起源。然因言句深澀難解，法義亦復深妙寬廣，學人讀之普難通達，是故讀者大多誤會，不能如實理解佛所說之明心與見性內涵，亦因是故多有悟錯之人引爲開悟之證言，成就大妄語罪。今由平實導師詳細講解之後，整理成文，以易讀易懂之語體文刊行天下，以利學人。全書十五輯，全部出版完畢。每輯三百餘頁，售價每輯300元。

金剛經宗通：三界唯心，萬法唯識，是成佛之修證內容，是諸地菩薩之所修；般若則是成佛之道（實證三界唯心、萬法唯識）的入門，若未證悟實相般若，即無成佛之可能，必將永在外門廣行菩薩六度，永在凡夫位中。然而實相般若的發起，全賴實證萬法的實相；若欲證知萬法的眞相，則必須探究萬法之所從來，則須實證自心如來—金剛心如來藏，然後現觀這個金剛心的金剛性、眞實性、如如性、清淨性、涅槃性、能生萬法的自性性、本住性，名爲證眞如；進而現觀三界六道唯是此金剛心所成，人間萬法須藉八識心王和合運作方能現起。如是實證《華嚴經》的「三界唯心、萬法唯識」以後，由此等現觀而發起實相般若智慧，繼續進修第十住位的如幻觀、第十行位的陽焰觀、第十迴向位的如夢觀，再生起增上意樂而勇發十無盡願，方能滿足三賢位的實證，轉入初地；自知成佛之道而無偏倚，從此按部就班、次第進修乃至成佛。第八識自心如來是般若智慧之所依，般若智慧的修證則要從實證金剛心自心如來開始；《金剛經》則是解說自心如來之經典，是一切三賢位菩薩所應進修之實相般若經典。這一套書，是將平實導師宣講的《金剛經宗通》內容，整理成文字而流通之；書中所說義理，迥異古今諸家依文解義之說，指出大乘見道方向與理路，有益於禪宗學人求開悟見道，及轉入內門廣修六度萬行，已於2013年9月出版完畢，總共9輯，每輯約三百餘頁，售價各250元。

霧峰無霧—給哥哥的信：本書作者藉兄弟之間信件往來論義，略述佛法大義；並以多篇短文辨義，舉出釋印順對佛法的無量誤解證據，並一一給予簡單而清晰的辨正，令人一讀即知。久讀、多讀之後即能認清楚釋印順的六識論見解，與眞實佛法之牴觸是多麼嚴重；於是在久讀、多讀之後，於不知不覺之間提升了對佛法的極深入理解，正知正見就在不知不覺間建立起來了。當三乘佛法的正知見建立起來之後，對於三乘菩提的見道條件便將隨之具足，於是聲聞解脫道的見道也就水到渠成；接著大乘見道的因緣也將次第成熟，未來自然也會有親見大乘菩提之道的因緣，悟入大乘實相般若也將自然成功，自能通達般若系列諸經而成實義菩薩。作者居住於南投縣霧峰鄉，自喻見道之後不復再見霧峰之霧，故鄉原野美景一一明見，於是立此書名爲《霧峰無霧》；讀者若欲撥霧見月，可以此書爲緣。游宗明 老師著，已於2015年出版，售價250元。

霧峰無霧—第二輯—救護佛子向正道：本書作者藉釋印順著作中之各種錯謬法義提出辨正，以詳實的文義一一提出理論上及實證上之解析，列舉釋印順對佛法的無量誤解證據，藉此教導佛門大師與學人釐清佛法義理，遠離岐途轉入正道，然後知所進修，久之便能見道明心而入大乘勝義僧數。被釋印順誤導的大師與學人極多，很難救轉，是故作者大發悲心深入解說其錯謬之所在，佐以各種義理辨正而令讀者在不知不覺之間轉歸正道。如是久讀之後欲得斷身見、證初果，即不爲難事；乃至久之亦得大乘見道而得證眞如，脫離空有二邊而住中道，實相般若智慧生起，於佛法不再茫然，漸漸亦知悟後進修之道。屆此之時，對於大乘般若等深妙法之迷雲暗霧亦將一掃而空，生命及宇宙萬物之故鄉原野美景一一明見，是故本書仍名《霧峰無霧》，爲第二輯；讀者若欲撥雲見日、離霧見月，可以此書爲緣。游宗明　老師著，已於2019年出版，售價250元。

空行母—性別、身分定位，以及藏傳佛教：本書作者爲蘇格蘭哲學家，因爲嚮往佛教深妙的哲學內涵，於是進入當年盛行於歐美的假藏傳佛教密宗，擔任卡盧仁波切的翻譯工作多年以後，被邀請成爲卡盧的空行母（又名佛母、明妃），開始了她在密宗裡的實修過程；後來發覺在密宗雙身法中的修行，其實無法使自己成佛，也發覺密宗對女性岐視而處處貶抑，並剝奪女性在雙身法中擔任一半角色時應有的身分定位。當她發覺自己只是雙身法中被喇嘛利用的工具，沒有獲得絲毫應有的尊重與基本定位時，發現了密宗的父權社會控制女性的本質；於是作者傷心地離開了卡盧仁波切與密宗，但是卻被恐嚇不許講出她在密宗裡的經歷，也不許她說出自己對密宗的教義與教制下對女性剝削的本質，否則將被咒殺死亡。後來她去加拿大定居，十餘年後方才擺脫這個恐嚇陰影，下定決心將親身經歷的實情及觀察到的事實寫下來並且出版，公諸於世。出版之後，她被流亡的達賴集團人士大力攻訐，誣指她爲精神狀態失常、說謊……等。但有智之士並未被達賴集團的政治操作及各國政府政治運作吹捧達賴的表相所欺，使她的書銷售無阻而又再版。正智出版社鑑於作者此書是親身經歷的事實，所說具有針對「藏傳佛教」而作學術研究的價值，也有使人認清假藏傳佛教剝削佛母、明妃的男性本位實質，因此洽請作者同意中譯而出版於華人地區。珍妮·坎貝爾女士著，呂艾倫　中譯，每冊250元。

假藏傳佛教的神話—性、謊言、喇嘛教：本書編著者是由一首名爲「阿姊鼓」的歌曲爲緣起，展開了序幕，揭開假藏傳佛教—喇嘛教—的神祕面紗。其重點是蒐集、摘錄網路上質疑「喇嘛教」的帖子，以揭穿「假藏傳佛教的神話」爲主題，串聯成書，並附加彩色插圖以及說明，讓讀者們瞭解西藏密宗及相關人事如何被操作爲「神話」的過程，以及神話背後的眞相。作者：張正玄教授。售價200元。

達賴真面目—玩盡天下女人：假使您不想戴綠帽子，請記得詳細閱讀此書；假使您不想讓好朋友戴綠帽子，請您將此書介紹給您的好朋友。假使您想保護家中的女性，也想要保護好朋友的女眷，請記得將此書送給家中的女性和好友的女眷都來閱讀。本書爲印刷精美的大本彩色中英對照精裝本，爲您揭開達賴喇嘛的眞面目，內容精彩不容錯過，爲利益社會大眾，特別以優惠價格嘉惠所有讀者。編著者：白志偉等。大開版雪銅紙彩色精裝本。售價800元。

喇嘛性世界—揭開假藏傳佛教譚崔瑜伽的面紗：這個世界中的喇嘛，號稱來自世外桃源的香格里拉，穿著或紅或黃的喇嘛長袍，散布於我們的身邊傳教灌頂，吸引了無數的人嚮往學習；這些喇嘛虔誠地爲大眾祈福，手中拿著寶杵（金剛）與寶鈴（蓮花），口中唸著咒語：「唵．嘛呢．叭咪．吽……」，咒語的意思是說：「我至誠歸命金剛杵上的寶珠伸向蓮花寶穴之中」！「喇嘛性世界」是什麼樣的「世界」呢？本書將爲您呈現喇嘛世界的面貌。當您發現眞相以後，您將會唸：「噢！喇嘛．性．世界，譚崔性交嘛！」作者：張善思、呂艾倫。售價200元。

末代達賴——性交教主的悲歌：簡介從藏傳僞佛教（喇嘛教）的修行核心——性力派男女雙修，探討達賴喇嘛及藏傳僞佛教的修行內涵。書中引用外國知名學者著作、世界各地新聞報導，包含：歷代達賴喇嘛的祕史、達賴六世修雙身法的事蹟，以及《時輪續》中的性交灌頂儀式……等；達賴喇嘛書中開示的雙修法、達賴喇嘛的黑暗政治手段；達賴喇嘛所領導的寺院爆發喇嘛性侵兒童；新聞報導《西藏生死書》作者索甲仁波切性侵女信徒、澳洲喇嘛秋達公開道歉、美國最大假藏傳佛教組織領導人邱陽創巴仁波切的性氾濫；等等事件背後眞相的揭露。作者：張善思、呂艾倫、辛燕。售價250元。

黯淡的達賴——失去光彩的諾貝爾和平獎：本書舉出很多證據與論述，詳述達賴喇嘛不爲世人所知的一面，顯示達賴喇嘛並不是眞正的和平使者，而是假借諾貝爾和平獎的光環來欺騙世人；透過本書的說明與舉證，讀者可以更清楚的瞭解，達賴喇嘛是結合暴力、黑暗、淫欲於喇嘛教裡的集團首領，其政治行爲與宗教主張，早已讓諾貝爾和平獎的光環染污了。本書由財團法人正覺教育基金會寫作、編輯，由正覺出版社印行，每冊250元。

第七意識與第八意識？——穿越時空「超意識」：「三界唯心，萬法唯識」是佛教中應該實證的聖教，也是《華嚴經》中明載而可以實證的法界實相。唯心者，三界一切境界、一切諸法唯是一心所成就，即是每一個有情的第八識如來藏，不是意識心。唯識者，即是人類各各都具足的八識心王——眼識、耳鼻舌身意識、意根、阿賴耶識，第八阿賴耶識又名如來藏，人類五陰相應的萬法，莫不由八識心王共同運作而成就，故說萬法唯識。依聖教量及現量、比量，都可以證明意識是二法因緣生，是由第八識藉意根與法塵二法為因緣而出生，又是夜夜斷滅不存之生滅心，即無可能反過來出生第七識意根、第八識如來藏，當知不可能從生滅性的意識心中，細分出恆審思量的第七識意根，更無可能細分出恆而不審的第八識如來藏。本書是將演講內容整理成文字，細說如是內容，並已在《正覺電子報》連載完畢，今彙集成書以廣流通，欲幫助佛門有緣人斷除意識我見，跳脫於識陰之外而取證聲聞初果；嗣後修學禪宗時即得不墮外道神我之中，得以求證第八識金剛心而發起般若實智。平實導師 述，每冊300元。

童女迦葉考——論呂凱文〈佛教輪迴思想的論述分析〉之謬：童女迦葉是佛世率領五百大比丘遊行於人間的歷史事實，是以童貞行而依止菩薩戒弘化於人間的大菩薩，不依別解脫戒（聲聞戒）來弘化於人間。這是大乘佛教與聲聞佛教同時存在於佛世的歷史明證，證明大乘佛教不是從聲聞法中分裂出來的部派佛教的產物，卻是聲聞佛教分裂出來的部派佛教聲聞凡夫僧所不樂見的史實；於是古今聲聞法中的凡夫都欲加以扭曲而作詭說，更是末法時代高聲大呼「大乘非佛說」的六識論聲聞凡夫極力想要扭曲的佛教史實之一，於是想方設法扭曲迦葉菩薩為聲聞僧，以及扭曲迦葉童女為比丘僧等荒謬不實之論著便陸續出現，古時聲聞僧寫作的《分別功德論》是最具體之事例，現代之代表作則是呂凱文先生的〈佛教輪迴思想的論述分析〉論文。鑑於如是假藉學術考證以籠罩大眾之不實謬論，未來仍將繼續造作及流竄於佛教界，繼續扼殺大乘佛教學人法身慧命，必須舉證辨正之，遂成此書。平實導師 著，每冊180元。

人間佛教——實證者必定不悖三乘菩提：「大乘非佛說」的講法似乎流傳已久，卻只是日本人企圖擺脫中國正統佛教的影響，而在明治維新時期才開始提出來的說法；台灣佛教、大陸佛教的淺學無智之人，由於未曾實證佛法而迷信日本人錯誤的學術考證，錯認爲這些別有用心的日本佛學考證的講法爲天竺佛教的眞實歷史；甚至還有更激進的反對佛教者提出「**釋迦牟尼佛並非眞實存在，只是後人捏造的假歷史人物**」，竟然也有少數佛教徒願意跟著「學術」的假光環而信受不疑，亦導致部分台灣佛教界人士，造作了反對中國大乘佛教而推崇南洋小乘佛教的行爲，使台灣佛教的信仰者難以檢擇，亦導致一般大陸人士開始轉入基督教的盲目迷信中。在這些佛教及外教人士之中，也就有一分人根據此邪說而大聲主張「大乘非佛說」的謬論，這些人以「人間佛教」的名義來抵制中國正統佛教，公然宣稱中國的大乘佛教是由聲聞部派佛教的凡夫僧所創造出來的。這樣的說法流傳於台灣及大陸佛教界凡夫僧之中已久，卻非眞正的佛教歷史中曾經發生過的事，只是繼承六識論的聲聞法中凡夫僧，以及別有居心的日本佛教界，依自己的意識境界立場，純憑臆想而編造出來的妄想說法，卻已經影響許多無智之凡夫僧俗信受不移。本書則是從佛教的經藏法義實質及實證的現量內涵本質立論，證明大乘佛法本是佛說，是從《阿含正義》尚未說過的不同面向來討論「人間佛教」的議題，證明「大乘眞佛說」。閱讀本書可以斷除六識論邪見，迴入三乘菩提正道發起實證的因緣；也能斷除禪宗學人學禪時普遍存在之錯誤知見，對於建立參禪時的正知見有很深的著墨。平實導師　述，內文488頁，全書528頁，定價400元。

實相經宗通：學佛之目的在於實證一切法界背後之實相，禪宗稱之爲本來面目或本地風光，佛菩提道中稱之爲實相法界；此實相法界即是金剛藏，又名佛法之祕密藏，即是能生有情五陰、十八界及宇宙萬有（山河大地、諸天、三惡道世間）的第八識如來藏，又名阿賴耶識心，即是禪宗祖師所說的眞如心，此心即是三界萬有背後的實相。證得此第八識心時，自能瞭解般若諸經中隱說的種種密意，即得發起實相般若——實相智慧。每見學佛人修學佛法二十年後仍對實相般若茫然無知，亦不知如何入門，茫無所趣；更因不知三乘菩提的互異互同，是故越是久學者對佛法越覺茫然，都肇因於尚未瞭解佛法的全貌，亦未瞭解佛法的修證內容即是第八識心所致。本書對於修學佛法者所應實證的實相境界提出明確解析，並提示趣入佛菩提道的入手處，有心親證實相般若的佛法實修者，宜詳讀之，於佛菩提道之實證即有下手處。平實導師述著，共八輯，已於2016年出版完畢，每輯成本價250元。

真心告訴您（一）——達賴喇嘛在幹什麼？這是一本報導篇章的選集，更是「破邪顯正」的暮鼓晨鐘。「破邪」是戳破假象，說明達賴喇嘛及其所率領的密宗四大派法王、喇嘛們，弘傳的佛法是仿冒的佛法；他們是假藏傳佛教，是坦特羅(譚崔性交)外道法和藏地崇奉鬼神的苯教混合成的「喇嘛教」，推廣的是以所謂「無上瑜伽」的男女雙身法冒充佛法的假佛教，詐財騙色誤導眾生，常常造成信徒家庭破碎、家中兒少失怙的嚴重後果。「顯正」是揭櫫眞相，指出眞正的藏傳佛教只有一個，就是覺囊巴，傳的是 釋迦牟尼佛演繹的第八識如來藏妙法，稱爲他空見大中觀。正覺教育基金會即以此古今輝映的如來藏正法正知見，在眞心新聞網中逐次報導出來，將箇中原委「眞心告訴您」，如今結集成書，與想要知道密宗眞相的您分享。售價250元。

中觀金鑑—詳述應成派中觀的起源與其破法本質：學佛人往往迷於中觀學派之不同學說，被應成派與自續派所迷惑；修學般若中觀二十年後自以為實證般若中觀了，卻仍不曾入門，甫聞實證般若中觀者之所說，則茫無所知，迷惑不解；隨後信心盡失，不知如何實證佛法；凡此，皆因惑於這二派中觀學說所致。自續派中觀所說同於常見，以意識境界立為第八識如來藏之境界，應成派所說則同於斷見，但又同立意識為常住法，故亦具足斷常二見。今者孫正德老師有鑑於此，乃將起源於密宗的應成派中觀學說，追本溯源，詳考其來源之外，亦一一舉證其立論內容，詳加辨正，令密宗雙身法祖師以識陰境界而造之應成派中觀學說本質，詳細呈現於學人眼前，令其維護雙身法之目的無所遁形。若欲遠離密宗此二大派中觀謬說，欲於三乘菩提有所進道者，允宜具足閱讀並細加思惟，反覆讀之以後將可捨棄邪道返歸正道，則於般若之實證即有可能，證後自能現觀如來藏之中道境界而成就中觀。本書分上、中、下三冊，每冊250元，已全部出版完畢。

法華經講義：此書為平實導師始從2009/7/21演述至2014/1/14之講經錄音整理所成。世尊一代時教，總分五時三教，即是華嚴時、聲聞緣覺教、般若教、種智唯識教、法華時；依此五時三教區分為藏、通、別、圓四教。本經是最後一時的圓教經典，圓滿收攝一切法教於本經中，是故最後的圓教聖訓中，特地指出無有三乘菩提，其實唯有一佛乘；皆因眾生愚迷故，方便區分為三乘菩提以助眾生證道。世尊於此經中特地說明如來示現於人間的唯一大事因緣，便是為有緣眾生「開、示、悟、入」諸佛的所知所見——第八識如來藏妙真如心，並於諸品中隱說「妙法蓮花」如來藏心的密意。然因此經所說甚深難解，真義隱晦，古來難得有人能窺堂奧；平實導師以知如是密意故，特為末法佛門四眾演述《妙法蓮華經》中各品蘊含之密意，使古來未曾被古德註解出來的「此經」密意，如實顯示於當代學人眼前。乃至〈藥王菩薩本事品〉、〈妙音菩薩品〉、〈觀世音菩薩普門品〉、〈普賢菩薩勸發品〉中的微細密意，亦皆一併詳述之，可謂開前人所未曾言之密意，示前人所未見之妙法。最後乃至以〈法華大義〉而總其成，全經妙旨貫通始終，而依佛旨圓攝於一心如來藏妙心，厥為曠古未有之大說也。平實導師述，共有25輯，已於2019/05/31出版完畢。每輯300元。

西藏「活佛轉世」制度—附佛、造神、世俗法：歷來關於喇嘛教活佛轉世的研究，多針對歷史及文化兩部分，於其所以成立的理論基礎，較少系統化的探討。尤其是此制度是否依據「佛法」而施設？是否合乎佛法眞實義？現有的文獻大多含糊其詞，或人云亦云，不曾有明確的闡釋與如實的見解。因此本文先從活佛轉世的由來，探索此制度的起源、背景與功能，並進而從活佛的尋訪與認證之過程，發掘活佛轉世的特徵，以確認「活佛轉世」在佛法中應具足何種果德。定價150元。

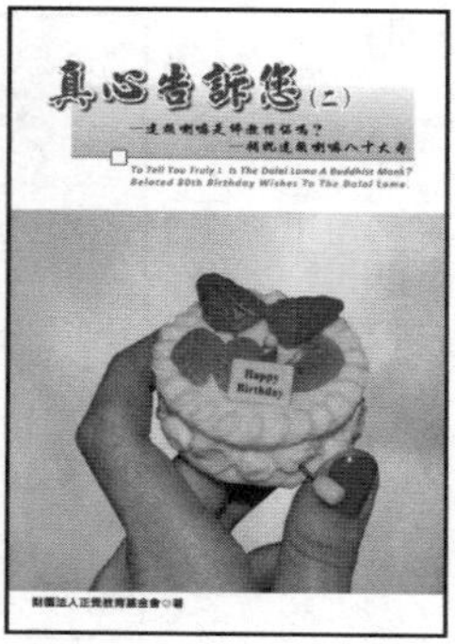

真心告訴您(二)—達賴喇嘛是佛教僧侶嗎？補祝達賴喇嘛八十大壽：這是一本針對當今達賴喇嘛所領導的喇嘛教，冒用佛教名相、於師徒間或師兄姊間，實修男女邪淫，而從佛法三乘菩提的現量與聖教量，揭發其謊言與邪術，證明達賴及其喇嘛教是仿冒佛教的外道，是「假藏傳佛教」。藏密四大派教義雖有「八識論」與「六識論」的表面差異，然其實修之內容，皆共許「無上瑜伽」四部灌頂爲究竟「成佛」之法門，也就是共以男女雙修之邪淫法爲「即身成佛」之密要，雖美其名曰「欲貪爲道」之「金剛乘」，並誇稱其成就超越於（應身佛）釋迦牟尼佛所傳之顯教般若乘之上；然詳考其理論，則或以意識離念時之粗細心爲第八識如來藏，或以中脈裡的明點爲第八識如來藏，或如宗喀巴與達賴堅決主張第六意識爲常恆不變之眞心者，分別墮於外道之常見與斷見中；全然違背　佛說能生五蘊之如來藏的實質。售價300元。

涅槃—解說四種涅槃之實證及內涵：眞正學佛之人，首要即是見道，由見道故方有涅槃之實證，證涅槃者方能出生死，但涅槃有四種：二乘聖者的有餘涅槃、無餘涅槃，以及大乘聖者的本來自性清淨涅槃、佛地的無住處涅槃。大乘聖者實證本來自性清淨涅槃，入地前再取證二乘涅槃，然後起惑潤生捨離二乘涅槃，繼續進修而在七地心前斷盡三界愛之習氣種子，依七地無生法忍之具足而證得念念入滅盡定；八地後進斷異熟生死，直至妙覺地下生人間成佛，具足四種涅槃，方是眞正成佛。此理古來少人言，以致誤會涅槃正理者比比皆是，今於此書中廣說四種涅槃、如何實證之理、實證前應有之條件，實屬本世紀佛教界極重要之著作，令人對涅槃有正確無訛之認識，然後可以依之實行而得實證。本書共有上下二冊，每冊各四百餘頁，對涅槃詳加解說，每冊各350元。

佛藏經講義：本經說明爲何佛菩提難以實證之原因，都因往昔無數阿僧祇劫前的邪見，引生此世求證時之業障而難以實證。即以諸法實相詳細解說，繼之以念佛品、念法品、念僧品，說明諸佛與法之實質；然後以淨戒品之說明，期待佛弟子四眾堅持清淨戒而轉化心性，並以往古品的實例說明歷代學佛人在實證上的業障由來，教導四眾務必滅除邪見轉入正見中，不再造作謗法及謗賢聖之大惡業，以免未來世尋求實證之時被業障所障；然後以了戒品的說明和囑累品的付囑，期望末法時代的佛門四眾弟子皆能清淨知見而得以實證。平實導師於此經中有極深入的解說，總共21輯，已於2022/11/30出版完畢，每輯三百餘頁，售價300元。

大法鼓經講義：本經解說佛法的總成：法、非法。由開解法、非法二義，說明了義佛法與世間戲論法的差異，指出佛法實證之標的即是法——第八識如來藏；並顯示實證後的智慧，如實擊大法鼓、演深妙法，演說如來祕密教法，非二乘定性及諸凡夫所能得聞，唯有具足菩薩性者方能得聞。正聞之後即得依於　世尊大願而拔除邪見，入於正法而得實證；深解不了義經之方便說，亦能實解了義經所說之眞實義，得以證法——如來藏，而得發起根本無分別智，乃至進修而發起後得無分別智；並堅持布施及受持清淨戒而轉化心性，得以現觀眞我眞法如來藏之各種層面。此爲第一義諦聖教，並授記末法最後餘八十年時，一切世間樂見離車童子以七地證量而示現爲凡夫身，將繼續護持此經所說正法。平實導師於此經中有極深入的解說，總共六輯，每輯300元，於2023/01/30開始每二個月發行一輯。

成唯識論釋：本論係大唐玄奘菩薩揉合當時天竺十大論師的說法加以辨正而著成，攝盡佛門證悟菩薩及部派佛教聲聞凡夫論師對佛法的論述，並函蓋當時天竺諸大外道對生命實相的錯誤論述加以辨正，是由玄奘大師依據無生法忍證量加以評論確定而成爲此論。平實導師弘法初期即已依於證量略講過一次，歷時大約四年，當時正覺同修會規模尚小，聞法成員亦多尚未證悟，是故並未整理成書；如今正覺同修會中的證悟同修已超過六百人，鑑於此論在護持正法、實證佛法及悟後進修上的重要性，已於2022年初重講，並已經預先註釋完畢編輯成書，名爲《成唯識論釋》，總共十輯，每輯目次41頁、序文7頁、每輯內文多達四百餘頁，並將原本13級字縮小爲12級字編排，以增加其內容；於增上班宣講時的內容將會更詳細於書中所說，涉及佛法密意的詳細內容只於增上班中宣講，於書中皆依佛誡隱覆密意而說，然已足夠所有學人藉此一窺佛法堂奧而進入正道、免入岐途。重新判教後編成的〈目次〉已經詳盡判定論中諸段句義，用供學人參考；是故讀者閱完此論之釋，即可深解成佛之道的正確內涵。本書總共十輯，預定每一輯內容講述完畢時即予出版，第一輯於2023年五月底出版，然後每七至十個月出版下一輯，每輯定價400元。

不退轉法輪經講義：世尊弘法有五時三教之別，分爲藏、通、別、圓四教之理，本經是大乘般若期前的通教經典，所說之大乘般若正理與所證解脫果，通於二乘解脫道，佛法智慧則通大乘般若，皆屬大乘般若與解脫甚深之理，故其所證解脫果位通於二乘法教；而其中所說第八識無分別法之正理，即是世尊降生人間的唯一大事因緣。如是第八識能仁而且寂靜，恆順眾生於生死之中從無乖違，識體中所藏之本來無漏性的有爲法以及眞如涅槃境界，皆能助益學人最後成就佛道；此謂釋迦意爲能仁，牟尼意爲寂靜，此第八識即名釋迦牟尼，釋迦牟尼即是能仁寂靜的第八識眞如；若有人聽聞如是第八識常住、如來不滅之正理，信受奉行之人皆有大乘實證之因緣，永得不退於成佛之道，是故聽聞釋迦牟尼名號而解其義者，皆得不退轉於無上正等正覺，未來世中必有實證之因緣。如是深妙經典，已由平實導師詳述圓滿並整理成書，預定於《大法鼓經講義》發行圓滿之後接著梓行，每二個月發行一輯，總共十輯，每輯300元。

解深密經講義：本經是所有尋求大乘見道及悟後欲入地者所應詳讀串習的三經之一，即是《楞伽經》、《解深密經》、《楞嚴經》三經中的一經，亦可作爲見道眞假的自我印證依據。此經是 世尊晚年第三轉法輪時，宣說地上菩薩所應熏修之無生法忍唯識正義經典；經中總說眞見道位所見的智慧總相，兼及相見道位所應熏修的七眞如等法；亦開示入地應修之十地眞如等義理，乃是大乘一切種智增上慧學，以阿陀那識—如來藏—阿賴耶識爲成佛之道的主體。禪宗之證悟者，若欲修證初地無生法忍乃至八地無生法忍者，必須修學《楞伽經、解深密經、楞嚴經》所說之八識心王一切種智。此三經所說正法，方是眞正成佛之道；印順法師否定第八識如來藏之後所說萬法緣起性空之法，墮於六識論中而著作的《成佛之道》，乃宗本於密宗宗喀巴六識論邪思而寫成的邪見，是以誤會後之二乘解脫道取代大乘眞正成佛之道，承襲自古天竺部派佛教聲聞凡夫論師的邪見，尚且不符二乘解脫道正理，亦已墮於斷滅見及常見中，所說全屬臆想所得的外道見，不符本經、諸經中佛所說的正義。平實導師曾於本會郭故理事長往生時，於喪宅中從**首七**開始宣講此經，於每一七起各宣講三小時，至**十七**而快速略講圓滿，作爲郭老之往生後的佛事功德，迴向郭老早證八地、速返娑婆住持正法。茲爲今時後世學人故，已經開始重講《解深密經》，以淺顯之語句講畢後，將會整理成文並梓行流通，用供證悟者進道；亦令諸方未悟者，據此經中佛語正義修正邪見，依之速能入道。平實導師述著，全書輯數未定，每輯三百餘頁，將於未來重講完畢後逐輯陸續出版。

修習止觀坐禪法要講記：修學四禪八定之人，往往錯會禪定之修學知見，欲以無止盡之坐禪而證禪定境界，卻不知修除性障之行門才是修證四禪八定不可或缺之要素，故智者大師云「性障初禪」；性障不除，初禪永不現前，云何修證二禪等？又：行者學定，若唯知數息，而不解六妙門之方便善巧者，欲求一心入定，未到地定極難可得，智者大師名之爲「事障未來」：障礙未到地定之修證。又禪定之修證，不可違背二乘菩提及第一義法，否則縱使具足四禪八定，亦不能實證涅槃而出三界。此諸知見，智者大師於《修習止觀坐禪法要》中皆有闡釋。作者平實導師以其第一義之見地及禪定之實證證量，曾加以詳細解析。將俟正覺寺竣工啓用後重講，不限制聽講者資格；講後將以語體文整理出版。欲修習世間定及增上定之學者，宜細讀之。平實導師述著。

阿含經講記——小乘解脫道之修證：數百年來，南傳佛法所說證果之不實，所說解脫道之虛妄，所弘解脫道法義之世俗化，皆已少人知之；阿含解脫道從南洋傳入台灣與大陸之後，所說法義虛謬之事，亦復少人知之；今時台灣全島印順系統之法師居士，多不知南傳佛法數百年來所說解脫道之義理已然偏斜、已然世俗化、已非眞正之二乘解脫正道，猶極力推崇與弘揚。彼等南傳佛法近代所謂之證果者皆非眞實證果者，譬如阿迦曼、葛印卡、帕奧禪師、一行禪師……等人，悉皆未斷我見故。近年更有台灣南部大願法師，高抬南傳佛法之二乘修證行門爲「捷徑究竟解脫之道」者，然而南傳佛法縱使眞修實證，得成阿羅漢，至高唯是二乘菩提解脫之道，絕非究竟解脫，無餘涅槃中之實際尚未得證故，法界之實相尚未了知故，習氣種子待除故，一切種智未實證故，焉得謂爲「究竟解脫」？即使南傳佛法近代眞有實證之阿羅漢，尚且不及三賢位中之七住明心菩薩本來自性清淨涅槃智慧境界，則不能知此賢位菩薩所證之無餘涅槃實際，仍非大乘佛法中之見道者，何況彼等普未實證聲聞果乃至未斷我見之人？謬充證果已屬逾越，更何況是誤會二乘菩提之後，以未斷我見之凡夫知見所說之二乘菩提解脫偏斜法道，焉可高抬爲「究竟解脫」？而且自稱「捷徑之道」？又妄言解脫之道即是成佛之道，完全否定般若實智、否定三乘菩提所依之如來藏心體，此理大大不通也！平實導師爲令修學二乘菩提欲證解脫果者，普得迴入二乘菩提正見、正道中，是故選錄四阿含諸經中，對於二乘解脫道法義有具足圓滿說明之經典，預定未來十年內將會加以詳細講解，令學佛人得以了知二乘解脫道之修證理路與行門，庶免被人誤導之後，未證言證，梵行未立，干犯道禁自稱阿羅漢或成佛，成大妄語，欲升反墮。本書首重斷除我見，以助行者斷除我見而實證初果爲著眼之目標，若能根據此書內容，配合平實導師所著《識蘊眞義》《阿含正義》內涵而作實地觀行，實證初果非爲難事，行者可以藉此三書自行確認聲聞初果爲實際可得現觀成就之事。此書中除依二乘經典所說加以宣示外，亦依斷除我見等之證量，及大乘法中道種智之證量，對於意識心之體性加以細述，令諸二乘學人必定得斷我見、常見，免除三縛結之繫縛。次則宣示斷除我執之理，欲令升進而得薄貪瞋痴，乃至斷五下分結…等。平實導師將擇期講述，然後整理成書。共二冊，每冊三百餘頁。每輯300元。

總經銷：聯合發行股份有限公司

231 新北市新店區寶橋路 235 巷 6 弄 6 號 4F

Tel.02－2917-8022（代表號） Fax.02－2915-6275（代表號）

零售：1.**全台連鎖經銷書局：**

三民書局、誠品書局、何嘉仁書店

敦煌書店、紀伊國屋、金石堂書局、建宏書局

諾貝爾圖書城、墊腳石圖書文化廣場

2.**台北市：**佛化人生 **大安區**羅斯福路 3 段 325 號 6 樓之 4 台電大樓對面

3.**新北市：**春大地書店 **蘆洲區**中正路 117 號

4.**桃園市：**御書堂 **龍潭區**中正路 123 號

5.**新竹市：**大學書局 **東區**建功路 10 號

6.**台中市：**瑞成書局 **東區**雙十路 1 段 4 之 33 號

佛教詠春書局 **南屯區**永春東路 884 號

文春書店 **霧峰區**中正路 1087 號

7.**彰化市：**心泉佛教文化中心 南瑤路 286 號

8.**高雄市：**政大書城 **前鎮區**中華五路 789 號 2 樓（高雄夢時代店）

明儀書局 三民區明福街 2 號

青年書局 **苓雅區**青年一路 141 號

9.**台東市：**東普佛教文物流通處 博愛路 282 號

10.**其餘鄉鎮市經銷書局：**請電詢總經銷**聯合**公司。

11.**大陸地區請洽：**

香港：樂文書店

銅鑼灣店 :香港銅鑼灣駱克道 506 號 2 樓

電話 : (852) 2881 1150 email: luckwinbs@gmail.com

廈門：廈門外圖臺灣書店有限公司

地址：廈門市思明區湖濱南路809 號 廈門外圖書城3 樓 郵編：361004

電話：0592-5061658（臺灣地區請撥打 86-592-5061658）

E-mail：JKB118＠188.COM

12.**美國：世界日報圖書部：**紐約圖書部 電話 7187468889#6262

洛杉磯圖書部 電話 3232616972#202

13.**國內外地區網路購書：**

正智出版社 書香園地 http://books.enlighten.org.tw/

（書籍簡介、經銷書局可直接聯結下列網路書局購書）

三民 網路書局 http://www.sanmin.com.tw

誠品 網路書局 http://www.eslitebooks.com

博客來 網路書局　http://www.books.com.tw
金石堂 網路書局　http://www.kingstone.com.tw
聯合 網路書局　http:// www.nh.com.tw

附註：1.請儘量向各經銷書局購買：郵政劃撥需要八天才能寄到（本公司在您劃撥後第四天才能接到劃撥單，次日寄出後第二天您才能收到書籍，此六天中可能會遇到週休二日，是故共需八天才能收到書籍）若想要早日收到書籍者，請劃撥完畢後，將劃撥收據貼在紙上，旁邊寫上您的姓名、住址、郵區、電話、買書詳細內容，直接傳眞到本公司 02-28344822，並來電 02-28316727、28327495 確認是否已收到您的傳眞，即可提前收到書籍。 2.因台灣每月皆有五十餘種宗教類書籍上架，書局書架空間有限，故唯有新書方有機會上架，通常每次只能有一本新書上架；本公司出版新書，大多上架不久便已售出，若書局未再叫貨補充者，書架上即無新書陳列，則請直接向書局櫃台訂購。 3.若書局不便代購時，可於晚上共修時間向正覺同修會各共修處請購（共修時間及地點，詳閱**共修現況表**。每年例行年假期間請勿前往請書，年假期間請見共修現況表）。 4.郵購：郵政劃撥帳號 19068241。 5.正覺同修會會員購書都以八折計價（戶籍台北市者爲一般會員，外縣市爲護持會員）都可獲得優待，欲一次購買全部書籍者，可以考慮入會，節省書費。入會費一千元（第一年初加入時才需要繳），年費二千元。**6.尚未出版之書籍，請勿預先郵寄書款與本公司，謝謝您！** 7.若欲一次購齊本公司書籍，或同時取得正覺同修會贈閱之全部書籍者，請於正覺同修會共修時間，親到各共修處請購及索取；**台北市讀者**請洽：103 台北市承德路三段 267 號 10 樓（捷運淡水線 圓山站旁）請書時間：週一至週五爲 18.00~21.00，第一、三、五週週六爲 10.00~21.00，雙週之週六爲 10.00~18.00 請購處專線電話：25957295-分機 14（於請書時間方有人接聽）。

敬告大陸讀者：

大陸讀者購書、索書捷徑（尙未在大陸出版的書籍，以下二個途徑都可以購得，電子書另包括結緣書籍）：

1.廈門外國圖書公司：廈門市思明區湖濱南路 809 號 廈門外圖書城 3F
郵編：361004　電話：0592-5061658　網址：http://www.xibc.com.cn/

2.電子書：正智出版社有限公司及正覺同修會在台灣印行的各種局版書、結緣書，已有『**正覺電子書**』陸續上線中，提供讀者於手機、平板電腦上購書、下載、閱讀正智出版社、正覺同修會及正覺教育基金會所出版之電子書，詳細訊息敬請參閱『正覺電子書』專頁：http://books.enlighten.org.tw/ebook

關於平實導師的書訊，請上網查閱：

成佛之道　http://www.a202.idv.tw

正智出版社 書香園地　http://books.enlighten.org.tw/

中國網採訪佛教正覺同修會、正覺教育基金會訊息：

http://foundation.enlighten.org.tw/newsflash/20150817_1

http://video.enlighten.org.tw/zh-CN/visit_category/visit10

★ 正智出版社有限公司售書之稅後盈餘，全部捐助財團法人正覺寺籌備處、佛教正覺同修會、正覺教育基金會，供作弘法及購建道場之用；懇請諸方大德支持，功德無量。

★ 聲　明 ★

本社於 2015/01/01 開始調整本目錄中部分書籍之售價，以因應各項成本的持續增加。

＊ 喇嘛教修外道雙身法、墮識陰境界，非佛教 ＊

＊ 弘揚如來藏他空見的覺囊派才是真正藏傳佛教 ＊

售後服務——換書啓事（免附回郵） 2017/12/05

《楞伽經詳解》第三輯初版免費調換新書啓事：茲因 平實導師弘法早期尚未回復往世全部證量，有些法義接受他人的說法，寫書當時並未察覺而有二處（同一種法義）跟著誤說，如今發現已將之修正。茲爲顧及讀者權益，已開始免費調換新書；敬請所有讀者將以前所購第三輯（不論第幾刷），攜回或寄回本公司免費換新；郵寄者之回郵由本公司負擔，不需寄來郵票。因此而造成讀者閱讀、以及換書的不便，在此向所有讀者致上萬分的歉意，祈請讀者大眾見諒！

《楞嚴經講記》第 14 輯初版首刷本免費調換新書啓事：本講記第 14 輯出版前因 平實導師諸事繁忙，未將之重新閱讀而只改正校對時發現的錯別字，故未能發覺十年前所說法義有部分錯誤，於第 15 輯付印前重閱時才發覺第 14 輯中有部分錯誤尚未改正。今已重新審閱修改並已重印完成，煩請所有讀者將以前所購第 14 輯初版首刷本，寄回本公司免費換新（初版二刷本無錯誤），本公司將於寄回新書時同時附上您寄書來換新時的郵資，並在此向所有讀者致上最誠懇的歉意。

《心經密意》初版書免費調換二版新書啓事：本書係演講錄音整理成書，講時因時間所限，省略部分段落未講。後於再版時補寫增加 13 頁，維持原價流通之。茲爲顧及初版讀者權益，自 2003/9/30 開始免費調換新書，原有初版一刷、二刷書籍，皆可寄來本公司換書。

《宗門法眼》已經增寫改版爲 464 頁新書，2008 年 6 月中旬出版。讀者原有初版之第一刷、第二刷書本，都可以寄回本公司免費調換改版新書。改版後之公案及錯悟事例維持不變，但將內容加以增說，較改版前更具有廣度與深度，將更能助益讀者參究實相。

換書者**免附回郵**，亦無截止期限；舊書請寄：111 台北郵政 73-151 號信箱 或 103 台北市承德路三段 267 號 10 樓 正智出版社有限公司。舊書若有塗鴨、殘缺、破損者，仍可換取新書；但缺頁之舊書至少應仍有五分之三頁數，方可換書。所有讀者不必顧念本公司是否有盈餘之問題，都請踴躍寄來換書；本公司成立之目的不是營利，只要能眞實利益學人，即已達到成立及運作之目的。若以郵寄方式換書者，免附回郵；並於寄回新書時，由本公司附上您寄來書籍時耗用的郵資。造成您不便之處，再次致上萬分的歉意。

正智出版社有限公司 啓

換書及道歉公告

《法華經講義》第十三輯初版免費調換新書啓事：本書因謄稿、印製等相關人員作業疏失，導致該書中的經文及內文用字將「**親近**」誤植成「清淨」。茲爲顧及讀者權益，自 2017/8/30 開始免費調換新書；敬請所有讀者將以前所購第十三輯初版首刷及二刷本，攜回或寄回本公司免費換新，或請自行更正其中的錯誤之處；郵寄者之回郵由本公司負擔，不需寄來郵票。同時對因此而造成讀者閱讀、以及換書的困擾及不便，在此向所有讀者致上最誠懇的歉意，祈請讀者大眾見諒！錯誤更正說明如下：

一、第 256 頁第 10 行~第 14 行：【就是先要具備「**法親近處**」、「**眾生親近處**」；法**親近**處就是在實相之法有所實證，如果在實相法上有所實證，他在二乘菩提中自然也能有所實證，以這個作爲第一個**親近**處——第一個基礎。然後還要有第二個基礎，就是瞭解應該如何善待眾生；對於眾生不要有排斥或者是貪取之心，平等觀待而攝受、親近一切有情。以這兩個**親近**處作爲基礎，來實行其他三個安樂行法。】。

二、第 268 頁第 13 行：【具足了那兩個「**親近處**」，使你能夠在末法時代，如實而圓滿的演述《法華經》時，那麼你作這個夢，它就是如理作意的，完全符合邏輯去完成這個過程，就表示你那個晚上，在那短短的一場夢中，已經度了不少眾生了。

《大法鼓經講義》第一輯初版免費調換新書啓事：本書因校對相關人員作業疏失錯失別字，導致該書中的內文 255 頁倒數 5 行有二字錯植而無發現，乃「『**智慧**』的滅除不容易」應更正爲「『**煩惱**』的滅除不容易」。茲爲顧及讀者權益，自 2023/2/15 開始免費調換新書，或請自行更正其中的錯誤之處；敬請所有讀者將以前所購第一輯初版首刷及二刷本，攜回或寄回本公司免費換新；郵寄者之回郵由本公司負擔，不需寄來郵票。同時對因此而造成讀者閱讀、以及換書的困擾及不便，在此向所有讀者致上最誠懇的歉意，祈請讀者大眾見諒！

正智出版社有限公司 敬啓

國家圖書館出版品預行編目(CIP) 資料

大法鼓經講義. 第四輯 / 平實導師述著. --初版.--
臺北市: 正智出版社有限公司, 2023.07 面; 公分
ISBN 978-626-96703-2-1（第一輯；平裝）
ISBN 978-626-96703-5-2（第二輯；平裝）
ISBN 978-626-96703-8-3（第三輯；平裝）
ISBN 978-626-97355-2-5（第四輯；平裝）

1.CST:法華部

221.5 112009427

大法鼓經講義——第四輯

著述者：平實導師
音文轉換：鄭瑞卿 劉夢瓚
校對：章乃鈞 孫淑貞 陳介源 王美伶 張善思
出版者：正智出版社有限公司
電話：○二 28327495 28316727（白天）
傳眞：○二 28344822
111 台北郵政 73-151 號信箱
郵政劃撥帳號：一九○六八二四一
正覺講堂：總機○二 25957295（夜間）
總經銷：聯合發行股份有限公司
231 新北市新店區寶橋路 235 巷 6 弄 6 號 4 樓
電話：○二 29178022（代表號）
傳眞：○二 29156275
初版首刷：二○二三年七月三十日 二千冊
初版二刷：二○二三年八月一日 二千冊
定價：三○○元